IMMER DIESE KÖTER!

Wulf Beleites

IMMER DIESE KÖTER!

111 GRÜNDE, HUNDE ZU HASSEN

Mit Illustrationen von Jana Moskito

SCHWARZKOPF & SCHWARZKOPF

Dank
meinem Kollegen Vitus F. Porschow, der mich
mit Tipps und Links versorgt hat,
und
meiner Frau Heidi, die zwar eine Hundefreundin ist,
mir aber dennoch den Rücken freigehalten hat

INHALT

VORWORT **11**

1. GEBOT FÜR HUND UND HALTER

MACH SITZ **15**
Weil sie in Kneipen nichts zu suchen haben. – Weil Hundeyoga hundegaga ist – Weil der Dackel als Hipster-Accessoir im Kommen ist – Weil bei der Hundezucht weder Zucht noch Ordnung herrschen – Weil das Hundefernsehen Dog TV nicht einmal einen alten Hund hinterm Ofen hervorlockt – Weil sie im Bett der neuen Freundin fürchterlich stören (Teil I) – Weil der Bürohund die Arbeit noch unerträglicher werden lässt – Weil auch die Queen ihr Leben lang mit Corgis gequält wird – Weil sie im Bett der neuen Freundin fürchterlich stören (Teil II) – Weil Hundebesitzer die Untaten ihrer Hunde nie ernst nehmen

2. GEBOT FÜR HUND UND HALTER

MACH FASS **35**
Weil der Kettenhund zu oft losgelassen wird – Weil der Dorfhund zu Fremden immer ein echter Tyrann ist – Weil in jedem Hund ein Kampfhund steckt oder stecken könnte – Weil Hundekämpfe wieder zugelassen und staatlich gefördert werden müssen – Weil es bei Hundekämpfen keinen Doppelpack-Kampf gibt – Weil auch Jogger und Radfahrer oft mit Hunden unterwegs sind – Weil Kinder keine Chance haben – Weil Robben und Seehunde auch nur spielen wollen – Weil der gefangene Spitz immer wieder freigelassen wird – Weil 12,9 Millionen Katzen sich nicht irren können – Weil sie einen im Urlaub auf Schritt und Tritt verfolgen – Weil zu den vielen deutschen Hunden jetzt auch noch zahlreiche ausländische Straßenköter hinzukommen – Weil ein elektronischer Schäferhund zwar nicht beißen, aber umso penetranter kläffen kann – Weil der Postmann (Teil I) lieber keinmal statt

zweimal klingelt – Weil der Postmann (Teil II) jetzt penetrant dreimal klingelt – Weil es egal ist, ob die beißwütigen Bestien nun Listen- oder Kampfhunde heißen

3. GEBOT FÜR HUND UND HALTER

MACH KACK 67
Weil Hunde öffentlich ihr Arschloch zeigen – Weil Hundekot beim Verbrennen fürchterlich stinkt – Weil Kreuzfahrtschiffe zu schwimmenden Hundeklos verkommen – Weil Hundebadetage in Schwimmbädern nur ekelhaft und absurd sind – Weil zu viel Kot in den Badeseen dümpelt – Weil Hundescheiße der endgültige Ausdruck unserer postfaktischen Gesellschaft ist – Weil Hundekot auf Berlins Straßen und Bürgersteigen liegt – Weil Kunst von Können, Kothaufen hingegen von Koten kommt – Weil für Christo Hundescheiße nur ein künstlerisches Verpackungs-Objekt ist – Weil allerorts das Kackerl nicht im Sackerl landet – Weil Gassi-Beutel keine Probleme lösen – Weil sie am Strand Durchfall haben – Weil sie hemmungslose Wildpinkler sind – Weil es Katzen und Hunde regnet

4. GEBOT FÜR HUND UND HALTER

MACH FRISS 95
Weil schon Kreisler Hunde im Park vergiften wollte – Weil ein Blaukorn-Kauf zu einem Problem werden kann – Weil es viel zu wenige Brücken wie die schottische Overtoun-Bridge gibt – Weil die gute, alte Sitte, »jemanden den Hunden zum Fraß vorwerfen«, so vollständig aus der Mode gekommen ist – Weil immer wieder ein Hund in der Pfanne verrückt wird – Weil der Hotdog in aller Munde ist – Weil ein Dog's dinner nichts mit Essen zu tun hat – Weil sie viel zu selten vor die Hunde gehen – Weil auch 2018 im Jahr des Hundes die Hundepopulation weltweit nur geringfügig abnehmen wird – Weil die Zucht des chinesischen Faltenhundes nichts mit westlichen Schönheits-

idealen zu tun hat – Weil »barfen« zum Kotzen ist – Weil Hundekuchen eklig schmeckt – Weil Hundefleisch nicht schmackhaft ist – Weil sie zu wenig Rucola und Feldsalat fressen

5. GEBOT FÜR HUND UND HALTER

MACH FEIN **121**
Weil sie in der Werbung nichts verloren haben – Weil es mit dem dämlichen Wohlsein vom »Mops im Paletot« ein Ende haben muss – Weil Promis so beschissene Viecher haben – Weil »mopsfidel«, also »Mops« und »fidel«, ein Widerspruch in sich ist – Weil Hunde-Boutiquen total nerven – Weil jeder geklonte Hund einer zu viel ist – Weil BowLingual wahrlich asiatischer Bullshit ist – Weil Hunde in der Werbung nichts zu suchen haben (Teil II) – Weil sie so bescheuerte oder entlarvende Namen haben – Weil nasse Hunde noch stärker stinken als eh schon

6. GEBOT FÜR HUND UND HALTER

MACH KOHLE **139**
Weil hier richtig miese Kohle gemacht wird – Weil Pullover aus Hundehaaren so schrecklich in sind – Weil ein Marderhund kein Waschbär ist – Weil die vier Jacob Sisters zu viele Pudel verbrauchten – Weil Mops-Prozesse nicht vor Gericht gehören – Weil Check24 bald auch noch mit Hunde-Spots kommen wird – Weil Hundewaschanlagen keine Heißmangel haben – Weil Film und Fernsehen ein total falsches Hundebild vermitteln – Weil sie in und neben unseren Gräbern die Totenruhe stören – Weil Demenzkranke von Hunden beschnüffelt und abgeschleckt werden – Weil sie trotz allen Hundeluxus doch nur kotende Stinker sind – Weil Flexi-Leinen Chaos und Knochenbrüche verursachen – Weil nach der GOT nur noch »Oh-Gotto-Gott« kommt

7. GEBOT FÜR HUND UND HALTER

MACH SAUBER **167**
Weil beim ökologischen Gerben von Leder wieder Hundekot eingesetzt wird – Weil der »goldene Pudel« kein Hund ist, sondern als Untergrund-Club den schweren Weg zum Erfolg beschreibt – Weil der einst ehrbare Beruf des Hundefängers in Misskredit geraten ist – Weil Hundeflöhe in keinen Flohzirkus gehören – Weil dänische Verhältnisse trotz aller Rückschläge in Deutschland noch längst nicht erreicht sind – Weil der ökologische Pfotenabdruck der Umwelt mehr schadet als ein SUV – Weil auch Hunde Reggae lieben

8. GEBOT FÜR HUND UND HALTER

MACH NUTZ **181**
Weil sie nicht mehr ins All geschossen werden – Weil der innere Schweinehund hingegen ein guter Freund ist – Weil auch der Nutzhund kein guter Hund sein kann – Weil fremde Beine nicht geil angehoppelt werden sollen – Weil mit Welpen bei der Wohnungssuche arglistig getäuscht wird – Weil Udo Lindenberg sogar Blindenhunde mit Eierlikörchen rocken lässt – Weil ein Hundepuff nicht in die Nachbarschaft gehört

9. GEBOT FÜR HUND UND HALTER

MACH SCHLAGZEILEN **195**
Weil nur so der Grubenhund sein Unwesen treiben kann – Weil 60 Millionen Klicks auf YouTube für einen XXL-Pitbull einfach 60 Millionen Klicks zu viel sind – Weil Hundebesitzer keine Bücher lesen – Weil Hundemagazine die wahre Lügenpresse sind (Teil I) – Weil ein Hund im Schafspelz immer noch ein Hund ist – Weil der große RAF-Experte Stefan Aust auch nix über Baader und Bello weiß – Weil eine gute Idee einen auch zum Handeln zwingt – Weil bei den Hundstagen noch so

viele Fragen offen sind – Weil auch Hundebücher zur Lügenpresse zählen (Teil II) – Weil süße Welpen und schmieriger Boulevard-Journalismus zueinander passen wie Arsch auf Eimer – Weil der Autor manchmal nicht umhinkommt, selbst eine so gruselige Tierschutzorganisation wie PETA loben zu müssen – Weil ein Hund nie eine positive Sensation sein kann, auch wenn es ein »neuer« Rembrandt ist – Weil Henryk M. Broder nicht nur eine selbstgerechte Rampensau, sondern auch ein armer »Pressköter« (Karl Kraus) ist – Weil Hundegeschichten die Zeitungen vollmüllen

10. GEBOT FÜR HUND UND HALTER

SEI UNTERTAN **223**
Weil Gott den Wolf und nicht den Hund erschaffen hat – Weil ein Hundsfott immer ein Hundsfott ist und bleibt – Weil hundsgemein nicht gleich hundsgemein ist – Weil Hundebesitzer Bettlern nie ein Almosen geben – Weil Hundehalter selbst bei Vogelgrippe so störrisch, blöde, rechthaberisch und uneinsichtig sind, wie sie eben sind – Weil er eben nicht des Menschen bester Freund ist

VORWORT

7,9 Millionen Hunde gibt es in Deutschland, so die Zahlen der letzten Hundezählung aus dem Jahr 2015. Noch einmal: 7.900.000![1] Knapp acht Millionen Hunde in nur 8,9 Prozent der deutschen Haushalte. Der Rest der Deutschen kann nicht, will nicht, darf nicht mit diesen Viechern zusammen sein.

Aber deutsche Hundehalter, diese Minderheit in unserer Gesellschaft, sie zeigen nicht nur Masse (wohlgemerkt noch einmal: 7,9 Millionen Hunde), sondern auch – nationalbewusst – Rasse: Die Welpenstatistik weist mit 69 Prozent einen enormen Anteil von Rassehunden auf. Der Rest (31%) sind Mischlinge.

Die Deutschen und ihre Hunde, das ist eine lange Leidensgeschichte, das ist der weite Weg vom unabhängigen Wolf zum unterwürfigen Hund. Hundehalter, -freunde und -fans sprechen gerne vom »sozialisierten Hund«. Das ist, wie so vieles auf dieser lausigen Hundewiese, ein Widerspruch in sich. Der Wolf, mit dessen Domestizierung alles vor 15.000 bis 100.000 Jahren begann (da sind sich die unterschiedlichen Fans uneins), wurde nicht in eine Sozialgemeinschaft aufgenommen, sondern in und unter die Herrschaft der Menschheit geknüppelt, geknechtet, gehätschelt und gezüchtet.

Zwar wird der Hund kulturgeschichtlich immer als »treuer Begleiter« des Menschen dargestellt, aber schon altertümliche Redensarten weisen in genau eine andere Richtung: auf den Hund gekommen; hundsgemein; krummer Hund; Hundsfott; Hundewetter; hundsmiserabel; Hundeleben; scharfer Hund; Schweinehund; innerer Schweinehund; vor die Hunde gehen.

Die Gebrüder Jacob und Wilhelm Grimm haben sich nicht nur vor mehr als 150 Jahren große Verdienste um das gesprochene und geschriebene Wort mit ihrem 33-bändigen »Deutschen Wörterbuch« gemacht. Auch sie sind bei ihren Recherchen am Hund nicht vorbeigekommen: Allein 13 Seiten widmen sie in dem Bedeutungswörterbuch dem Thema Hund und seinen hündischen Wortverwandten. Auf drei weiteren Seiten werden dann auch noch die »Köter« abgehandelt.

Gleich zu Beginn stellen die beiden Etymologen fest, dass »die besonderen eigenschaften der hunde durch adjectiva gegeben«[2] seien: »der hund ist treu, falsch, böse, munter, faul, bissig«. Die Liste ließe sich beliebig fortsetzen, aber jedes neue Adjektiv (hinterhältig, krumm, toll, wütend, ...) kann in einer der drei folgenden Kategorien eingeordnet und zusammengefasst werden:

- der Hund ist lästig
- der Hund ist ärgerlich
- der Hund ist gefährlich

Darauf läuft nämlich alles hinaus. Immer und immer wieder: lästig, ärgerlich, gefährlich. Hund und Halter geben auf Schritt und Tritt dem Hundegegner, -feind, -hasser Anlass, sich über die Zwei- und Vierbeiner zu ärgern, sie zu fürchten und sie zu hassen. Egal ob man sich auf das obere oder unter Ende der Leine konzentriert. Oft aber gibt es nicht einmal ein Oben und Unten, sondern nur eine lose Leine und ein herumtollendes Halsband plus Hund. Und ein selbstgerechtes Herrchen schaut weg oder bepöbelt intolerant gar jede kritische Äußerung zu diesem Verstoß gegen die öffentliche Ordnung, diesen Angriff auf Wade, Hintern und Hose oder schlicht diese Missachtung des persönlichen Wohlbefindens. Gerade dann gelten die obigen drei Gefahren-Elemente besonders:

Lästig: Rüpelhaft und pubertierenden Jugendlichen gleich rotzen und heulen sie ihr penetrantes Wuff-Wau-Wau-Wuff-Wuff durch die herbstliche Stille am Waldesrand, penetrieren die innige Zweisamkeit der Paare im Wiesengrün und erschrecken in sich gekehrte Bürger auf dem Trottoir. Immerfort ein lästiges, nervtötendes Wau und Wuff ohne Sinn und Verstand, ohne Ziel und Nutzen. Ein ständiges »Komm her – Geh weg«. Einfach nur Krach und »Lerm«[3]!

Ärgerlich: Zwar beschäftigt sich Lou Reeds Song *Walk on the Wilde Side*[4] mit fünf New Yorker Transvestiten und Homosexuellen aus der Glitzerwelt um Andy Warhols Factory, aber diese »Wildnis des Lebens« könnte genauso gut für einen irrwitzigen Hindernislauf auf den zugeschissenen Bürgersteigen unserer Heimatstädte stehen. Wer ist nicht schon einmal in einen Hundehaufen getreten, hat versucht, diesen stinkenden Kot am Kantstein abzustreifen und ist danach durch das Gras am Wegesrand geschlurft, um die letzten Reste dieser unansehnlichen stinkenden Masse zu entfernen. Allerdings nur mit dem zweifelhaften Erfolg, nun mit dem anderen Schuh in einen anderen Haufen zu treten.

Gefährlich: Aggressiv hetzen die Köter hinter flinken Joggern her, fallen harmlose Spaziergänger an und reißen spielenden Kindern die Arme aus[5]. Immer die Lefzen vorne und an den Seiten hochgezogen, gierig hechelnd eine Beute suchend, offensiv mit dem gesamten Gebiss drohend und signalisierend, dass gleich der ultimative Angriff mit beiden Reißzähnen bevorsteht: rein in Wade oder Unterarm oder wohin auch immer. Gefährlich, lästig, ärgerlich – drei Gründe, Hunde zu hassen. Aber es sind nur die Gründungsväter und -mütter, denn sie gebaren und behandeln mehr als 111 weitere Untergründe. Fangen wir also einmal ganz wertfrei beim »lästig« an, echauffieren uns hoch zum »ärgerlich« und kochen richtig vor Wut beim »gefährlich«. Immer satirisch, bissig und sachlich, frei nach dem Motto: Scheiß doch der Hund drauf.

Obendrein: Hunde sind zu und zu lächerlich, absurd und peinlich. Und sie sind schlicht blöde. Sie sind ein urkomisches Spiegelbild ihrer merkwürdigen Besitzer und eitlen Besitzerinnen (gilt auch umgekehrt). Hunde lassen sich in Strass und Glitter kleiden, mit Burberrys bemänteln oder am Kettenhalsband ausführen. Sie gehen breitschultrig und gedrungen wie ihre Halter oder tippeln hochnäsig auf den Vorder- und Hinterpfotenzehenspitzen wie ihre schicken Besitzerinnen auf ebensolchen High Heels. Für alle gilt gleichsam das noch sehr gnadenvolle Motto von Will Smith in *Staatsfeind Nr.1*: »Noch eineinhalb Beller, und du kommst ins Tierheim.«

Wulf Beleites

1. GEBOT FÜR HUND UND HALTER

MACH SITZ

1. GRUND

Weil sie in Kneipen nichts zu suchen haben.

Eine typische Eckkneipe in jeder beliebigen deutschen Großstadt sieht so aus: Gleich links hinter dem Eingang mit den beiden Schwingtüren ist immer der runde oder sechseckige Stammtisch, kenntlich durch den riesigen Aschenbecher mit dem wuchtigen Namenszug »Stammtisch«. Meist jedoch ist der Stammtisch leer, denn die Stammgäste sitzen am Tresen, der sich gegenüber dem Eingang durch die ganze Kneipe zieht. An der Längsseite stehen die vielen Barhocker nebeneinander. Die linke, aber meist die rechte Tresenseite ist kleiner. Die Bank an dieser Querseite ist stoffbezogen und bietet Platz für zwei oder drei Personen.

Und das ist genau der Platz für die Rentner mit ihren Hunden. Hier sitzen sie stundenlang, sabbern ihr Bier, tauchen gelegentlich Zeige- oder Mittelfinger ins Glas und lassen sich den feuchten Bierrest von ihrem Köter abschlecken. Die kleinen Lieblinge, meistens eine Mischung aus Dackel, Pinscher und Chihuahua, sitzen natürlich neben ihnen am Tresen. Rüstig und jeden Tag wieder nehmen die Alten die Anstrengung auf sich, die »kleinen Süßen« auf die Bank zu hieven. Zwar ragt deren Maul gerade einmal über den Thekenrand, aber hinterhältig beobachten die Viecher jede Bewegung der Gäste, zählen die gerauchten Zigaretten und gezischten Biere.

Bekommt ihr Herrchen nach dem geleerten Glas nicht sofort Nachschub, starten sie ein tückisches Geknurre, steigern sich zu einem noch verhaltenen Gebell, um bei Nichtbeachtung die Wirtin mit lautem Gekläff abzukanzeln. Diese jedoch ist nicht sauer, sondern zapft mit einem »Hast ja recht, mein Kleiner« flugs das angemahnte Bier. Alle Stammgäste nicken Zustimmung und sagen im Chor: »Mir dann auch noch einen.«

Die Kneipenhunde heißen meist Maggy, Sandy, Charly oder Blacky, werden aber alle von allen mit »Mein Schieter«[6] hätschelnd angesäuselt. Denn Maggy, Sandy, Charly oder Blacky sind Allgemeinbesitz und werden von den Stammgästen rund um die Kneipenuhr ständig verwöhnt. Abwechselnd gehen die zweibeinigen Zecher zu dem kleinen Kasten mit den Leckerlis neben der Eingangstür, klauben ein knuspriges Schweineohr oder einen lecker Hundekeks hervor, gehen in die Knie, halten es dem flugs von der Bank heruntergesprungenen Köter vors Maul. Sie schietern sich beim Schieter an.

Die Hunde merken sich genau, wer ihnen was gegeben hat und wer nicht. Vermeintliche Hundefeinde oder verkappte Hundehasser entgehen ihnen nicht. Jetzt sind die dran. Scheinheilig werden sie mit großen Hundeaugen fixiert und mit nasser Hundeschnauze sanft, aber bestimmt angestupst. Da gibt es kein Entrinnen, und widerwillig greifen die ursprünglichen Verweigerer in die Kiste, grapschen irgendwas und werfen es dem Hund vor die Pfoten. Höhnisch werden sie nun obendrein von der übrigen Tresenrunde abgewatscht: »Ja so ist schön, so ist fein. Und jetzt wieder Brav-Sitz-Machen.«

Schlimmer ergeht es nur Fremden. Kommen die das erste Mal durch die Schwingtür in die Kneipe, wird sofort aus einem trägen, vollgefressenen und mit Bierresten abgefüllten Pinscher-Schieter ein rasender Schrottplatz-Rottweiler. Er springt von der Tresenbank, verbellt den Eindringling, schnappt nach dessen Hosenbeinen und springt ihn immer wieder knurrend an. Zwar wedelt das verwöhnte Kneipenvieh auch mit dem Schwanz, aber fluchtartig verlässt der Fremde die Kneipe und hört nicht mehr die Worte des Rentners am Tresen: »Na mein Schieter, der böse Mann wollte wohl nicht mit dir spielen.«

2. GRUND

Weil Hundeyoga hundegaga ist

Vegane Schweineohren als Leckerli waren erst der Anfang. Dann kamen Bachblütentherapien für das seelische Gleichgewicht, Schüßler-Salze gegen Störungen des Mineralhaushaltes oder die Magnetfeldtherapie für alles und gegen nichts. Behandlungsmethoden aus der Esoterik-Ecke haben mittlerweile ihren angestammten Platz in jeder zweiten komfortablen westlichen Hundehütte. Der letzte Hit ist Hundeyoga, also nicht die Yogaübung »Hund«, sondern Yoga mit und für den Hund.

Im Januar 2016 wurde ausgerechnet im chinesischen Hongkong ein Weltrekord aufgestellt: Hier wurden nicht bei einem festlichem Gelage 270 Hunde gebraten und gegessen, sondern 270 Köter setzten sich mit Herrchen oder Frauchen auf die Matte und machten zusammen Dog-Yoga, kurz und international Doga genannt. Susan Chan aus Hongkong fasste es für die Welt auf ihrer rosa Yogamatte so zusammen: »Ich fühle mich sehr sehr gut. Vor allem fühle ich mich sehr verbunden mit meinem Hund. Ich komme ihm sehr nah. Es geht von Herz zu Herz.«[7]

Diese Herzrhythmusstörung schwappt nun schon seit Jahren aus Fernost und den USA nach Europa und in das hundsbegeisterte Deutschland über und hinein. Längst vermelden traditionelle Hundeschulen mit ihren Trimm-den-Hund-Pfaden und -übungsgeräten einen Besucherrückgang, wohingegen Doga-Kurse und -Schulen florieren und sich vor Anmeldungen kaum retten können.

Die Übungen sind für Mensch und Hund, also für »Yogi + Dogi«, wie es die Berliner »Gemeinschaftspraxis für Tierphysiotherapie und Tiergesundheit« von Sirka und Andrea anbiedernd anzupreisen weiß: »In unserem Doga-Kurs lernst du einen gemeinsamen Yoga-Übungszyklus für dich und deinen Hund. Dazu gehören auch Entspannungsübungen, in denen ihr lernt, aufeinander zu achten und einander zu vertrauen. Spezielle Dehnungen und Massagen für den Dogi runden das Programm ab und stellen sicher, dass ihr beide entspannt in den Alltag starten könnt.«[8]

Auch Heilpraktikerin Sabina Pilguj, Dozentin an den Paracelsus Schulen, weiß, dass Yoga »frei von Leistungsdruck« ist und es »kann sogar als ›bewegte Entspannung‹ beim Gassigehen angewendet werden.«[9] Drei Grundübungen bietet sie auf ihrer Webseite an:

In Balance sein: Die Arme werden über den Kopf gehoben, das Gleichgewicht auf ein Bein verlagert und das andere wird angewinkelt angehoben. »Der Hund ist abgelegt (hä? der Autor). […] Für Hunde sind Balanceübungen eine gute Herausforderung, um das Körpergefühl, den Gleichgewichtssinn und die Konzentration zu fördern. Gleichzeitig ist es ein sanftes Muskeltraining.«

Bewegter Hals: »Entspannte und aufrechte Sitzhaltung einnehmen. Mit dem Einatmen den Kopf sehr langsam nach links bewegen. Beim Ausatmen wird der Kopf über die Mitte nach rechts bewegt. […] Der Hunderücken soll dabei gerade bleiben, der Hals darf nur ganz langsam und vorsichtig gedehnt und bewegt werden. Dabei niemals den Hals überstrecken.«

Der Hund: aus dem Vierfüßlerstand in die Dreieckposition; die gesamte Rückseite des Körpers wird gestreckt. »Hunde lieben diese Dehnung von Natur aus.«

Schöner und blöder können ihre Kurse auch nicht die anderen Doga-Schulen beschreiben und anbieten, die beim Googeln des Begriffs »Hunde Yoga« unter den 559.000 Ergebnissen auftauchen. Dennoch: Früher wurde es schlicht »Streicheln« und »Kraulen« genannt, wenn man sich am Hundefell die Hände schmutzig machte.

Nachtrag:
Dass es doch noch schöner und blöder geht, zeigt eine kleine Meldung der *Hamburger Morgenpost* vom 23. Januar 2017: »Der neueste Schrei heißt ›Goat Yoga‹. Zu den Sonnengruß-Schülern gesellen sich dabei: Ziegen.«

3. GRUND

Weil der Dackel als Hipster-Accessoir im Kommen ist

Berlin ist nicht nur Hauptstadt der Hundescheiße und Kothaufen, sondern nimmt für sich auch in Anspruch, zwischen Prenzlauer Berg und Neukölln die Metropole für Trends aller Art zu sein. Als neuester Scheiß sind im coolen Kreuzkölln Dackel angesagt.

Was früher als spießiger Begleiter von schlurfenden Rentnern und waidmännisches Statussymbol von Jägerzaun-Besitzern galt, ist in der bekloppten Mitte der Leinen tragenden Gesellschaft angekommen. Dackel sind das neue Kultobjekt für Großstadt-Hipster. Eine klare Sache, zumindest für die Berliner Trendforscherin Nora Hilsky, die froh ist, nicht Nora Husky zu heißen: »Das passt einfach zum urbanen Lifestyle aktuell.«

Kein Wunder, dass die monatlichen »Dackel-Gassi-Runden« in Neukölln immer mehr Zulauf von gestutzten Fusselbartträgern und anderen rauhaarigen Anhängern mit ihren Vierkurzbeinern findet. Rundgang-Initiator Bernd Ehnes: »Wir haben festgestellt, dass mittlerweile sehr viele junge Leute auch Dackel haben. Und dass viele Dackelbesitzer durchaus interessante Leute sind, die wir mögen.«

Und weil das so ist, hat er auch gleich mit seiner Freundin Judith in der Pflügerstraße in Berlin-Neukölln eine Dackel-Kneipe, das »Posh Teckel«, also »Vornehmer Dackel«, aufgemacht. Hier wird schon manchmal ans Stuhlbein gepinkelt und in die Tischkante gebissen, der Renner aber sind Gurkensalat und Pommes in Dackelform.

Wenn diese Dackel-Renaissance noch Wilhelm II., der letzte deutsche Kaiser, miterleben hätte können. Er gilt hierzulande als der berühmteste Fan und Besitzer des Teckels, seines Dackels Erdmann. Der kurzbeinige Freund Seiner Majestät wurde mit großem Pomp auf der Roseninsel unterhalb des Schlosses Wilhelmshöhe bei Kassel beerdigt. Sein treuer Monarch würdigte ihn auf einer schwarzen Steintafel mit der vergoldeten Inschrift: »Andenken an meinen treuen Dachshund Erdmann 1890–1901 W II.«

Der Ortsverein Kassel des Deutschen Teckelclubs 1888 übernahm im 50. Jahr seines Bestehens die Patenschaft für den Gedenkstein und baute den Ort zu einer kleinen Gedenkstätte aus, die in einem feierlichen Zeremoniell am 17. Oktober 1997 vom damaligen Vorsitzenden Horst Dotzenroth eingeweiht wurde: »Hier kann jeder darüber nachdenken, ob er seinem Vierbeiner ein hundegerechtes Leben in der Menschenmeute bietet. Ein Ort der Einkehr für Hundebesitzer.«

Das mit der »Einkehr« haben die Neuköllner Hipster mit ihrer Dackelkneipe zwar kaisertreu, aber dennoch zu wörtlich genommen.

4. GRUND

Weil bei der Hundezucht weder Zucht noch Ordnung herrschen

Man mag es kaum glauben, aber es gibt sie, die »Züchterethik«, also eine Sittenlehre mit moralischen Grundsätzen für die Hundezucht: »Einen seriösen Züchter erkennt man daran, dass er Mitglied in einem anerkannten Züchterverband ist und von diesem seine Zucht kontrollieren und beurteilen lässt. Er züchtet nicht, um Welpen zu verkaufen, sondern er bemüht sich, die Qualität einer Rasse zu erhalten, indem er gesunde und sozial verträgliche Hunde heranzieht. Mit dem Verkauf der Welpen endet nicht die Verantwortung des Züchters für das Leben der Tiere.«[10]

Und auch das Justizministerium geht im Paragraf 3 seiner Tierschutz-Hundeverordnung auf die Hundezucht ein, allerdings recht pragmatisch: »Wer gewerbsmäßig mit Hunden züchtet, muss sicherstellen, dass für jeweils bis zu zehn Zuchthunde und ihre Welpen eine Betreuungsperson zur Verfügung steht, die die dafür notwendigen Kenntnisse und Fähigkeiten gegenüber der zuständigen Behörde nachgewiesen hat.«[11]

In der kleinen Welpenwelt scheint somit alles in Ordnung und geregelt zu sein, wären da nicht die perversen Bedürfnisse und absonderlichen Wünsche der Hundebesitzer. Sie wollen weder Masse noch Rasse, sondern Schnick und Schnack. Chic muss die ausgefallene Töle sein, egal ob nun Rasse- oder Hybridhund.

Bei Letzterem handelt es sich um die gezielte Kreuzung zweier Hunderassen. »Die Verpaarung verfolgt das Ziel, die positiven Eigenschaften beider Rassen zu akkumulieren. Aus diesem Grund werden die Ergebnisse auch Designerhunde genannt. Mit den Ergebnissen wird nicht weitergezüchtet, sondern es werden immer wieder Hunde beider Rassen neu verpaart.«[12]

Sehr begehrt bei der Zucht von Hybriden ist der Pudel, bei dem dann so verquere Ergebnisse wie Labradoodle (Labrador Retriever + Pudel), Schnoodle (Schnauzer + Pudel), Goldendoodle (Golden

Retriever + Pudel), Pekeapoo (Pekinese + Pudel) oder Cockapoo (Amerikanischer Cocker Spaniel + Pudel). Hübsch und ausgefallen auch der Catahoula Bulldog, eine bissige Mixtur aus American Bulldog und Louisiana Catahoula Leopard Dog.

All diese Bastarde haben neben ihrem designten Hund-Sein noch ein weiteres Manko: Die armen Köter werden von keiner der großen internationalen kynologischen Organisationen anerkannt.

Fröhlicher hingegen schon das Leben eines Mopses. Der bekommt zwar wegen seiner kurzen Schnauze kaum Luft und seine Glupschaugen, wenn sie nicht gar rausfallen, sind oft entzündet, aber der Mops ist eine vom FCI[13] anerkannte Hunderasse (FCI-Gruppe 9, Sektion 11, Standard Nr. 253). Auch seine Cousine, die Französische Bulldogge mit ihren zu engen Nasenlöchern und der oft verwachsenen Wirbelsäule, kann ihr Rassenglück (FCI-Gruppe 9, Sektion 11, Standard Nr. 101) genießen. Mopsfidel darf ebenso der Irische Wolfshund (FCI-Gruppe 10, Sektion 2, Standard Nr. 160) sein, obgleich er stets recht klapprig wirkt und hochbeinig-arthritisch durch die Gegend stakst, selten älter als sechs Jahre wird und wegen der Riesengröße ein stark angegriffenes Herz und belasteten Bewegungsapparat hat. Und sein kleiner Kumpel, der Chihuahua (FCI-Gruppe 9, Sektion 6, Standard Nr. 218), hat putzige Glupschaugen, aber auch offene Schädel und Gehirntumore.

Zwar verdienen Tierärzte sich dick und dämlich an den Krankheiten der absurden Zuchtergebnisse, doch auch sie haben eine Berufsethik und erheben warnend ihre heilenden Chirurgenhände. So die Hamburger Tierärztin Corinna Cornand: »Es sollten verstärkt Zuchten verboten werden, bei denen Tiere Schaden nehmen.«[14]

Warum aber diese Einschränkung, fragt sich der aufgeklärte Hundehasser bekümmert.

5. GRUND

Weil das Hundefernsehen Dog TV nicht einmal einen alten Hund hinterm Ofen hervorlockt

In welcher prekären Situation muss ein Kameramann stecken, wenn er solch einen Scheiß drehen muss: Totale – eine Bucht – irgendwo. Im Hintergrund sind Berge zu erkennen. Nicht im Bild: ein Piano, auf dem sanft und eintönig geklimpert wird; ununterbrochen, 30 Minuten lang. Im Bild: immer noch die ganze Bucht. Dann Aktion: ein langsamer, sehr langsamer Linksschwenk an den Gipfeln der Berge entlang zum Meer – wieder eine minutenlange Totale. Nun aber geht es hoppdihopp richtig los: langsamer, sehr langsamer Rechtsschwenk zurück zur ursprünglichen Totalen, aber dann ein gewagter cineastischer Kunstgriff: In den Schwenk hinein wird ein Nichts in weiter Ferne angezoomt. Wahrscheinlich bellt in der besagten Ferne ein Hund, der aber wegen des nervigen Klaviertasten-Einerleis nicht zu hören ist. Nach 10 Minuten, 12 Sekunden passiert aber wirklich etwas: Ein Strandköter, der schon zwei Minuten regungslos im Bild zu sehen war, steht auf und schnüffelt an der Kameralinse. Dann setzt er sich wieder.

2012 ist DOG TV in den USA an den Start gegangen, beglückte danach auch seine Kunden in Japan, Südkorea und Israel. Seit November 2014 wird »der Sender für den Hund« (Eigenwerbung) auch im deutschen Free TV im Programm von Telekom Entertainment ausgestrahlt. Bei der Präsentation zum Programmstart in Berlin war auch via Skype der bedeutende internationale Verhaltensforscher Nicholas Dodman vom arrivierten »Center for Canine Behavior Studies« (das Ziel: »The Center's work is made possible only through the generous support of donors and grantors.«)[15] aus Salisbury, USA zugeschaltet. Dodman ist »wissenschaftlicher Berater« von Dog TV. Dazu passt seine steile These, dass den Hunden durch Entspannung und Stimulation ihre Angst genommen werden könne. Am liebsten sähen Hunde natürlich Hunde. Aber auch von Landschaften ließen sie sich faszinieren.

Trotz intensiver Recherche war an diesem aussagekräftigen Punkt nicht nachzuweisen, dass Nicholas Dodman auch selbst hinter der Kamera bei den beruhigenden und aussagekräftigen Filmen stand. Ein Indiz: Sein Verein braucht Geld (s.o.), und schnarchiger als seine Analyse ist auch die Bildführung bei besagten Filmen nicht.

Erstaunlich, dass Dog TV in der deutschen Medienlandschaft nicht mit Hohn und Spott überzogen wird, sondern eher nur ein solidarisches, aber müdes Lächeln erntet. Nach dem Motto »Hunde gehen immer« lässt *Welt*-Reporterin Noemi Mihalovici ihren Hund Rapha die schöne neue Fernsehwelt testen. Das Interesse ist gleich null.[16]

Und auch Nils Weber vom Hundefachblatt *Hamburger Morgenpost* zieht nach einem unfreiwilligen Testlauf eine ernüchternde Bilanz: »Neulich beim spätabendlichen Zapping im Halbschlaf: Auf den Kanälen sehr weit hinten bleibe ich hängen, weil das Bild rote Kühe auf einer blassbraunen Wiese zeigt. Rote Kühe! Sie grasen. Nichts passiert. Minutenlang. Ich bin hellwach. Fernseher kaputt? […] Dann finde ich heraus, dass ich ›Dog TV‹ schaue. Kein Sender über Hunde, sondern für Hunde. […] Der Wau-Effekt ist kurz. Hunde-Fernsehen? Das braucht kein Mensch.«[17]

6. GRUND

Weil sie im Bett der neuen Freundin fürchterlich stören (Teil I)

Das Foto aus dem Sommer 2016 ist so anmutig wie schockierend, so liebreizend wie abstoßend zugleich. Es zeigt eine Frau im Bett. Blonde Haare, die wuschelig in den Nacken fließen. Die Frau ist nackt oder zumindest halb nackt. Das ist nicht genau zu erkennen, denn hüftabwärts verhüllt locker fallend eine weiße Bettdecke den Körper. Ihre Brüste sind nur zu erahnen, da ein Oberarm und ein Kopfkissen sie zur Hälfte abdecken. Auch ist auf dem Bild ein dunkler Fleck, wo sonst eigentlich die rechte Brustwarze zu sehen wäre. Wahrscheinlich Fotoshop.

Dem Lichteinfall am Kopfende des Bettes nach ist es früher Morgen. Links deutet ein angeschlossenes Smartphone darauf hin, über Nacht aufgeladen worden zu sein. Es muss eine friedliche Nacht gewesen sein. Vielleicht auch eine wilde. Auf jeden Fall eine erfüllte. Die gelockerte, ganz entspannte Haltung der noch schlafenden Frau auf dem Bett bestätigt alle Vermutungen. Die Nacht ist vorbei, doch es ist noch die Zeit des seligen Halbschlafes voller lustvoller Erinnerungen vor dem Erwachen. Die verschmust um ein Kopfkissen geschlungenen Arme, das hingebungsvoll in das Kissen geschmiegte Gesicht verströmen Zärtlichkeit, aber auch Ekstase der vergangenen Nacht.

Doch nun das gar Erschröckliche: Kein Macho oder Galan liegt neben der Dame oder dem Flittchen, sondern ein nackter Hund. In Löffelchen-Stellung. Umgekehrt. 69. Arsch an Brustwarze. Eine Bulldogge mit halb eingefahrenem Glied. Mit einem zufriedenen Sabbergesicht des wohlgefälligen Zigarette-danach-Genusses. Behaglich streckt er die Vorderläufe über das Bettlaken, die Hinterläufe in Richtung Kissen zwischen die Arme der Beglückten.

Das Foto zeigt das deutsche Topmodel Heidi Klum. Die Bulldogge heißt Albert. Sie selbst, also die Klum, hat dieses fotografisches Dokument auf Instagram veröffentlicht. Das Foto ging um die Welt, zumindest in Deutschland. *Bild* und *Bunte* druckten es, ebenso *Gala* natürlich, und auch das Hunde-Fachblatt *Kot&Köter* war sich nicht zu schade, es zu veröffentlichen[18].

Denn zu schockierend ist die knappe Aussage des Bildes, sollte nicht noch mehr dahinterstecken: Schöne Frau im Bett, kein Mann im Bett, dafür aber ein Hund. Die Frage ist also: Hat die robuste Töle den Kerl aus dem Klum'schen Bett vertrieben oder ihn gar nicht erst reingelassen? Hat er ihn mit einem spielerischen Kopfstoß von der Bettkante geschubst, oder hat er breitmaulig und mit gefletschten Zähnen, den Unterkiefer angriffslustig vorgeschoben, den Galan nicht auf die Spielwiese des nächtlichen Glückes gelassen, weil er ebendiese nur für sich beansprucht. Und hat vielleicht die hübsche Heidi Klum dazu obendrein neckisch geschnurrt: »Er will nur spielen.«

Dieses Lotterbett? Never ever! Der Schlafplatz dieses Topmodels ist eine No-go-Area.

7. GRUND

**Weil der Bürohund die Arbeit
noch unerträglicher werden lässt**

Es gibt ihn tatsächlich, diesen »Bundesverband Bürohund e.V.«, den BVBH, der mit einem ebenso schmissigen wie bissigen Slogan für sich wirbt: »Dog-in statt Burn-out«.[19] Klar ist, dass dieser dreiste Spruch berühmten Opfern eines Burnouts wie Sven Hannawald (mit dem Hund auf der Piste), Eminem (Rap auf vier Pfoten), Tim Mälzer (Hunderezepte sind nicht sein Ding) oder Ralf Rangnick (mit dem Hund am Spielfeldrand) wenig geholfen hätte, denn sie arbeiteten alle nicht in einem traditionellen Büro.

Dem normalen Bürovolk hingegen wird von einem Markus Beyer, seines Zeichens der hundehaltende Vorsitzende des BVBH, eine heile Arbeitswelt vorgegaukelt: »Ein Hund im Büro lässt Mitarbeiter, Unternehmen und den Hund selbst, gesünder sein.«[20] Eine Aussage, die die gleiche Komik wie der derbe Gassenhauer *Da steht ein Pferd auf dem Flur* hat. Aber Beyer setzt noch einen drauf: »Hunde im Büro verbessern das Engagement, die Motivation, die Loyalität, die Kreativität und das allgemeine Wohlbefinden der Mitarbeiter. Hunde liefern dem Unternehmen einen strategischen Vorteil im ›War for Talents‹«.

Nun weiß ein jeder, der schon einmal durch die Bürohundehölle gegangen ist, dass hier ein wirkliches Inferno herrscht, an der ein friedliches, vielleicht sogar kreatives Arbeiten nicht möglich ist. Ausdrücklich ausgenommen sind hier die Werbefuzzis in ihren Medialofts.

Hunde im Büro bedeutet neben Gekläff und Gewinsel, Gewusel und Gebeiße obendrein:

- umgeschmissene Papierkörbe, deren Inhalt im ganzen Büro zerstreut wird
- angepinkelte Büropflanzen und -bäume, die jämmerlich eingehen
- geklaute Stullenpakete, die genüsslich in jeder Ecke weggemampft werden
- angeknabberte Elektrokabel und aus ihren Dosen herausgerissene Stecker
- angesabberte Computer-Tastaturen und abgeschleckte Bildschirme
- Hundeknochen und anderes Spielzeug, das die Bürogänge verstopft
- besetzte Ablagekörbe, okkupierte Bürostühle und Ruhezonen, die zu einer No-go-Area geworden sind

Und ver.di beklagt, dass gezielt und bewusst Vorstehhunde vor Betriebsratsbüros platziert werden, um die Arbeitnehmer in ihren Rechten zu beschneiden.

Auch wäre der »Bundesverband Bürohund e.V.« kein richtig deutscher Verein, wenn nicht auch um Geld gebettelt würde: »Unser Verband ist gemeinnützig und unsere Arbeit ehrenamtlich. Wir finanzieren uns aus Eigenmitteln und Spenden. […] Unterstützen Sie uns bitte bei unserer Initiative gegen Burnout mithilfe der vereinfachten Zulassung von Hunden in deutschen Büros.«

Denn so einfach geht es mit einer pfiffigen Unternehmensphilosophie: Burn out – Geld rein.

Lediglich die Politik spielt noch nicht so richtig mit. In der vergangenen Legislaturperiode kam ein Probelauf von Rot-Rot-Grün nicht zum Zuge: Der damalige Parlamentspräsident Norbert Lammert lehnte einen Vorstoß von Bundestagsabgeordneten aus den Fraktionen der SPD, Bündnis 90/Die Grünen und Die Linke kategorisch ab, Hunde in den Büros des Hohen Hauses zuzulassen.

8. GRUND

Weil auch die Queen ihr Leben lang mit Corgis gequält wird

Es war ein Brexit der ganz besonderen Art. Freiwillig und ohne Volksabstimmung oder Referendum machte im Februar 2015 die britische Königin Elisabeth II. den endgültigen Schnitt: keine Corgis mehr. Seit ihrer frühesten Kindheit musste die Queen mit diesen Hunden von der Statur eines »tiefergelegten, dicken Schäferhundes« (*Stern*) das höfische Leben teilen.

Über 30 Exemplare der Welsh Corgi Pembrokes, so der bürgerliche Name der Hunderasse, kreuzten ihren Lebens- und Leidensweg. Ein konsequentes Protokoll reglementierte das königliche Hundehalten im Palast, seit King Georges VI., der Vater von Lisbeth, 1933 das erste Vieh mit nach Hause brachte. Die Hunde durften im ganzen Palast herumwuseln, Tapeten anknabbern, gegen handgeschnitzte, goldverzierte Stuhl- und Tischbeine pinkeln und aus Silber- und Porzellangeschirr geifernd speisen und schlabbern.

Dann anno 2015 das langersehnte Aus. Die Queen hatte genug von den Vierbeinern. Als offizielle Erklärung musste eine Notlüge für die königlichen Hunde-Fans in England herhalten. Der royalistische *Daily Express* zitierte am 1. Februar 2015 einen Höfling zu der Entscheidung: »Ihre Corgis sind schon betagt, laufen ruhig mit ihr. Jüngere Hunde wären viel lebhafter. Die Queen hat Angst, dass sie über einen dieser kleinen stolpern und sich etwas brechen könnte.«

Doch schon zwei Jahre später musste sich Elisabeth II. erneut der königlichen Disziplin beugen. Her Royal Gamekeeper Bill Fenwick starb im Alter von 95 Jahren. Zuvor war des Wildhüters Gattin Nancy drei Jahrzehnte lang für die Corgis zuständig. Zwei besaß sie selbst. Diese beiden wurden nun der Königin zum Verhängnis. Nach Nancys Tod wurden sie zwar weiter von Bill Fenwick versorgt, doch als auch dieser verschied, waren sich halb England und die Klatschpresse sowieso einig, dass nun die Queen wieder gefragt sei und die beiden letzten Corgis zu sich nehmen müsse.

Und so sitzt die Königin weiter in ihrem Palast zwischen bellenden Vierbeinern, die einfach nicht sterben wollen. – Ein königliches Leben kann, allem Anschein zum Trotz, so richtig trostlos sein. Arme Queen.

9. GRUND

Weil sie im Bett der neuen Freundin fürchterlich stören (Teil II)

Vorbemerkung, um Vorurteilen gleich hier am Anfang entgegenzuwirken. Dieser Text soll es allen recht machen und ist deshalb leicht zu gendern. Einfach Freundin durch Freund, Frau durch Mann ersetzen, »sie« durch »er« im Text austauschen, oder »sie« – »sie« lassen, und schon kann es ihm und ihr gefallen – oder aber eben nicht. Zumindest sind alle Konstellationen berücksichtigt: Er – sie, er – er, sie – sie, sie – er. Lediglich Sodomisten finden hier keine Beachtung.

Also, die Klum, die geht ja nun gar nicht. Auf dem Laufsteg mag sie ja noch hübsch anzuschauen sein, aber im Bett ist sie das Allerletzte. Ihr Bett ist eine No-go-Area. Aber auch andere Frauen mit Hund sind ein Problem. Obgleich: einerseits – andererseits.

Es liegt auf der Hand, dass Frauen mit Hunden in der Öffentlichkeit leicht anzusprechen sind. Es gibt wohl keine dämlichere, aber auch keine effektivere Anmache als »Ist der aber süß«. Da schmilzt das Frauenherz, und ein Anfang ist gemacht. Auch ein »Was ist das denn für einer?« mag als Entree gehen, doch sei hier Vorsicht geboten, denn Mann muss schon einiges von Hunden wissen, um charmant weiter rumspielen zu können.

Aber Hund als Türöffner geht immer. Doch kaum ist die Bude der Hundebesitzerin gestürmt, das Schlafzimmer nicht mehr weit entfernt, kommt schon das Andererseits. Bei Knabberzeug, Wein und Zigarette ist die Welt noch in Ordnung, das Vorspiel ganz normal. Ein schöner Abend, eine nette Nacht deutet sich an. Auch Frauchens bester Freund scheint nicht zu stören. Schlaff und desinteressiert liegt der Hund vor dem Kamin oder der Nachtspeicherheizung. Null Interesse an dem flirtenden Paar.

Doch kaum geht es in Richtung Doppelbett, wird aus dem lethargischen Vieh eine Wachhund-Bestie. Die gemeinsame Lagerstatt gilt es zu verteidigen oder zumindest der Dritte im Bettenbunde zu sein. »Hier wache ich.« Es wird geknurrt und gebellt, gebissen und gejault. Und notfalls auch noch ein Haufen auf den Bettvorleger fabriziert. Hier wache ich!

Ganze Internetforen beschäftigen sich mit diesem unsäglichen Problem. Stellvertretend für viele sei hier nur der Aufschrei »Hund stört beim Sex« von »tosca47111« aus dem Jahre 2010 dokumentiert, der heute auch noch nichts von seiner Problematik verloren hat: »Sobald mein Freund und ich intim werden, spielt der Kleine (9 Mon. Yorki) verrückt …

Es schnüffelt an uns rum, denkt, wir wollen mit ihm spielen, und will ›mitspielen‹, kommt jedes Mal wieder aufs Bett gesprungen, wenn wir ihn in sein Körbchen verweisen. […] Was kann ich machen?«[21]

Wohlgemerkt, das ist der Hilferuf einer Hundebesitzerin, die sich mit ihrem kleinen, neun Monate altem »Yorki« selbst in dieses Dilemma gestürzt hat. Aber auch unser Macker[22] hat sich mit seiner anfänglichen unverfänglichen Hunde-Anmachmasche selbst in diese verflixte Situation gebracht. Hier ist ihm nur ein sofortiger Abgang zu raten. Verlässt der Galan also ernüchtert und unverrichteter Dinge nach diesem eigenartigen Coitus interruptus fluchtartig das unbestellte Terrain und schafft es heil bis zur Wohnungstür, kann er froh sein, zwar als Verlierer dieses Schlachtfeld[23] verlassen zu haben – aber immerhin mit heiler Hose.

10. GRUND

Weil Hundebesitzer die Untaten ihrer Hunde nie ernst nehmen

Positive Momente im Leben eines Hundefeindes sind äußerst selten. Hier ist nicht etwa die Rede von klammheimlicher Freude bei Meldungen über Giftköder oder mit Nägeln und Rasierklingen gespickten Fleischstückchen. Auch ist nicht die Schadenfreude über einen Bericht eines mit voller Wucht gezielten Fußtrittes gemeint. Oder gar das stille Entzücken, wenn über ganz legale Hundekämpfe auf den öffentlichen Hundewiesen informiert wird. Wenn die eine Hundemeute kläffend und Zähne fletschend auf die andere zugeht, sie zerfleischt oder zumindest kilometerweit in die Flucht schlägt.

Nein, richtig warm wird es dem Hundefeind ums Herz, wenn Hundefreunde von den Verfehlungen ihrer Vierbeiner berichten, wenn sie die Missetaten ihrer Lieblinge schildern. Das klingt ganz nach Kritik und Selbstkritik (Критика и самокритика). Hier soll ganz im traditionellen Sinne des Marxismus-Leninismus »mit Stalins harter Bürste« (Wolf Biermann) in Selbstbezichtigung die ganze Hundescheiße persönlich weggeschrubbt werden.

Die Idee hatte im August 2012 die US-Amerikanerin Pascale Lemire, nachdem sie ihren Dackel »Beau« dabei erwischt hatte, wie der die Unterhose ihres Verlobten zerkaute. Sie gründete im Netz eine Seite für das Dog Shaming, das Hunde-Schämen.[24] Sie dokumentierte die Tat des Dackels, schrieb dazu den Zettel »I am an underwear eating jerk«, fotografierte Hund plus Eigenbezichtigung und stellte den Unterwäsche fressenden Nichtsnutz im WorldWideWeb an den Pranger.

Ihr Beispiel machte Furore, und weitere Hundemissetaten gingen um die Welt – immer mit einer schriftlichen Eigenbezichtigung: Der Pekinese »Mr. Chin« brüstet sich zerknirscht damit, gerne in Betten zu pinkeln. »Little Stanlee« knabberte an teuren Sandalen und zerstörte die Schuhe vollständig. Beagle »Langdon« fraß ein Loch in einen Sweater, mit dem sein Frauchen ahnungslos den ganzen Tag herumlief. Und ein glupschäugiger Chihuahua sitzt neben einer zerfetzten Stoffente und trägt um den Hals einen Zettel mit dem Schuldeingeständnis »I killed my duck«.

Es ist eine wahre Wonne, die mehreren Tausend Steckbriefe im Netz zu betrachten[25] und von einem »Wanted – dead or alive« zu träumen. Doch sehr schnell zeigen die Hundefratzen und ihre schreibenden Besitzer ihr wahres Gesicht: Sie geben nur schrecklich mit ihren kleinen Schietern an, sind stolz auf die niedlichen Taten ihrer süßen Vierbeiner. Ihr großspuriges Motiv und selbstherrliches Motto: Meiner beißt schneller, meine pisst länger, meiner killt niedlicher.

Die ursprünglich reinigende Selbstkritik zieht keinen Schauprozess nach sich, sondern verkommt zu einer eitlen Show, über die sich die Hundebesitzer wie Bolle freuen können – weltweit.

2. GEBOT FÜR HUND UND HALTER

MACH FASS

11. GRUND

Weil der Kettenhund zu oft losgelassen wird

40 Jahre nachdem Günter Wallraff in der *Bild*-Redaktion den Hans Esser gegeben hatte, drohte dem deutschen Qualitätsblatt im März 2017 wieder Unheil: Der türkische Wirtschaftsminister Nihat Zeybekçi warf der Zeitung »schwere Beleidigung« vor, sprach von einem »empörenden Angriff, den wir auf keinen Fall akzeptieren können« und drohte an, das Blatt zu verklagen. Der Minister bezieht sich auf einen Bericht bei *bild.de*, in dem er als »treuester Kettenhund« von Staatspräsident Recep Tayyip Erdoğan bezeichnet wird. (Stand 7.3.17)

Ein Kettenhund liegt meist angekettet in, vor oder neben seiner Hundehütte, blickt müde in die Gegend und beschäftigt sich ausschließlich mit seinen Hundeflöhen. Beißen die einmal, wie auf ein heimliches Kommando »Fass«, alle zusammen und gleichzeitig in die Haut des Hundes, springt dieser auf, will weglaufen und zerrt wütend bellend an seiner Kette. Dann beruhigt er sich meist wieder und liegt müde blickend in, vor oder neben seiner Hundehütte.

Der Kettenhund als solcher ist daher nur doof. Und der treue Kettenhund eben treudoof. Ob das in Zeiten von Schmähgedichten aber für eine Beleidigung reicht, dürfte ein recht schwieriges juristisches Unterfangen mit vielen Winkeladvokaten werden.

Diese würden sich sicherlich nicht auf obige, wissenschaftliche Analyse beziehen, sondern in ihren Anzeigen nachplappern und in den Schriftsätzen vorplappern, was der sogenannte Volksmund vom gemeinen Kettenhund hält. Analog zum süßen Schoßhund für die verwöhnte und schmusige Dame ist der Kettenhund die gefährliche Waffe des geltungssüchtigen, gestrengen Herrn. Noch kann er ihn an der Kette zurückhalten, doch wehe, er wird losgelassen.

Kettenhunde gab es in der Geschichte reichlich. So stellte Willy Brandt nach dem Bau der Mauer klar: »Walter Ulbricht ist der Kettenhund der Sowjetunion.« Das war zwar ein wenig ungenau, denn Ulbricht hatte es sich gerade in den vier Wänden der DDR gemütlich und ausbruchsicher eingerichtet, die Sowjets hatten ihn an die Kette gelegt und nicht auf den kapitalistischen Westen losgelassen.

Die berüchtigtsten Kettenhunde stellte die Deutsche Wehrmacht. Im Zweiten Weltkrieg wurden die Soldaten des »Feldjägerkorps« oder der »Feldgendamerie« losgelassen. An einer grobgliedrigen Kette trugen sie eine metallene Plakette mit Geier und Hakenkreuz und ihrer Berufsbezeichnung. Daher der »Kettenhund«. Sie jagten und exekutierten Fahnenflüchtige und Deserteure getreu der Parole Adolf Hitlers: »Der Soldat kann sterben, der Deserteur muss sterben.« Nebenbei sorgten sie auch zusammen mit Wehrmacht und SS für »Säuberungen« unter der feindlichen Zivilbevölkerung, wie etwa die Feldgendarmerie Abteilung 683, die im Dezember 1941 an der Ermordung von 14.000 Juden im russischen Simferopol auf der Krim beteiligt war.

Der Musikwissenschaftler und Historiker Boris von Haken schreibt in der *Zeit* vom 17. Dezember 2009 über die Kettenhunde der Wehrmacht in Simferopol: »Die Feldgendarmen wurden bei diesem Massenmord an verschiedenen Stellen eingesetzt, sie bewachten das Zusammentreiben und Verladen der Opfer in der Stadt, organisierten die Lkw-Fahrten und bildeten Absperrketten an der Hinrichtungsstätte. [...] Dies geschah unter extrem gewalttätigen Umständen: Mit Peitschen und Eisenstangen wurde auf die Juden eingeschlagen, die Feldgendarmerie setzte auch Schäferhunde ein.

Wer zu fliehen versuchte oder Widerstand leistete, wurde noch im Spalier getötet.«[26]

Passend dazu ist noch heute im Angebot des »Your Army Shop« das »T-Shirt Kettenhunde« für 13,50 Euro in allen gängigen Größen zu haben – ein Feldjäger neben einem Wehrmacht-Kübelwagen und dem passenden Slogan »Wehe wenn Sie losgelassen«. Ebenfalls aus der düsteren deutschen Vergangenheit: Der MDR lässt in der Serie *Die Spur der Ahnen* einen der Protagonisten besorgt fragen, ob sein Vater ein Feldjäger, ob »mein Vater ein Kettenhund der Nazis« war.

Heute gibt es die Kettenhunde, die Feldjägertruppe immer noch. Sie nimmt »als Führungstruppe militärpolizeiliche Aufgaben wahr, ist jedoch keine Polizei im eigentlichen Sinn, wie etwa die [Polizei]. Feldjäger besitzen im Frieden keine Weisungsbefugnis gegenüber Nicht-Bundeswehrangehörigen, es sei denn, diese halten sich in einem militärischen (Sicherheits-)Bereich auf oder es ist zur Aufgabenerfüllung zwingend notwendig (z.B. Einrichtung eines militärischen Sicherheitsbereichs).«[27]

Als 1999 nackte und halb nackte Frauen eine Gelöbnisfeier der Bundeswehr vor dem Berliner Bendlerblock störten, wurden sie von Feldjägern gemäß ihrem oben beschriebenen Auftrag gejagt und festgesetzt. Der Satiriker Wiglaf Droste schrieb über den Vorfall und die Täter: »Feldjäger erkennt man an ihrem Waschbrettkopf. Man fragt sich, was passiert sein muß, daß einer, der doch wahrscheinlich als Mensch geboren wurde, so etwas werden kann: ein Kettenhund.«

Was ist der Kettenhund nun also? Die Antwort ist hundespezifisch und kann somit für den Hund als solchen und im Allgemeinen stehen: Der Kettenhund geht angeleint von doof bis treudoof. Höchst gefährlich sind sie aber, wenn sie losgelassen werden.

12. GRUND

Weil der Dorfhund zu Fremden immer ein echter Tyrann ist

Der allgemeine Dorfhund ist ein naher Verwandter des Kettenhundes. Auch er liegt meist in, vor oder neben seiner Hundehütte, blickt müde in die Gegend und beschäftigt sich ausschließlich mit seinen Hundeflöhen. Beißen die einmal, wie auf ein heimliches Kommando »Fass«, alle zusammen und gleichzeitig in die Haut des Hundes, springt der Dorfhund auf und rennt laut bellend über den Dorfplatz, um sich dann an der Dorfeiche das geschundene Fell und die gepikste Haut zu scheuern.

Das Jucken lässt nach, das Gebell wird immer leiser und geht in ein unmotiviertes Geknurre über. Das Dorfleben ward eh nicht gestört und geht seinen ländlichen ruhigen Gang weiter.

Ganz anders liegt der Fall, wenn ein Fremder ins Dorf kommt. Erreicht er die Idylle mit einem Auto, so ist er relativ sicher, wenn er das Gefährt nicht verlässt. Lediglich die Reifen können leiden und zerbissen werden. Schlimmer dran sind schon Fahrradwanderer und Spaziergänger. Sie werden mit lautem Gebell angesprungen, vom Rad geworfen und in Arm und Wade gebissen. Wie immer in solchen Fällen kommen von den umliegenden Höfen, angelockt und alarmiert durch den ersten Kläffer, die übrigen Hunde des Dorfes und mischen bissig mit. (Erstaunlich und wissenschaftlich bislang nicht ergründet ist die bemerkenswerte Differenzierung und unterschiedliche Reaktion der Dorfhunde bei dem gleich klingenden Floh- und Angriffsgekläffe.)

Hilfe von den Einheimischen können die Fremden nicht erwarten. Stumm schauen die Dörfler dem Geschehen zu, nicken bedächtig mit den Köpfen und lassen nur gelegentlich ein kurzes gemurmeltes »Brav. Braver Hund.« von sich hören. Die Attacken der Dorfhunde auf die Wanderer lassen erst nach, wenn eine andere Sau durchs Dorf getrieben wird, die sich an ihrer Eiche scheuern will.

Doch es gibt auch Stadtmenschen, die sind ganz vernarrt in die Dorfhunde, denn diese inspirieren ihre lyrische Ader. Eine davon ist Marlis Daneyko, die es mit ihrem putzigen Gedicht »Ein Dorfhund und ein Stadthund« in das »Literatur und Künstlerforum von Bernd Rosarius« und in dessen »Garten der Poesie« geschafft hat. Munter reimt sie »Stadthund – Floh – Dorfhund – froh« rauf und runter.[28]

13. GRUND

**Weil in jedem Hund ein Kampfhund steckt
oder stecken könnte**

Beispiel 1: Pummi war ein fieser, kläffender Spitz. Er gehörte zur Familie, weil es der Hund des Großvaters war, der lange in der elterlichen Wohnung des Autors ein Zimmer hatte. Bei der Heimkehr wurde von uns Kindern die Wohnungstür immer nur einen Spaltbreit geöffnet und statt eines fröhlichen »Sind wieder da!« zaghaft die ängstliche Frage »Ist Pummi drin?« gestellt. »Drin« bedeutete Sicherheit, denn Pummi war im Zimmer des Großvaters weg- und eingesperrt. »Nicht drin« stand für Kläffen, Knurren, Anspringen im Flur und dann den Biss in die Wade des Kindes. War zwar nicht so schlimm, aber immerhin prägend – lebenslänglich.

Beispiel 2: Die Finca nahe Costa Ricas Hauptstadt San José galt als Geheimtipp unter deutschen Rucksacktouristen. Die beiden Hamburger Otto und Gudrun verbrachten hier ihren Lebensabend und vermieteten hübsche Gästezimmer zu zivilen Preisen an durchreisende Landsleute. Zum Haus gehörten ein weitläufiger Garten und ein großer Swimmingpool. Die beiden Alten waren nette, umgängliche Leute. Nur hatten sie zwei Macken: Otto war Alkoholiker und trank schon am frühen Vormittag. Nachmittags schlief er gemütlich am Pool, und abends ging es dann gemeinsam an seine

Vorräte. Gudruns Tick war schon schlimmer: Sie stromerte durch San José und sammelte herrenlose Straßenköter. Je kleiner die waren, desto schneller eroberten sie Gudruns Herz, wurden adoptiert und landeten auf der Finca. Mitunter zählte die kleine Meute bis zu 17 Kläffer. Kam ein Fremder aufs Grundstück, stürzten sie alle auf ihn, kreisten ihn ein und versuchten zuzuschnappen. Ihre Taktik war einfach: Mehrere griffen von vorne an, ließen sich ein Stück verscheuchen, der größere Rest startete dann die Attacke von hinten. Sie hatten Gneisenaus militärische Doppelstrategie, bei der die Nachhut blitzartig zur Vorhut werden kann, auf den staubigen Straßen Lateinamerikas gründlich gelernt und lebten diese Taktik nun in Gudruns Garten aus. Auch gegen die zahlenden Gäste. Bei denen half dann auch kein abendlicher Versöhnungstrunk mit Otto mehr. Die Gäste reisten frühzeitig und fluchtartig ab.

Unsere heimischen Hundelobbyisten, allen voran die Vereine, in denen sich Besitzer von Bullterriern und Co. zusammengeschlossen haben, fordern nicht nur die Abschaffung von Rasselisten, sondern wehren sich auch vehement gegen den gebräuchlichen und ihrer Meinung nach diffamierenden Begriff »Kampfhunde«.

Und auch hier gilt: Wo sie recht haben, da haben sie recht. Denn in jedem Hund steckt ein Kampfhund. Oder könnte zumindest stecken. Daher: Leinenzwang und Maulkorb für alle – jetzt und überall.

14. GRUND

Weil Hundekämpfe wieder zugelassen und staatlich gefördert werden müssen

Es ist eine klassische Win-win-Situation. Bei Hundekämpfen wird gezockt und kassiert, satte Geldbeträge wechseln die Besitzer, und die siegreichen Kämpfer steigen an Wert auf dem internationalen Tier- und Kapitalmarkt. Gleichzeitig halbiert sich in jedem Match die Zahl der Kampfhunde. Nicht nur im Pit, der Hundekampfarena, sondern weltweit ist eine beachtliche Dezimierung der sogenannten Listenhunde zu verzeichnen.

Hundekämpfe haben eine lange, ehrwürdige Tradition. Ihre Blütezeit hatte diese Sportart des kleinen Mannes im alten England. Zwar gab es 1835 ein parlamentarisches Verbot dieses beliebten Kampfsports, doch tat es dem »Fair play« der kräftigen Tölen keinen Abbruch.

In ihrer beachtenswerten Dissertation über »Kampfhunde« schreibt die angehende Tierärztin Andrea Steinfeldt: »Die Beliebtheit des damaligen Hundekampfes, vor allem während seiner Blütezeit im neunzehnten Jahrhundert, muß vor dem Hintergrund der enormen sozialen Spannungen der industriellen Revolution und einer Massenverelendung gesehen werden. Viele der Bergwerk-, Tongruben- und Stahlarbeiter lebten unter sehr schlechten Bedingungen, die sie zwangen, selbst ihre sechsjährigen Kinder zur Arbeit in den Kohlebergwerken für über zehn Stunden täglich unter Tage zu schicken. Sicherlich wurde im Hundekampf ein Ausgleich zur katastrophalen sozialen Situation gesucht, mit dem zugleich ein Wettgewinn verbunden sein konnte. Unter ähnlich schlechten Bedingungen lebten auch die englischen, irischen und schottischen Auswanderer, die nach dem Ende des amerikanischen Bürgerkrieges in die Vereinigten Staaten übersiedelten. Hier erlebten die Hundekämpfe besonders in den 40er Jahren des zwanzigsten Jahrhunderts ihre Blütezeit.«[29]

Die Regeln für einen Hundekampf, die »dudly rules«, waren streng:

Die Hunde traten in Gewichtsklassen an. Beide Hunde wurden vor dem Kampf gewogen. Überschritt ein Hund das zuvor vereinbarte Kampfgewicht, wurde er disqualifiziert, und der Wetteinsatz war verloren.

Um sicherzustellen, dass die Hunde nicht mit gefährlichen Giften präpariert worden waren, mussten sie vor dem Kampf von einem »taster« mit der Zunge abgeleckt werden. »Taster« war ein durchaus geachteter, vor allem aber, wegen der möglichen Gefahr, ein lukrativer Job.

Jeder Hund startet aus einer eigenen Ecke und wird von einem Sekundanten losgelassen.

Die Sekundanten dürfen keine Hunde berühren. Als »foul« wurde gewertet, wenn der Sekundant den Hund aus dem Pit wirft, auf den Kopf des Hundes tritt oder daneben aufstampft.

War abzusehen, dass ein Hund den Kampf nicht gewinnen würde, so konnte der Besitzer ihn vorzeitig aus dem Ring nehmen. Für den Hund bedeutete das aber noch lange nicht, dass er nun sein Gnadenbrot auf einem englischen Ponyhof erhalten würde. Vielmehr war er durch sein lausiges Auftreten beim Kampf so sehr im Wert gesunken, dass es sich nicht lohnte, ihn gesund zu pflegen und für einen neuen Kampf zu trainieren. Er wurde getötet.

Gerüchte aus dem Old England von heute besagen, dass die englische Wettmafia schon kräftige Lobbyarbeit betreibt, damit nach dem Brexit das Hundekampfverbot aufgehoben wird. Ein Weg, den sich auch Deutschland und die ganze EU zu eigen machen sollte, damit eine effektive Reduzierung der Hundepopulation eingeleitet werden könnte.

Und das gilt nicht nur für die klassischen Kampfhunde und andere Bestien, sondern sollte auf alle Hunderassen ausgedehnt werden. Denn nichts wäre im Pit niedlicher anzuschauen als ein fiepsiger Kampf von Chihuahua gegen Chihuahua oder das drollige und rollige Mops-contra-Mops-Gekugel.

15. GRUND

Weil es bei Hundekämpfen keinen Doppelpack-Kampf gibt

Im Grund 14 haben wir schon im Sinne der Hunde-Dezimierung ausgeführt, weshalb Hundekämpfe wieder zugelassen werden sollten. Diesen Gedanken konsequent zu Ende gedacht, kann nur heißen: Warum nicht die Reduzierung der Halter gleich mitorganisieren, warum nicht eine Vernichtung im Doppelpack.

Gerade Hundehalter, angesprochen auf Hundehaufen, Hundebisse und Kampf- oder Listenhunde, sind es doch selbst, die immer wieder behaupten, dass nicht der arme Hund schuld sei, sondern »das Problem am oberen Ende der Leine« liege. Also muss auch genau hier eine Problemlösung gesucht und gefunden werden.

Wissenschaftler der Universität Bonn haben Hundehalter nach einer umfangreichen Studie 2008 in drei Gruppen unterteilt:

Typ 1: der prestigeorientierte, vermenschlichende Hundehalter (22 % der Hundehalter)
Typ 2: der auf den Hund fixierte, emotional gebundene Hundehalter (35 % der Hundehalter)
Typ 3: der naturverbundene, soziale Hundehalter (43 % der Hundehalter)

Der gesunde Menschenverstand hingegen kennt nur den unsozialen Hundehalter, der lediglich geringfügige Unterschiede aufweisen kann:
Typ 1: der Kraftprotz
Typ 2: der Modebewusste
Typ 3: der Gefühlige

Die Modebewussten und Gefühligen stören Umwelt und Mitmenschen in der Regel nur dadurch, dass ihre Lieblinge scheißen und kläffen, lächerlich aussehen und nur als blöd zu bezeichnen sind. Gelegentlich beißen sie zu, denn in jedem Hund steckt ein Kampfhund oder kann zumindest einer stecken. Also sind Typ 2 und Typ 3 in diesem Kapitel zu vernachlässigen. Zur Sache geht es bei den Kraftprotzen der ersten Gruppe. Diese Hundehalter sind nicht nur breitschultrige Kampfhundebesitzer und stiernackige Aggros, die ihre Bestien Devil, Bloodsucker oder Bushido nennen, sondern auch Sportler, Jäger und Beamte mit ihren Diensthunden gehören dazu.

Die Kampfhundebesitzer sind die wahren Hooligans unter den Kraftprotz-Typen: Sie imitieren den gedrungenen Gang ihrer Pitbulls, zeigen die gleiche breite Nackenstärke und -starre und haben ein ebenso großes Maul wie ihre Köter. Ihr Lieblingsspruch über sich und ihn: »Er hat total nur Muskel- und Samenstränge. Genau wie ich, Digger.«

Stellen wir uns einmal vor: Digger 1 (Mensch) steht mit seinem Digger 1 (Hund) im Pit, dem Hundekampfring. Ihnen gegenüber, in der anderen Ecke des Rings, lauern Digger 2 (Mensch) mit seinem Digger 2 (Hund). Die Wetten werden gemacht. Alle Möglichkeiten sind setzbar: Dreierwette, Zweierwette, Sieg, Platz, gemischtes Doppel (z.B.: Hund 1 besiegt Kraftprotz II und Kraftprotz 1 killt Hund 2, oder umgekehrt und ganz anders). Beim Doppelpack-Hundekampf ist alles erlaubt, es gibt keine Regeln. Hier kann getreten, gebissen, geschlagen, angesprungen, gewürgt und erdrosselt werden. Jeder gegen jeden, Mann gegen Mann, Hund gegen Hund, Mann gegen Hund und Hund gegen Mann.

Und wie bei den echten Hundekämpfen gibt es auch hier mit den Verlierern, sollten sie nicht schon im Pit verendet sein, kein Pardon. Sie sind für eine weitere Zucht nicht mehr geeignet und werden abgeschlachtet.

Mit Erfolg: keine neuen Digger mehr.

16. GRUND

**Weil auch Jogger und Radfahrer oft
mit Hunden unterwegs sind**

Egal ob am Rheinufer, auf dem Alsterwanderweg oder an den Isarauen – es ist immer wieder das gleiche Bild, der gleiche Tathergang. Sind Jogger, Radfahrer und Hundehalter gemeinsam unterwegs, ist Zoff angesagt. Die Schuldfrage bei den Zwischenfällen ist schnell geklärt. Konsens herrscht bei den bummelnden Spaziergängern und unbeteiligten Flaneuren darüber, dass die Hunde unangeleint herumliefen und direkt von vorne oder heimtückisch aus dem Hinterhalt ihre Opfer angefallen, ihnen Reifen und Beine zerbissen haben. Von den Hundehaltern ist keine Einsicht zu erwarten, sondern nur zwei oder drei rotzige Standardsätze geben sie von sich: »Was laufen/fahren Sie hier auch rum!« Oder: »Sie haben den armen Hund erschreckt!« Vielleicht gibt es auch noch ein: »Verpiss dich, Alter!«

Doch es geht auch ganz anders und dann noch viel schlimmer. Verkehrte Welt: Jogger sind mit ihren Hunden im Gleichtritt unterwegs. Oder Radfahrer lassen sich von ihren vierbeinigen Laufgehilfen durch die Natur ziehen. Letztere denken an abenteuerliche Schlittenhunderennen, während die Jogger auf Frau oder Freundin als Laufpartnerin verzichten müssen, weil die am heimischen Herd werkelt und brutzelt.

Die Laufsportler lassen ihre Hunde als Takt- und Intervallgeber mitjoggen. Sie müssen immer auf gleicher Höhe laufen, im gleichen Takt Schritt halten und bei jedem Sprint mitziehen. Normalerweise geht von dieser hechelnden Paarung keine Gefahr aus, denn dem Jogger ist jede Hundertstelsekunde auf seinem langen Weg ins Nirgendwo wichtig. Streitereien mit anderen Passanten würden nur die Rundenzeiten verschlechtern. Steht allerdings einer der Mitmenschen auf der Piste im Wege, kann und wird es zu schweren

Kollateralschäden, bissigen Attacken und wüsten Beschimpfungen kommen.

Die Radler hingegen sind von Haus aus eher freundliche Leute. Fröhlich pfeifend sitzen sie in ihrem Sattel und lassen sich mit Unterstützung ihrer Zugtiere den Weg durch die Natur gefallen. Freundlich grüßen sie nach rechts und links und nippen an der mitgeführten Bierflasche. Kommt ihnen und der Zugleine zwischen Rad und Hund jedoch ein unbegleiteter Fahrradfahrer oder ein einsamer Jogger, ein Rentner mit Rollator, ein Kind auf dem Roller oder gar eine mit sportivem Kinderwagen joggende Mutter Anfang 30 ins Gehege, ist auch hier Schluss mit lustig, und oben beschriebene Kollateralschäden treten ein: bissige Angriffe und unflätige Beleidigungen.

Hübsch aber geht es zu, wenn sich am Rheinufer, auf dem Alsterwanderweg oder an den Isarauen zwei Hundevelos und auch noch

ein Joggerteam ineinander verheddern. Die Radler gehen zu Boden, der Jogger muss sein Intervalltraining unterbrechen. Wütendes Chaos ist angesagt. Eine Kommunikation ist nicht mehr möglich, weil ein jeder der Kontrahenten nur drei Sätze kennt: »Was laufen/fahren Sie hier auch rum!« Oder: »Sie haben den armen Hund erschreckt!« Und natürlich: »Verpiss dich, Alter!«

Das Ende gibt es eine herrliche Hauerei untereinander, und die Welt ist für die Spaziergänger und Flaneure wieder in Ordnung.

17. GRUND

Weil Kinder keine Chance haben

Taucht eine Hundewurst im Sandkasten eines öffentlichen Spielplatzes auf, oder liegt ein dicker fetter Haufen auf der Spielwiese, so werden die besorgten Eltern sofort von den anwesenden Hundehaltern mit zwei Standardantworten angeblafft: »Meiner war es nicht« oder »Das kann nur von einer wilden Katze stammen«. Eltern haben keine Chance, und die spielenden Kinder eh nicht. Und zusammen müssen sie noch froh sein, nicht verprügelt oder gebissen zu werden.

In Deutschland kommt es jährlich zu 30.000 bis 50.000 Bissverletzungen. Wen wundert es, dass die Hunde mit 60 bis 80 Prozent weit vorne liegen. Da keine Meldepflicht besteht und es immer noch keine bundesweite »Beißstatistik« gibt, schwanken die Zahlen. Daher gebührt der Professorin Karin Rothe, Chefin der Klinik für Kinderchirurgie an der Berliner Charité, besonderer Dank, denn mit einem Expertenteam hat sie den bissigen Hunden auf den Zahn gefühlt und 2015 eine erste umfassende Studie zum Thema Bissverletzungen durch Hunde veröffentlicht.[30]

Am häufigsten werden Kinder gebissen. Ein Viertel der Opfer ist jünger als sechs Jahre. Bei ihnen sitzt der Biss meist am Hals oder

Kopf. Ältere Kinder erwischt es an Armen und Beinen. Mit 34 Prozent ist diese Gruppe, die Kinder und Jugendliche zwischen sechs und 17 Jahren, stark vertreten. Das heißt also, dass etwa 60 Prozent der Opfer Kinder sind, mit denen der Hund »nur spielen« wollte. An einer Hundebissattacke sterben jährlich zwischen einem und sechs Menschen.

Und: Hundebisse sind nicht nur unmittelbar gefährlich, etwa durch herausgerissene Fleischstücke, zermalmte Knochen oder durchtrennte Sehnen, sondern nach dem Biss ist vor der Infektion: durch Keime, die beim Biss übertragen werden und die Wunde infizieren. Schlagende Argumente gegen jeden Hundefreund sind bei diesem Thema die Aufzählung der verschiedenen krankheitserregenden Keime: Staphylokokken, Streptokokken, Pasteurellen und Capnocytophaga canimorsus. Über Letzteren schrieb das *European Journal of Clinical Microbiology & Infectious Diseases* in seiner April-Ausgabe 2015[31], dass die Capnocytophaga-Keime auch durch Kratzen, Lecken oder anderen engen Kontakt mit sogenannten gesunden Hunden in die Wunden gelangen können. Die Folgen: Wundbrand, Blutvergiftung, Hirnhautentzündung oder eine Entzündung der Herzinnenhaut.

Also nicht erst den Arzt oder Apotheker fragen, sondern grundsätzlich und immer gilt als Faustregel: Finger weg von den Viechern, diesen gefährlichen Keimschleudern und bissigen Ungeheuern!

18. GRUND

Weil Robben und Seehunde auch nur spielen wollen

Schon Bettina Wegner warnte mit ihrem Lied »Sind so Kulleraugen, darf man nicht reinschauen« vor den knopfäugigen Heulern und Robben. Wie wenig auch bei Seehunden das Attribut »süß« angebracht ist, zeigen immer wieder Vorfälle von den Stränden, an denen sich Kegelrobben und Seehunde niedergelassen haben. Bundesweit steht die Düne bei Helgoland an Stelle eins der gefährdeten und gefährlichen Strände.

Die Einheimischen der norddeutschen Hochseeinsel sprechen bereits von einer »Killer-Robbe«, die Jagd auf ihre Artgenossen macht, um sie zu fressen. »Es ist ein fetter Bulle, der noch nicht ausgewachsen ist«, sagte Seehundjäger Rolf Blädel der Tageszeitung *Die Welt* am 1. November 2014.[32] Ein-, zweimal im Jahr komme die Robbe auf Stippvisite zur roten Sandsteininsel, immer wieder.

Es ist ein Szenario, das jeder Großstädter von einer belebten Stadtparkwiese kennt. Hunde tollen, Hunde spielen, Hunde fangen Stöckchen. Und die touristischen Spaziergänger am Rande sind glücklich: »Die wollen nur spielen.« Doch dann kommen ein fieser Spitz, ein Agro-Schäfer oder ein gedrungener Pitbull hinzu, und die

wollen gar nicht mehr spielen, sondern nur jagen, zupacken, zerfleischen. Genau wie der Namens- und Wesensvetter von Helgoland.

Also zurück nach Helgoland, wo die Killer-Robbe weiter wütet. Noch einmal *Die Welt* vom 1. November 2014: »Bislang seien überwiegend Jungtiere getötet worden, sagte Prof. Ursula Siebert von der Tierärztlichen Hochschule Hannover in Büsum. Hinweise, dass die Helgoländer Robbe sich auf kranke Seehunde spezialisiert habe, gebe es nicht. ›Es gibt derzeit keine Kenntnisse, warum die Helgoländer Kegelrobbe dieses Verhalten zeigt‹, sagte die Expertin.«

Innovativ setzte *Spiegel Online* ein Jahr später noch einen drauf: »Auch in Schottland und in Kanada fanden Forscher in den vergangenen Jahrzehnten immer wieder tote Seehunde und auch Kegelrobben mit den für die Attacken typischen Verletzungen.«[33]

Doch Tourismusexperten geben Entwarnung: Badende Kinder und Wassersportler gehören nicht zum Beuteschema der Kegelrobbe. Auch die Professorin Ursula Siebert stößt ins gleiche Beruhigungshorn: »Wir haben derzeit keine Erkenntnisse, dass von dem Tier Gefahr für den Menschen ausgeht.«

Sie sagte es als Seehund- und Kegelrobben-Expertin, hätte aber genauso gut als Fachfrau der Hundelobby auftreten können. Erinnert diese Abwiegelung doch stark an die permanenten Entwarnungen von Hundeexperten, dass spielende Kinder, Jogger und Radfahrer nichts von freilaufenden Hunden zu befürchten haben.

19. GRUND

Weil der gefangene Spitz immer wieder freigelassen wird

Älteren Mitbürgern mag aus ihrer Kinder- und Jugendzeit noch das Brett- und Würfelspiel »Fang den Hut« des deutschen Auswanderers C. A. Nitsche-Neves bekannt sein, in dem es darum ging, möglichst viele Hütchen auf dem Spielfeld zu fangen. In der Schweiz hieß es »Hütchenspiel«, was aber nicht mit dem rumänischen Hütchenspiel zu verwechseln ist.

In einigen Regionen Deutschlands war dieses muntere Spiel unter dem Namen »Fang den Spitz« verbreitet, da die Hütchen nach oben spitz (!) zuliefen und es auf dem Spielfeld so hektisch und durcheinander zuging wie auf einer belebten Hundewiese. Es wurde wild um die Wette gewürfelt, um möglichst viele Spitze einzufangen. Sie hatten keine Chance.

Dieses Spiel ist aber auf keinen Fall zu verwechseln mit dem wieder in Mode gekommenen Spiel »Spitz pass auf«. Weil selbst einer wie Stefan Raab die einfachen Spielregeln begriff, mutete er das Spiel seinen Studiogästen in *Schlag den Raab* zu.[34] In der Folge spielte ganz Deutschland in studentischen Wohngemeinschaften und ländlichen Einfamilienhäusern »Spitz pass auf«. Abend für Abend und nächtelang.

Auch hier muss ein Spitz ständig gefangen werden, aber nur wenn eine Eins oder Sechs gewürfelt wird. Die Hunde liegen an einer Leine auf dem Tisch. Bei 1 oder 6 zieht ein Spieler (der Retter) den Spitz aus der Gefahrenzone, oder der andere Spieler (der Fänger) ist schneller und erwischt den Spitz. Je mehr erst bellende, dann winselnde Spitze der fiese Hundefänger erledigt hat, desto höher ist seine gesellschaftliche Reputation, desto schneller gelangt er zum Erfolg, zum Sieg.

Aber auch für die Tierfreunde und Hundeschützer gibt es eine Möglichkeit, Ruhm und Ehre zu erlangen. Je öfter sie den Spitz über den Tisch gezogen haben, sodass er nicht gefangen wurde, desto größer die Anerkennung bei Tierbefreiern und ihren Anhängern. Denn dann gibt es auch für sie die begehrten Punkte. Gewonnen hat, wer am Ende des Spiels, meist weit nach Mitternacht, die meisten Punkte hat. Logo.

Inkonsequent und unrealistisch nur, dass jeder gefangene Spitz nicht sofort zum Abdecker geliefert wird oder in einer Hundemetzgerei landet. Stattdessen bekommt er erneut eine zweite, dritte, vierte, unendliche Chance und darf immer wieder gefangen werden, aber auch neu mitspielen.

20. GRUND

Weil 12,9 Millionen Katzen sich nicht irren können

An der Haustierfront haben Katzen das absolute Sagen. Lediglich 7,9 Millionen Hunde stehen den 12,9 Millionen Katzen gegenüber. Und wenn diese nicht faul auf den Fensterbänken liegen oder für neckische Katzenvideos herhalten müssen, geht mit ihnen oftmals der Stubentiger durch. Gerade wenn es sich um freilaufende Katzen handelt. Also solche, die ein Zuhause haben, aber auch raus dürfen. Sie dösen in der Sonne, jagen Mäuse oder fangen Vögel. Neuester Trend in der Katzenwelt ist die Jagd auf Hunde und ihre Besitzer.

Unvergessen die Heldentat der mutigen Hauskatze Lara im kalifornischen Bakersfield 2014: Der vierjährige Jeremy fuhr auf seinem Laufrad vor dem elterlichen Haus herum. Ein Hund griff ihn an, biss ihn ins Bein und zerrte den kleinen Jungen vom Laufrad. Doch dann kam Lara. Wie ein Kugelblitz ging die Katze dazwischen, sprang den Hund an, verscheuchte ihn und rettete den kleinen Jeremy.

Festgehalten wurde der hinterhältige Angriff und die beherzte Befreiung von verschiedenen Überwachungskameras. Aus den unterschiedlichen Einstellungen schnitt Jeremys Vater ein Video und lud es unter »My cat saved my son« auf YouTube hoch. Es wurde ein millionenfacher Renner.[35]

Sehr sehenswert auch die kleine Katze, die mit blitzschnellen Tatzenschlägen durch das offenstehende Autofenster einen aufdringlichen Hund vom Auto fernhält und am Einbrechen hindert.[36]

Differenzierter gehen hiesige Katzen ans Werk. Mit der sprichwörtlichen deutschen Gründlichkeit eben. Hundefreunde in Deutschland behaupten ja immerfort, nicht der Hund sei schuld an allem und jedem, sondern das Übel läge am oberen Ende der Leine, beim Hundehalter. Was diese vehement und oft mit der nötigen Härte durch Faust oder Biss bestreiten. Doch Katzen würden nicht nur Whiskas kaufen, sondern haben klar erkannt, dass nicht der Hund als solcher, sondern sein Halter als selbiger der Hauptfeind ist. Gegen ihn vorzugehen ist schon die halbe Miete.

Beispielhaft soll hier der Lübecker Kampf-Kater Eddi beschrieben werden: Eddi ist ein stämmiger, getigerter Hauskater. Elf Jahre ist er alt und lebt in einer ruhigen Seitenstraße in Lübeck. Leben auf der Straße heißt aber auch, Wache schieben. Kommt ein angeleinter Hund auf dem Bürgersteig in Eddis Revier, springt der Kater aus seiner Deckung und greift an. Nicht das arme Vieh unten an der Leine, sondern den ausführenden Verursacher am oberen Ende.

Den jüngsten Fall schilderte die *Hamburger Morgenpost* in ihrer Ausgabe vom 21. März 2017: Eddi soll Samuel W., einen 34-jährigen Familienvater, bestialisch attackiert haben. »Ich wollte meine Tochter zur Kita bringen und ging mit ihr und unserem Jack-Russell-Terrier zum Auto. Plötzlich rannte ein kräftiger Kater auf uns zu, krallte sich an meiner Wade fest. Ich schüttelte mein Bein, aber er sprang mich ein zweites Mal an.« Doch nicht nur er selbst war der Leidtragende, sondern auch sein Hund soll sich fürchterlich erschrocken haben.

Dem ruhmreichen Kater wird nachgesagt, dass dies schon seine dritte beobachtete Heldentat gegen einen Hundehalter gewesen sei. Die Dunkelziffer mag beträchtlich höher sein.

Nach der tierischen Verwarnung schämen sich die meisten Hundehalter, dass sie selbst einmal gebissen oder angekratzt wurden. Nicht so Samuel W., der sofort zur Polizei ging und Anzeige erstattete. Frei nach dem Motto »Denen zeigen wir es jetzt aber einmal«.

Höhere Ehren aber erhält Lübecks Kampf-Kater aus den Nachbarschaft, die den Kater gerne in den Rang eines »Abschnittsbevollmächtigten« erheben würden. Nachbarin Anne O. (41): »Meine

Kindern und ich wurden schon von Hunden angegriffen. Es wär schön, wenn Eddi da mal durchgreift. Er ist ein lieber Kater.«

21. GRUND

Weil sie einen im Urlaub auf Schritt und Tritt verfolgen

Urlaub dient der Regeneration, soll stressfrei sein und Spaß machen. Doch wie soll das gelingen, wenn der oder die Reisende ständig über Hunde stolpert, mit Angeboten nur für Hunde konfrontiert wird und tierischen Urlaubsfreuden ausgesetzt ist.

Das fängt schon bei der Ankunft am Flughafen an. Das Grauen heißt zum Beispiel »John F. Kennedy International Airport«. Speziell Hunde haben es den Flughafenbetreibern angetan: In einem Luxus-Ressort können sie sich an einem knochenförmigen Pool oder auf immergrünen Wiesen auf ihren Flug vorbereiten oder sich von der Atlantiküberquerung erholen. Weiter im Angebot: Fernsehsendungen à la DOG-TV, Krallen-Lackierung und Entspannungsmassagen.

Wendet sich der Reisende, von Ekel gepackt, entnervt ab und will bei einem Bier erst einmal wieder zu sich kommen, könnte ihn schon der nächste Schock ereilen. Statt eines »lecker Pils« könnte ein »Schwanzwedler Hundebier« auf den Tisch kommen. Die Werbung verspricht Hochgenuss: »Schwanzwedler Hundebier ist mit echter Braugerste gebraut, somit verdient es den Namen eines Bieres. Schüttelt man das Bier vor dem Öffnen etwas, so bildet sich im Hundenapf sogar eine echte Bierkrone.«[37]

Doch damit nicht genug: Weltweit haben sich Kneipen, Restaurants und Hotels auf die bellenden Vierbeiner spezialisiert. Drei Beispiele aus dieser Welt des Horrors:

Das Gasthaus »Paulsborn am Grunewaldsee«, in dem immerhin schon Kaiser Wilhelm II., David Bowie und Iggy Pop verkehrt haben sollen, hat seine fünf möglichen Sterne in die Tonne getreten und 2015 das erste Berliner Hunderestaurant eröffnet. Die Renner auf der Verköstigungskarte: Knurpsel-Geweih (9,90 €), Kängurukartoffel (2,00 €) und Lachshaut (5,00 €).

Ortswechsel: die englische Grafschaft Dorset, das Restaurant »The Tempest«. Ein Hunde-Dinner auf der Speisekarte ist für die Eigentümerin Alison Ferhi eine Selbstverständlichkeit: »Wir sind ein Familienrestaurant, und der Hund gehört doch fast immer zur Familie. Und überhaupt: Wir bieten ein Kinder-Menü an – warum dann nicht auch eins für Hunde.«[38] Den Sabber im Hundemaul zusammenlaufen lässt: Hühner- oder Thunfischstückchen mit Reis, Gemüse und einer extra angedickten Sauce für umgerechnet 6,50 Euro. Oder die vegetarische Variante: Reis, Gemüse, Cremesauce und Käse-Nuggets.

Neuer Ort, gleiches Pech: Das Wellnesshotel »Kranzbach« bei Klais in Oberbayern, in dem laut der *Süddeutschen Zeitung* Kinder unter zehn Jahren nicht willkommen sind, hält für Hunde Yoga, Kuschelbetten und einen Gassi-Service bereit. Besonderer Clou ist der Workshop »Normalerweise tut er nix«, inklusive drei Übernachtungen, drei Trainingseinheiten und Halbpension ab 784 Euro pro Person.

Hunde kosten extra: € 17 pro Tag, ohne Futter. Immerhin.

22. GRUND

Weil zu den vielen deutschen Hunden jetzt auch noch zahlreiche ausländische Straßenköter hinzukommen

Nein, sie haben nichts gegen ausländische Hunde. Ganz im Gegenteil. Ihr Herz schlägt besonders für die rumänischen Straßenhunde. Immer wieder treffen sich besorgte Hundefreunde in Deutschland und der Schweiz, stellen kleine Kerzen auf, halten sich ergriffen bei den Händen, klagen an und veranstalten rührige Mahnwachen für die geplagten ausländischen Kreaturen.

Die Tierfreunde schrecken nicht einmal vor weltweiten Kampagnen zurück. Sie klauen für das Wohl ihrer Vierbeiner einen Obama-Wahlkampfspruch und verändern ihn in »Yes! We care! Protect the Rumanian Strays!«

Oder sie veranstalten herzergreifende »Sommerfeste« wie der Verein »Rumänische Findelhunde e.V.« in Langwedel-Darverden im Garten des Vereinsgründers Rolf Kleemann und seiner Lebensgefährtin Gaby Dziuballe im Sommer 2016.[39]

Sie gründen Vereine wie »Straßenhunde Kreta e.V.«[40] (»Gängigste Möglichkeit der Unterstützung ist die Geldspende. [...] Als gemeinnützig anerkannter Verein können wir Ihnen natürlich auch eine Spendenbescheinigung ausstellen.«), »Tierfreunde Ukraine e.V.«[41] (»Wir sind eine internationale Gruppe von Tierschützern, die schnell, zielgerichtet und ohne Verwaltungskosten den Tieren in Not hilft. Dafür brauchen wir Ihre Unterstützung!« oder ebenjener »Rumänische Findelhunde e.V«[42], der natürlich auch mit treuem Hundeblick um Spenden bettelt, aber auch ein richtig gesellschaftspolitisches Statement abgibt: »Weil es Hunden im Ausland oftmals viel schlechter geht als den Hunden in Deutschland, möchten wir an genau dieser Stelle ansetzen und helfen. [...] Vielleicht können Sie einen Hund retten, der in seinem Land unter unsagbaren Bedingungen leben müsste.«

Auch »Europas größtes Hundemagazin« (Eigenwerbung) *Dogs* ist bereits 2013 auf das Problem aufmerksam geworden und widmet ihm eine rührende Geschichte, in der die Willkommenskultur durchaus kritisch gesehen wird[43]: Der »Konflikt ist unlösbar, solang sich die Bedingungen für europäische Hunde so gravierend unterscheiden. Wahr ist: Es gibt im Auslandstierschutz viel Schatten. Er zeigt sich in überstürzten Rettungsaktionen oder in Form unseriöser Vereine, die schwierige Hunde an unbedarfte Halter vermitteln, verdeckten Hundehandel betreiben.«

Und mit Lenin fragt *Dogs* sich und die Leser: »Was tun?« Die engagierte Autorin Katharina Jakob ist sich aber nicht sicher, ob die Lösung der örtlichen Tierschützer die richtige ist: »Ihre Strategie nennt sich ›Catch, Neuter and Release‹ oder auch ›Castrate and Release‹ und heißt so viel wie: Straßenhunde einfangen, kastrieren und wieder dorthin zurückbringen, wo man sie gefunden hat. So besetzen sie ein Areal, vermehren sich aber nicht weiter.«

Also noch einmal der kommunistische Klassiker: »Was tun?« Hiesige Freunde der Hunde und Journalisten, die auf ebenjenen gekommen sind, sind sich einig: Die armen Kreaturen kann man nicht alleine lassen. Aber Fakt ist, das hier die deutsche Willkommenskultur auf einen letztendlich auch sehr deutschen Ausrottungsprozess stößt. – Und Fakt ist obendrein auch, dass es nicht um Menschen, sondern Hunde geht.

Nachtrag:
Gegendemonstranten bei den Mahnwachen gab und gibt es keine. Die Polizei musste und muss nicht eingreifen. Für Ruhe und Ordnung sorgte und sorgt ein eigener Sicherheitsdienst, der nur gelegentlich Platzverweise an bettelnde rumänische Roma erteilen musste und muss.

23. GRUND

Weil ein elektronischer Schäferhund zwar nicht beißen, aber umso penetranter kläffen kann

Der wahre Stolz eines jeden Hundebesitzers ist, neben seiner Töle natürlich, ein großes Schild an der Haus- und Hoftür, am Garten- oder Geländezaun: »Warnung vor dem Hunde!« Diesen Droh- und Warnhinweis gibt es in vielen Varianten. Des Hundehalters schlichtes Gemüt folgt bei diesen Schildern einer simplen Maxime: je größer das Schild, desto besser; je martialischer der Text, desto bissiger die Abwehr. Sie lieben Schilder und oftmals reicht ihnen ein einziges nicht. Sie platzieren einen ganzen Schilderwald an ihren Grundstücken und vervollständigen das Bild des Schreckens auch noch mit schaurigen Eigenkreationen auf Pappe, Sperrholz oder Blechen.

Nichts aber bringt diese hundehaltenden Mitmenschen mehr in Rage als Lug und Trug vor anderen Hundehütten. Selbst untereinander sind sie sich nicht hold und gewogen. Befestigt ein Dackelbesitzer die »Warnung vor dem Schäferhund« an seinem Zaun, steht mindestens am nächsten Tag ein echter Schäferhundbesitzer auf der Matte. Rechthaberisch und furchtlos weist er darauf hin, dass das Schild zu entfernen sei: »Sonst, Freundchen, lasse ich einmal meine Senta mit deinem Waldi spielen. Dann kannst du einmal sehen, wer hier die Wacht am Rhein ist.« Da nützt nur noch unterwürfiges Gewinsel und beflissenes Schwanzwedeln, denn in der Welt der Hundehalter gilt: Wo Recht zu Unrecht wird, wird Unterwürfigkeit zur Pflicht.

Machtlos aber steht die Welt der rechthaberischen Hundehalter seit einigen Jahrzehnten einer ganz neuen Hundegeneration gegenüber – den elektronischen Wachhunden. Auch sie verkörpern eine Scheinwelt an der Hundefront, aber hier nützt keine persönliche Drohung, hilft kein bösartiges Geknurre oder eine kumpelhafte Ansprache. Gegen den elektronischen Wachhund, in der Branche auch als elektronischer Schäferhund bekannt, ist die reale Hundewelt machtlos.

In Internetforen werden sie als »kreativer und simpler Einbruchschutz« gefeiert. Zwar geben sich die Befürworter des Hundes 2.0 erst einmal scheinheilig als Hundefreunde aus: »Hunde sind ja allgemein ein recht gutes Mittel gegen Einbrecher: Sie verkomplizieren den Einbruch, machen den Versuch gefährlicher und sorgen meistens dafür, dass der Einbrecher sich ein leichteres Ziel sucht. Insofern kann man nur jedem zu einem Hund raten, egal ob groß oder klein, Hauptsache laut.«[44]

Doch dann kommen sie schnell zur Sache: »Ein Gerät, das über eine Fernbedienung scharfgestellt werden kann und das, wenn sich jemand dem Haus nähert, ein sehr realistisches und lautes Bellen von sich gibt. [...] Geliefert werden der elektronische Wachhund, in wertig wirkendem weißen Plastikgehäuse, mit Netzteil und kleiner Fernbedienung fürs Schlüsselbund. Der Wachhund sollte geschickt platziert werden, am besten hinter der Haustür, Balkontür, Kellerfenster etc. Der integrierte Radarsensor erkennt Bewegungen auch durch Türen und Wände bis 35 cm, was eine sehr variable Aufstellung ermöglicht.«

Nicht verwechseln aber sollte ein geneigter Käufer oder die gewogene Käuferin den elektronischen Schäferhund mit einem Wackeldackel, der vor dem Wagen-Heckfenster sitzend mit seinem drohend schüttelnden Kopf die Autodiebe verschreckt und sie unverrichteter Dinge verscheucht und Leine ziehen lässt.

24. GRUND

Weil der Postmann (Teil I) lieber keinmal statt zweimal klingelt

Vorbei sind die schönen Zeiten, als freundliche Briefträger einen schon auf dem Treppenabsatz mit dem Inhalt der zuzustellenden Postkarten überraschen konnten (»Da is 'n Brief aus Halle von deinem Onkel Hermann. Und 'ne Karte von der Tante auf Amrum. Sturm hatten die, aber der Deich hat gehalten.«) oder mitfühlend auf das amtliche Schreiben vom Finanzamt (»Immer rechtzeitig zahlen, sonst gibt's nix als Ärger.«) hinwiesen.

Vorbei die schönen Zeiten, als der Postbote das ganze Haus wissen ließ, dass da »wohl ein dicker Hammer« von Neckermann (»Bohrmaschine???«) gekommen sei oder »dass das Frollein Rosa sicher wieder was sehr Niedliches« eingepackt habe.

Heute hingegen herrscht Frust an der Zustellerfront: Pakete werden nicht geliefert oder beim »Lieblingsnachbarn« abgegeben. Ein Zettel im Briefkasten informiert in vorgestanzten Worthülsen, dass man nicht in der Wohnung gewesen sei. Oder aber Pakete werden wüst im Hausflur gestapelt, gleich links hinter der Eingangstür. Briefwurfsendungen werden bei der Zustellung in Einzelhäusern wörtlich genommen und über den Gartenzaun gepfeffert, Päckchen in Mülltonnen abgeliefert, Pakete in sogenannte Sammelstellen ausgelagert.

Die Gründe sind nicht »die miesen Arbeitsbedingungen« (ver.di), »schlichte Faulheit« (Volksmund) oder »eine moslemische Arbeitsmoral« (AfD), sondern egal ob DHL, DPD, Hermes oder UPS – bei allen Postmännern geht die Angst um. Angst vor den lauernden, kläffenden Hunden, die nur ein Ziel haben: die Hosen der Postboten, möglichst noch mit einem leckeren Stück Wade oder Oberschenkel. Das Schild am Gartenzaun »Hier wache ich« bedeutet nichts anderes als ein gehässiges, bedrohliches »Hier wird sofort und scharf zugebissen«.

Längst haben sich bundesweit und auch über die Grenzen Deutschlands hinaus Selbsthilfegruppen gebildet, in denen die posttraumatischen Erfahrungen analysiert und aufgearbeitet werden. Aber nicht nur mit Specksteinen und Aquarellmalerei wird hier therapiert, sondern verstärkten Zulauf finden Grund- und Fortgeschrittenenkurse zum Thema »Jetzt wird zurückgebissen – Hilfe zur Selbsthilfe«.

Hier wird nicht mehr gelabert, sondern es werden effektive Verteidigungsstrategien gelehrt, militantes Zurückschlagen vermittelt und das eigene, aggressive Auftreten dem Zusteller beigebracht.

25. GRUND

Weil der Postmann (Teil II) jetzt penetrant dreimal klingelt

1966 sollte ein gutes Jahr für die Postboten in Nordrhein-Westfalen werden. Die vier Oberpostdirektionen in NRW hatten 5.000 Spraydosen aus den USA geordert. Die weißen Dosen waren mit einem durchgestrichenen Pudelkopf gekennzeichnet und enthielten eine Mischung aus Cayenne-Pfeffer und Reizöl. Das Produkt nannte sich auf Deutsch »Hundesanft«. Nicht dass es besonders sanft für Hunde gewesen wäre: Vielmehr setzte es sie für eine Viertelstunde außer Gefecht. Hundefreunde reagierten empört auf die Bewaffnung der Briefträger. So fürchtete der deutsche Schäferhundeverband, dass »der deutsche Schäferhund seinen Charakter verliert«. Die Post fürchtete damals allerdings eher um die Gesundheit ihrer Postboten. 2.000 Hundebisse im Jahr seien zu viel.

»Hundesanft« war als Pilotprojekt gedacht und sollte nach erfolgreicher Erprobung auch in anderen Bundesländern angeschafft werden. Das Spray setzte sich allerdings nicht als ultimative Lösung durch. Es wirkte nur, wenn es aus drei Meter Entfernung gezielt in die Augen der bissigen Angreifer gespritzt wurde. »Postboten, die mit Fahrrad oder Austragetasche beschäftigt sind«, so eine Pressemitteilung der Post damals, »sind meist viel langsamer als die anrennenden Vierbeiner.« Das Projekt »Hundesanft« wurde eingestellt. Deutschlands Postboten und Paketzusteller waren wieder auf sich selbst gestellt.[45]

50 Jahre später, längst trug ein normaler Briefträger keine Päckchen oder gar Pakete mehr aus, waren die Zustelldienste von DHL, DPD, Hermes und UPS zuständig. Und wozu keine Oberpostdirektion, keine Postgewerkschaft und auch nicht einmal ver.di in der Lage waren, die Paketboten effektiv zu schützen, regelte es der freie Markt aus sich selbst heraus im gnadenlosen Konkurrenzkampf: Jeder selbstständige Postler wollte eine hohe Zustellquote, wollte alle Pakete punktgenau abliefern, um »Postmann des Monats« zu werden. Wie schon ausgeführt, boomten Verteidigungs- und Selbsthilfegruppen für Postboten. Mit effektiven Verteidigungsstrategien und militanter Trittgenauigkeit verrichteten die Zusteller nunmehr ihren Dienst am Kunden.

Die Folge: Unerschrocken und permanent klingeln sie treppauf, treppab an den Wohnungstüren oder schreiten selbstbewusst und siegessicher durch jede Gartenpforte, entern kampfbereit jedes Villengrundstück.

Und das alles lieber dreimal am Tag als früher keinmal. Sie werden zu einer echten Plage.

26. GRUND

Weil es egal ist, ob die beißwütigen Bestien nun Listen- oder Kampfhunde heißen

Es setzt ein atemberaubendes Wirrwarr, eine kläffende Kakofonie und ein Gewusel und Geschwurbel ein, wenn es um den Begriff

»Kampfhund« und um den Kampfhund als solchen geht. Es ist die vorderste Front, an der sich Hundehasser und Hundeliebhaber treffen.

Erstere vertreten keck und vehement ihr Wissen, dass in jedem Hund genetisch ein Kampfhund steckt oder stecken kann und nur wach gebellt und dressiert werden muss. Letztere hingegen bestreiten schlicht, scharf und schroff die Existenz von Kampfhunden, ignorieren die 30.000 bis 50.000 Bissverletzungen pro Jahr und sehen in den behördlichen Rasselisten, in denen per Gesetz »gefährliche oder potenziell gefährliche Hunde« aufgeführt, also gelistet werden, als einen Akt des alltäglichen Rassismus.

Für Deutschland, Österreich und die Schweiz gibt es bei Wikipedia eine Liste von 42 besagten Hunden: Das geht natürlich neben den Klassikern wie American Pit Bull Terrier, Bullterrier und Staf-

fordshire Bullterrier vom Alona (eine Molosserart; gelistet in Bayern, Brandenburg, Nordrhein-Westfalen) über den Jagd-, Kriegs- und Wachhund Mastiff (in Deutschland als auf der Liste »problematischer Hunderassen« geführt; gelistet in Wien und Vorarlberg und in sechs der 13 Schweizer Kantone, in Genf und Wallis sind Haltung, Zucht und Einfuhr verboten) bis zum Zentralasiatischen Owtscharka (mittelasiatischer Schäferhund; gelistet im Schweizer Kanton Tessin).[46]

All das sei totaler Quatsch oder Hundekacke mit Soße, finden die Kämpfer gegen den »Rassenhass« und lassen ihre Experten sprechen:

- Dr. Udo Gansloßer, Zoologe: »Aggression liegt grundsätzlich nicht mehr in den Genen als andere Verhaltensbereiche auch. In keinem einzigen Fall ist die Genetik alleine oder auch nur überwiegend für irgendwelche Verhaltensbereiche beim Hund verantwortlich.«
- Dorit Feddersen-Petersen, Zoologin: »Eine A-priori-Gefährlichkeitsbezichtigung für Hunde bestimmter Rassen entbehrt jedweder Fakten, ist unbiologisch gedacht und ist somit als Prophylaxe von Beißzwischenfällen ungeeignet.«
- Prof. Dr. Irene Sommerfeld-Stur, Populationsgenetikerin: »Hunde können gefährlich sein – Hunderassen sicher nicht.«
- Nadine Matthews, Kynologin: »Hunde aufgrund ihrer Rasse als gefährlich einzustufen ist schlichtweg Blödsinn. Es werden dadurch Feindbilder und Scheinsicherheiten geschaffen.«
- Günther Bloch, Kaniden-Gucker: »Kampfhunde gibt es nicht. So gut wie jeder weiß das. Der ›Kampfhund‹ ist eine dümmliche Erfindung der Regenbogenpresse und selbstverständlich ›böse‹. Das sagt der Mensch. Der ist natürlich immer der Gute.«[47]

Fassen wir diesen wissenschaftlichen Dünnpfiff also einmal zusammen: Kampfhunde gibt es nicht. Rasselisten sind Rassenhass, Willkür und Vorurteil.

Zwei- und vierbeinige Unterstützung finden die populationsgenetischen Kynologen und Zoologen zuhauf: »Es gibt viele Mitstreiter, mit denen wir gemeinsame Ziele verfolgen und diese auch nur zusammen erreichen können. Hier mögen nur einige erwähnt sein: Soka Run e.V., Ruhrpott-Bullis e.V., Soka Freunde NRW e.V., Pit, Staff & Co. e.V., IG Staffordshire & Co., Dogs like Diamonds e.V., Bullterrier in Not e.V., Hund und Halter e.V., Hund ist Hund Mönchengladbach, und viele andere mehr.«

Hund ist ein Hund ist ein Hund. Der eine so wie der andere. Unterschiede gibt es nicht. Den Gedanken der Kampfhund-Verharmloser einmal zu Ende gedacht: Rasselisten sind Quatsch, denn in jedem Hund steckt ein Kampfhund. Die Listen daher total überflüssig.

3. GEBOT FÜR HUND UND HALTER

MACH KACK

27. GRUND

Weil Hunde öffentlich ihr Arschloch zeigen

Die alte Dame im Café litt zwar schon ein wenig an Demenz, doch bei Kaffee (Kännchen) und Kuchen (Sahnetorte) übertönte ihre Stimme das Geschnatter der Umgebung. Sie deutete auf einen Mops am Nebentisch und kicherte schrill: »Schaut einmal, der ist nackig und zeigt sein Popoloch.« Die Damen des Kaffeekränzchens tuschelten kichernd, wurden jedoch vom Mops-Besitzer zurechtgewiesen und mit einem unwirschen »Na und!« angeblafft. Ihm war nichts peinlich, und das offene Arschloch seines Hundes schon gar nicht.

Hundebesitzer lieben Hundeärsche und zeigen schamlos und stolz die Flatulenz-Öffnungen ihrer Lieblinge. Nach dem Verbot des Kupierens von Hundeschwänzen nach § 6 des Tierschutzgesetzes in Deutschland 1998 öffnete sich hierzulande der Markt für kurzschwänzige oder gar schwanzlose Hunderassen. Und wo es nicht ganz kurz und klein zugeht, wird bei Tim und Struppi seitlich oder nach oben weggekringelt. Die Kynologie[48] kannte keine Grenzen mehr, und erfahrene Kynologen experimentierten fleißig herum.

Angesagt waren plötzlich freigelegte Arschlöcher bei Hundearten der Sorten Terrier, Aski, Schipperke, Welsh Corgi Cardigan, Stumpy Tail Cattle Dog, Bretonischer Spaniel, altdeutsche Stumper, Basset, Mops oder Französische Dogge.

Die neuen Modelle belebten den Markt, schufen neue Arbeitsplätze und erhielten prompt die Lizenz eines Rassehundes.

Dass zwischen Hunden und ihren Besitzern oftmals eine frappierende Ähnlichkeit auftritt, ist bekannt und in der Fachpresse unzählige Male beschrieben worden: »Das gleiche dezente Lächeln: Rudolph Moshammer mit Daisy.«[49] Oder: »Paris Hilton mit Chihuahua ›Tinker Bell‹: beide mit schlanker Figur und schmalen Gesichtszügen.«

Hervorzuheben ist hier auch die ethnologische, human-canide Untersuchung und Dokumentation von Christoph Schwabe und Christin Vogt[50]. In 130 Feldversuchen haben der Fotograf und die Studentin der Veterinärmedizin die Ähnlichkeit des Menschen und seines Tieres erfasst und veröffentlicht. Schelmisch reüssieren sie mit Blick auf die Boulevard-Presse: »Auf den Fotos hat jeder Topf seinen Deckel gefunden.«[51]

Ein neues Buchprojekt der beiden (Arbeitstitel: *Arsch auf Eimer* oder *Arsch und Arsch gesellt sich gern*) steht noch aus, aber bei neueren Studien in gemischte Saunen und an FKK-Stränden mit Hundezulassung ist zu beobachten, dass es gewaltige Übereinstimmungen der Enddarmöffnungen bei Hund und Halter gibt.

Noch einmal das Fachblatt *FAZ* vom 31.3.04: »Als Erklärung für das statistisch freilich nicht überzeugende Ergebnis führen die Psychologen an, daß viele Menschen einen Hund suchten, der zum Beispiel vom Wesen her zu ihnen passe.«

28. GRUND

Weil Hundekot beim Verbrennen fürchterlich stinkt

Der römische Gelehrte, Offizier und Verwaltungsbeamte Gaius Plinius der Ältere konnte sich nur darüber wundern, was er da etwa 50 nach Christus nördlich des Limes vorfand. Er war in Ostfriesland und musste feststellen, dass dieses »armselige Volk«, das auf »hohen Erdhügeln« in Schilfhütten lebt, auf dem Feuer mit »getrocknetem

Kot« seine armseligen Speisen zubereitet, damit sich »ihre vom Nordwind erstarrten Eingeweide erwärmen«.[52] Ein entsetzlicher Gestank würde von den stürmischen Seewinden über das weite, flache Land verteilt und verpeste die Luft aufs Unerträglichste.

Zwar versuchen ostfriesische Tourismus-Verführer diesen Schiet-Makel aus der Geschichte des Landes zu tilgen und lassen Plinius behaupten: »Sie jagen dann [Anmerkung: bei Ebbe] die ins Meer flüchtenden Fische und kochen sie auf Schlamm, den sie vorher im Wind trockneten.«[53] Ältere Ostfriesen aber weisen diesen Vorgang als historisch gefälschte »getrocknete Schlammschacht« zurück, sprechen von einem der bescheuertsten Ostfriesenwitze und pochen auf die jahrhundertealten Überlieferungen zum getrockneten Kot.

Dieser stamme von den Ostfriesischen Deichhunden, die bei steigender Flut die Lämmer ins trockene Hinterdeichland trieben. Es handelte sich bei ihnen um eine robuste Mischung aus Irischem Wolfs- und Deutschem Schäferhund. Das Besondere beim Ostfriesischen Deichhund sind nicht die aus den Ostfriesenwitzen hinlänglich bekannten unterschiedlich langen, dem Deichgefälle angepassten Beine, sondern sie taten es den Lämmern und Schafen gleich und fraßen Gras, solange sie am Deich ihren Dienst taten. Erst bei Flut ging es zurück auf die Gehöfte, auf denen dann eine kräftige Fleischmahlzeit in den Hundenapf kam.

Durch dieses duale Ernährungssystem entwickelten die Ostfriesischen Deichhunde eine robuste Darmflora, die die Köter hochwertigen Kot in großen Mengen scheißen ließ. Als effektiver Brennstoff schlug der getrocknete Hundekot haushoch die mickerigen Schafsködel, wie sie etwa an der Küste im entfernten Nordfriesland, vor allem auf der Nordseeinsel Sylt, verfeuert wurden.

Der Sylter Autor C. F. Buchholz erinnert sich an seine Jugend: »Der Mangel an Brennstoff hat von jeher die Bewohner dazu angehalten, alles Brennbare zu sammeln und für den Winter aufzusparen. Der Dung von den Tieren auf dem Felde wurde zu diesem

Behufe getrocknet und eingesammelt. [...] Solch ein Familienausflug zum Schafsködelnsammeln (Sjipluurter) war ein Ereignis. [...] War die Ausbeute besonders reich gewesen, so daß mehrere Säcke mit den begehrten 'Südfrüchten', wie die getrockneten Schafsködel gerne genannt wurden, gefüllt werden konnten, so kam ein kräftiges Mitglied der Familie mit der Schubkarre oder gar mit Fuhrwerk zum Abholen.«[54]

Aber da konnten die Säcke noch so voll, der Karren noch so überladen sein, die Schafsködel waren nichts im Vergleich zu den ostfriesischen Hundewürsten. Diese brannten länger und heller, gaben mehr Hitze ab, und ihre Glut hielt über Stunden den Küchenherd warm. Der einzige Nachteil, wie ihn auch schon Gaius Plinius der Ältere empfunden hatte: Sie stanken entsetzlich.

Wann genau die Ostfriesen auf den Torf ihrer Moore umstiegen, ist nicht überliefert. Aber es muss so in der Zeit gewesen sein, als sie erfolgreich damit begannen, den Ostfriesischen Deichhundkot nach Sylt zu exportieren. Dort stinkt es heute noch – mannigfach.

29. GRUND

Weil Kreuzfahrtschiffe zu schwimmenden Hundeklos verkommen

Bei den Wikingern hatte der Bordhund noch eine ganz praktische Bedeutung: Er stach mit ihnen als lebender Proviant in See. Doch die Nachahmer der wagemutigen Seehelden, die Weicheier von Marine und Handelsflotte, nahmen Hunde meist nur noch als Maskottchen mit an Bord.[55]

Aber mit dem Aufkommen des Massentourismus für jede und jeden nahm auch die Mitnahme von Hunden an den Urlaubsort zu. Wurden sie ursprünglich noch in gut beschrifteten und verschnürten Paketen an das Urlaubsziel transportiert, fing das wahre

Elend mit und auf den Fährschiffen an. Egal ob Hurtigruten oder Ostseefähren, das Kläffen an Bord setzte sich durch, und ein »Hund ahoi« wurde zum Schreckensruf, der Wellen und Wellen übertönte.

Nur weil Touristen mit ihren dicken Kindern und mageren Hunden – oder umgekehrt – nicht auf den, die oder das eine im Urlaub verzichten wollten, haben dänische Reedereien schon früh die Mitnahme von Hunden an Bord ihrer Fährschiffe erlaubt und ordentlich Kasse gemacht. Als wohlfeile Gegenleistung wurden die sogenannten Hundeecken eingerichtet. Die Folge: Nichts ahnende Reisende fanden sich plötzlich neben einem riesigen Hundeklo wieder.

Doch damit nicht genug. Der Trend zum maritimen Reisehund ist nicht aufzuhalten. Color Line, 1AVista-Reisen oder Cunard – sie alle werben mit Traumschiff-Kapitän Siegfried Rauch oder einem,

der zumindest so aussieht, für den Hund an Bord, der »im Mittelpunkt« stehe: »Spielwiese, Leckerlis von der Rezeption sowie regelmäßige Landgänge lassen die Herzen vieler Hundebesitzer und ihrer Vierbeiner höher schlagen.«[56] Das Wort »Spiel- oder Hundewiese« ist eine hübsch-geschmacklose Umschreibung für »die Notdurft zwischendurch« (1AVista-Katalog).

Den letzten Hit für dieses Zwischendurch hat sich die stolze Queen Mary 2 für die Atlantik-Überquerung auf der Hamburger Werft Blohm & Voss 2016 fertigen lassen: Zwölf eingebaute Hundezwinger sind zwar zwölf zu viel, gehen aber als sogenanntes »Hundehotel« vielleicht noch durch. Dann aber kommt für den betuchten Hundebesitzer an Dekadenz zusammen, was zusammengehört: Die neuen Auslaufflächen zum Gassigehen wurden mit einem New Yorker Hydranten und einer Straßenlaterne aus Liverpool verziert.

Der Kreuzfahrtratgeber Cruisetricks gerät ob der Pinkel-Laterne ins sachliche Schwärmen: »Wie bei Cunard nicht anders zu erwarten hat selbst diese Laterne eine ehrwürdige Geschichte: Sie stammt vom legendären Ocean Liner Queen Elisabeth und wurde dort laut Cunard in den 1930er-Jahren auf Anregung des britischen Königs George V. angeschafft, um den Tieren schon damals ein standesgemäßes Verrichten ihren kleinen Geschäfte zu ermöglichen.«[57]

Branchenkenner sehen schon die nächsten kreativen Innovationen für die Hunde an Bord am Horizont: Workshops wie »Bellen gegen den Wind«, »Reihern ohne Reling« und »Leinen los im Swimmingpool«.

30. GRUND

Weil Hundebadetage in Schwimmbädern nur ekelhaft und absurd sind

Die kleinen Süßen, die großen Dicken oder die stämmigen Kraftbündel – seit einigen Jahren leben Herrchen und Frauchen einmal im Jahr ihre feuchten Träume aus: Es ist »Hundeschwimmtag im Freibad«. Das Motto, wie es etwa die »Bäderland Hamburg GmbH« auf der offiziellen Webseite der Hansestadt anpreist: »Plantschen, springen und schwimmen für Hunde«[58].

Abgesehen einmal davon, dass den Schwimmbadbetreibern zwischen Elbe und Alster ihre grammatikalischen Grundwortarten untergegangen sind, weil sie Brustschwimmen und Rückenlage nicht sauber trennen können, also den Unterschied zwischen schlichten Verben (einfache Kleinschreibung) und substantivierten Verben (normale Großschreibung) nicht in ihren Trainingseinheiten haben, ist das Ganze nicht nur eine einfache Scheiße, sondern schlicht und obendrein eine ganz große und ausgewachsene Hundebandwurm-Scheiße.

Seit drei, vier Jahren gibt es diese ekeligen Hundeschwimmtage am Ende der Badesaison in den öffentlichen Freibädern – landauf, landab: »Nach Abschluss der Badesaison, am 10. September 2016, öffnen sich die Pforten des Aschberger Freibades und am 11. September 2016 die des Freibades Marienhöhe für Vierbeiner und ihre Besitzer. Zwischen 10 und 17 Uhr können die Hunde in dem Bad rumtollen, von den Startblöcken hüpfen oder nach Hundeknochen tauchen.«

Beim Eintritt müssen die Menschen für ihre Hunde schon einmal kräftig, artgerecht und umgerechnet 50 Prozent draufzahlen: »Eintritt 2 Euro pro Mensch, 3 Euro pro Hund«.

Dafür darf sich »der beste Freund des Menschen« im Schwimmbad aber auch benehmen wie ebenjener. Rüden dürfen einmal ins lauwarme Badewasser pinkeln, so wie ihre Männchen durch die

Badehose pullern, oder die Hundedamen wie ihre Frauchen blubbernd ins wohlige Nass pieseln. Und ist der »kleine süße Hund« auch noch ein Kind-Ersatz, kommt es doppelt dicke in die lauwarme Brühe.

Bademeister wie Michael Dietel vom Freibad Aschberg in Hamburg-Hamm wiegeln aber erfahren und mit fundiertem Fachwissen ab: »Am Ende der Saison wird die Wassertechnik ausgestellt. Das heißt, wir haben keine Chlorung mehr, das ist natürlich auch für Hundebesitzer ganz wichtig zu wissen, also alles Chlor, was im Wasser war, ist dann schon verflogen, bzw. wurde rausgefiltert, dann wird auch die Filtration abgestellt, und dann sind das im Freibad natürliche Einflüsse, die dann dazu führen, dass sich langsam auch Algen bilden. Wir haben ja schon seit zehn Tagen hier keinen Betrieb mehr.«[59]

Also noch einmal für die ganz Doofen: Nicht ein chlorierter Hund ist ein guter Hund, sondern wenn Chlor zur Keimbekämpfung abgestellt ist, ist auch kein Chlor mehr da. Was zuvor für die badenden Kinder, Mütter und alle anderen noch ganz wichtig war, das chlorierte Wasser, wurde zum Schutz der Hunde und ihrer Halter nicht mehr eingesetzt. Auch wurden die Wasserfilter abgeschaltet, damit sich unter den »natürlichen Einflüssen« Algen bilden. Klar, was die natürlichen Einflüsse sind.

Und die Drohung für die Zukunft vom Hamburger Bäderland steht schon heute im Internet: »Über den 3. Hundeschwimmtag 2017 berichten wir rechtzeitig an dieser Stelle.«[60]

31. GRUND

Weil zu viel Kot in den Badeseen dümpelt

Ein ganz normaler Badesee irgendwo in Europa: Stöckchen schwirren durch die Luft, zerbissene Fußbälle werden in den See geschossen, Frisbeescheiben landen platschend auf den sanften Wellen des Gewässers. Hunde tollen herum, versuchen die Geschosse in der Luft zu erhaschen oder sie in dem Gewässer zu bergen. Ein eitles Jubilieren, Jauchzen und Japsen durchdringt die Luft, unterlegt von einem entzückten Fiepsen der kleinen und dem herrischen Gebell der großen Jäger. Begleitet wird diese Kakofonie durch begeisterte Rufe: »Susi, bring das Stöckchen!« – »Fang den Ball, Krause, ja fang den Ball!« – »Bingo, jetzt aber ordentlich geschüttelt, doller, damit das Fell wieder trocken wird!« – »Brav, Sweety, sehr brav!« – »Komm, gib Küsschen!« – »Und nachher gehen wir zusammen schön in die Badewanne und machen uns wieder richtig sauber, mein kleines Dreckerle.«

War noch vor Jahren der Baggersee ein beliebtes Ausflugsziel von Kleinfamilien mit ihren planschenden Kindern, ein »Lago Amore« für Frischverliebte oder ein Angler-Paradies mit den alten Holzstegen im ufernahen Schilf, wurde diese Idylle obsessiv von den Hunden und ihren Haltern eingenommen, besetzt und zerstört.

Mit barschen Parolen wurden die Familien erst niedergemacht und dann endgültig vertrieben: »Die pinkelt nicht ins Wasser, das ist eine reinrassige Adlige.« – »Wenn es Sie so sehr stört, dann lassen Sie Ihr Kind doch einfach nicht mehr ins Wasser.« – »Der Haufen stammt nicht von ihm, du Vollpfosten. Nie und nimmer. Das macht er nicht.«

Es ist an allen Badeseen die gleiche Situation. In der dummdreisten Stimmung nützten Argumente nichts. Schon längst geht es nicht nur mehr um den Kot am Strand, die Hundepisse im Wasser oder die sabbernden Hundemäuler beim Schwimmen, die mit jedem gehechelten Atemzug Millionen und Abermillionen von Milben, Viren und Bakterien ins Wasser absondern. Ganz zu schweigen vom Hund als Zwischenwirt, von der Zooanthroponose, bei der der Hund Krankheiten auf den Menschen überträgt:

- bakterielle Infektionskrankheiten wie Leptospirose, die gerade für Kleinkinder sehr gefährlich sein kann und mit hohen Mengen von Antibiotika behandelt werden muss,
- Virusinfektionen wie die Tollwut, die nicht nur grausame Lähmungserscheinungen mit sich bringt, sondern oft auch durch Enzephalitis (Gehirnhautentzündung) zum Tode führt,
- gefährliche Parasitenerkrankungen wie die alveoläre Echinokokkose durch den Hundebandwurm, bei dem sich Larven in den verschiedenen Organen des Menschen ansiedeln und diese von innen heraus zerstören,
- ebenso die Parasitenerkrankung Toxocariasis durch den Hundespulwurm, der, ausgeschieden über Hundekot oder Geifer aus dem Hundemaul, sich im Wasser auf den Menschen überträgt. Im Dünndarm schlüpfen aus den übertragenen Eiern die Larven, durchdringen die Schleimhaut, zerstören in verschiedenen Organen Zellen und Gewebe und wandern zum Gehirn und Auge.

Diese Fakten und Argumente gehen einfach nicht in das stiernackige Hunde-Herrchen-Hirn hinein, werden vom verbiesterten Hunde-Frauchen-Gefühl schlicht abgelehnt. Stereotyp wird zurückgebellt: »Das ist unser See. Für uns und unsere Hunde. Das ist Natur pur. Hier. Und das lassen wir uns nicht nehmen. Und von so einem veganen Pack wie euch schon gar nicht.«

32. GRUND

Weil Hundescheiße der endgültige Ausdruck unserer postfaktischen Gesellschaft ist

Das Wort des Jahres 2016 lautet »postfaktisch«. National und international. Die Redaktion des *Oxford English Dictionary* wählte das englische »post-truth« aus, was mit postfaktisch (= erst die Fakten, um sie danach zu ignorieren oder umzukehren) ein wenig ungenau übersetzt ist. Doch das störte die Gesellschaft für deutsche Sprache wenig, und sie entschied sich auch für »postfaktisch« als den deutschen lingualen Jahreshit.

Heruntergebrochen auf den Hund oder besser die Hundescheiße stimmen »post-truth« und »postfaktisch« allemal. Denn die Fakten liegen auf der Hand, dem Bürgersteig oder auf dem Rasen. Und sie werden geleugnet:

- Ein Hundehalter, der arglos nicht auf seinen Hund schaut, sondern in entgegengesetzter Richtung den Himmel begutachtet.
- Ein Hund hockt in gebückter Haltung (Vorderbeine gestreckt, Hinterbeine unter dem Körper angewinkelt) knapp über dem Boden.
- Der Haufen ist gelegt, der Hund scharrt ein wenig verhaltensgestört.
- Der Hundehalter geht arglos pfeifend seines Weges, der Hund trottet ermattet vom Geschäft hinter ihm her.

Zur Rede gestellt kommt jetzt vom Halter in mehreren Variationen ihre Demagogie des Postfaktischen:

- Das war nicht mein Hund.
- Das tut der nie.
- Kann nicht sein, ich räum das immer weg.
- Der Haufen war schon da; fand ich selbst ekelig.
- Mach doch erst einmal deinen eigenen Dreck weg.
- Halts Maul, du Affe.
- Ich scheuer dir gleich eine.
- Hasso, fass!

Durch den Hundehaufen materialisiert die Post-truth in das Postfaktische. Denn Fakt ist, dass der Haufen in die Welt gesetzt worden ist, der Hundehalter es jedoch abstreitet. Fakt ist, dass der Haufen herumliegt, die Halterin aber bestreitet, dass ihr Hund ihn gemacht habe. Fakt ist, dass ein Hund beim Scheißen beobachtet wurde, Herrchen und Frauchen aber behaupten, dass dem nicht so sei, denn schließlich sei ihr Süßer beim Scheißen nicht vom Blitz getroffen worden. Fakt ist, dass der Überbringer all dieser Fakten die Fresse halten soll, eins aufs Maul bekommen könnte oder gleich gebissen wird.

Und das auch dann nur postfaktisch.

Nachtrag:
Das Postfaktische gilt auch bei allen gefährlichen oder gar tödlichen Hundebissen.

33. GRUND

Weil Hundekot auf Berlins Straßen und Bürgersteigen liegt

Manfred Gresens, Rentner aus Berlin, hat sich dem Kampf gegen die Hundescheiße verschrieben. Nach einer Schätzung der Berliner Umweltverwaltung und des Statistischen Landesamt hinterlassen die 250.000 Hauptstadt-Hunde (99.000 gemeldete + etwa 150.000 nicht gemeldete) täglich 60 Tonnen Kot in der Stadt. Tendenz steigend. Es sind die an den Schuhsohlen haftenden Fakten, die Gresens mächtig stinken. Um seinem Ärger Luft zu machen, hat er 2014 im zarten Alter von 80 Jahren nicht nur eine Seite zum Thema Hundescheiße ins Netz gestellt[61], sondern ist auch gleich noch unter die Rapper gegangen: »Siehst Du Hundekacke hier, und Hundescheiße da, dann bist Du in der deutschen Hauptstadt, das ist doch klar.«[62]

Seitdem rappt er unermüdlich in mehreren Videos mit Basecap und kariertem Hemd volle Kante und was die alte Lunge noch so hergibt: »Hundehalter scheren sich einen Dreck und machen die Hundescheiße einfach nicht weg.«

Stolz behauptet der ehemalige Elektroingenieur von sich: »Ich laufe mit Hundekotaugen durch die Stadt.« Ständig fotografiert er Hundehaufen, wo er ihrer nur mächtig wird. Der rüstige Rap-Rentner ist stolzer Besitzer der wahrscheinlich weltweit größten Fotosammlung von Hundehaufen, Dünnschiss und Kotablagerungen. Hier gibt es alles: von dünnflüssig über glibbermatschig bis trockenhart; giftgrüne Fladen, auf denen sich schillernde Fliegen tummeln, oder tiefgefrorenen Würsten nach dem letzten Schnee. Und sollte mal ein Hundehalter tatsächlich einen Kackbeutel benutzt haben, so überführt Gresens diesen auch und fotografiert den in die Gegend geschmissenen oder auf Parkbänken abgelegten Beutel.

Manfred Gresens – ihm gebührt ein goldener Orden des Ruhms, ein »Foule de la honneur pour la merde« am Bande.

34. GRUND

Weil Kunst von Können, Kothaufen hingegen von Koten kommt

Immer wieder schwingen sich Kunststudenten, ihren Beuys im Hinterkopf, zu der gewagten These auf, dass Kot im öffentlichen Raum nicht entfernt werden dürfe, da es sich hierbei um Kunstobjekte handele, die ins bürgerliche Bewusstsein gerückt werden müssten: nur durch die tägliche visuelle Auseinandersetzung sei eine reine und reinliche Objektivierung zu schaffen, sei der »erweiterte Kunstbegriff«[63] erfahrbar zu machen.

Die Bewegung »Kot ist Kunst« spaltete sich schon früh in die beiden Strömungen der Realos und der Fundis. Während die Realos nur gelten ließen, was sie tatsächlich sahen, forderten die Fundis eine historisch-gesellschaftliche Einordnung.

Die Realos machten es sich recht einfach. Sie gingen von einer simplen These aus: großer Hund – großer Haufen, kleiner Hund – kleiner Haufen. Ein schwer, mächtig und weiträumig verteilter Haufen ließe auf einen Bernhardiner schließen. Eine Hinterlassenschaft, ebenfalls von stattlicher Größe, aber in einer exakten geraden Linie hingeschissen, stünde für den Kot eines Deutschen Schäferhundes. Flüchtige Flatschen, die mit einer schlanken Schleifspur verbunden sind, könnten eindeutig auf einen Windhund schließen lassen. Ein gesprenkelter Haufen, hell-dunkel durchsetzt, wäre einem Dalmatiner zuzuordnen. Und ganz feine, filigrane Hundewürstchen kämen sicherlich aus den Därmen zittriger Chihuahuas.

Die Fundis hingegen gingen ihre Deutungshoheit mit einem schlichten kunsthistorischen Raster an: Antike, Mittelalter, Romanik, Früh-, Hoch-, Spätgotik und Neuzeit.

Hundehaufen, die keine flache oder kugelige Formen vorweisen, sondern eher steil, erhaben und senkrecht gen Himmel zeigen, weil sie sicherlich mit viel Geduld und Ausdauer aus angemessener Höhe herabgelassen wurden, werden jetzt als dorische und ionische Hundesäulen klassifiziert. Sollten sie aber noch fest in der Form, jedoch gebrochen und nebeneinander auf dem Boden liegen und ein letztes Druckornament an der Spitze vorweisen, handelt es sich eindeutig um eine korinthische Hundesäule.

Die feinen, filigranen Hundewürstchen, die bei der ersten Zuordnung auf zittrige Chihuahuas schließen ließen, landen jetzt eindeutig in der Karolingischen Kunst des Mittelalters. Hingegen sind zierlich abgeworfene, sich in der Luft verfestigende Hundepupse, die als kleine Kügelchen landen und sich verführerisch dem Erdboden anschmiegen, dem Rokoko zuzuweisen.

Die flüchtigen Flatschen mit ihrer eleganten Schleifspur, diesem goldgelben Schweif des schnellen Kotens, zeigen eindeutig die Merkmale des Jugendstils.

Zügig geht es weiter: Voller Haufen, an den Rändern füllig, rund und fest – Barock. Geordnete Wurst, eine neben die andere gelegt – Klassizismus. Ein geschlossener Haufenaufbau mit einer zentralen Endspitze – Naturalismus. Ein heller, lichtdurchlässiger und konturarmer Haufen – Impressionismus. Schiss- und letztendlich: Beim Dadaismus ist alles möglich.

Schluss- und letztendlich konnte sich keine der beiden Richtungen durchsetzen. Denn die fleißigen Jünger vom alten Guru Beuys vergaßen beim Blick auf das Objekt ihrer Begierde: Schiss ist ein Schiss ist ein Schiss – und Kunst kommt von Können.[64]

35. GRUND

Weil für Christo Hundescheiße nur ein künstlerisches Verpackungs-Objekt ist

Die Pressekonferenz fand im Hotel Adlon statt. Darunter machte es der Verpackungskünstler Christo nicht. Aber immerhin, er hat in die Raucher-Lounge geladen. Das sei er seinem Namen schuldig. Und selbstredend ist jeder Pressemappe eine verpackte Zigarre der kubanischen Marke Monte Christo beigelegt.

Berlin habe es ihm angetan. Hier feierte er mit der Verhüllung des Reichstages 1995 einen seiner größten Erfolge, hier entstand auch die Idee für seine nächste internationale Kunstaktion. Der kleine, zarte Mann mit dem zotteligem grauen Haar erinnerte sich: »Es war bei den Arbeiten zum Reichstag. Wir fuhren in einem kleinen Boot auf der Spree. Kletterer breiteten gerade eine der Planen aus. Sie hing für eine Weile glatt im lauen Abendwind, das Sonnenlicht fiel hindurch. Wir schauten uns an, wir liebten es.«[65]

Am Welthundetag 2018, am 10. Oktober, soll wieder in Berlin Christos neue Kunstaktion stattfinden, das große »Pooch Poot Package« (PPP), eine KKV, eine »Kollektive Kot-Verhüllung«. Hunderttausende, wenn nicht gar mehr als eine Million Berlinerinnen und Berliner will Christo rund ums Brandenburger Tor zusammenkommen lassen. Kinder und Greise, Männer und Frauen, Arbeiter und Bauern, jung und alt. Sie alle werden sich mit prall gefüllten Kotbeuteln einfinden. Sie werden sich aufreihen, von der Siegessäule bis zum Alexanderplatz, vom Hauptbahnhof bis zum stillgelegten Flughafen Tempelhof. Ein riesiges Kreuz der Ermahnung wird Berlin durchziehen: von Nord nach Süd, von West nach Ost – ein Denkmal der Hunde-Epoche in einem hundereichen Land, erdacht von einem Künstler, der sensibel und schonungslos »den Hund zu Ende denkt«. Berlin biete sich mit seinen täglich anfallenden 333.000 Hundehaufen als Location für ein »Pooch Poot Package« geradezu an.

Der Schritt vom Kot zur Kunst müsse gewagt und mutig weitergedacht werden. Da ist sich Christo sicher: »Kunst ist heute vor allem Illustration. Sie illustriert Krieg, Wirtschaft, Natur, Religion – egal, alles Propaganda. Das sind keine Sachen, das sind Bilder von Sachen. Alle unsere Projekte dagegen sind wahr. Sie sind Politik. Sie sind echtes Wasser, echte Flüsse, echte Angst – nicht nur eine Illustration von Angst.«

Diese Fusion aus Land-Art und Pop-Art mit einem Schuss Surrealismus wird in der Kunstwelt längst in die Nähe zur »sozialen Plastik« aus dem erweiterten Kunstbegriff von Joseph Beuys gerückt.

Die Debatten im Vorfeld, die Diskussionen um Hundekacke auf den Trottoirs, die Ohnmacht der Stadtverwaltung – all dies habe ihm gezeigt, dass die Wahl Berlins die einzig richtige sei. Und dann sei da noch die Aktion der Berliner Müllmänner »Berlin tüt was« gewesen …

Einfach sei es nicht, aber es ist, so hörte man es aus den Zwischentönen heraus, durchaus machbar. Zuerst mussten die logistischen Probleme geklärt werden. Eine Million Menschen im und ums Regierungsviertel stellt ein Problem dar, das nicht mit einigen Dixi-Klos gelöst werden kann.

Und die Integration der vielen, vielen Menschen in die Aktion sei tatsächlich »etwas Neues, eine ungewöhnliche Dimension und eine innovative Herausforderung.« Kot sei die Entleerung des Hundedarms, sei Bewegung. »Und Kunst ist Bewegung. Und diese Bewegung soll auf die Menschen übergehen, soll durch sie entstehen, soll das Kunstwerk unablässig neu formen.«

Die Personen würden als Objekt selbst zum Teil des Kunstwerkes, das wiederum jeden Einzelnen dann zu einem Subjekt transzendiert. Ein Geben und Nehmen, ein Füttern und Koten. Auch seien die Kackbeutel keine simplen Gassi-Beutel, wie sie lieblos von jeder Stadtreinigung dieser Welt verteilt werden. Es sind Beutel, die »auf Wind, Licht und Regen« reagieren. Das Licht bricht sich an ihnen, erbricht sich in ihnen: goldgelb, mahagoni-, kastanien- oder violettbraun. Man kann Beutel und Inhalt sinnlich erfahren: sie sehen, in ihnen riechen, die Substanz verformen. Kunst in Bewegung, eine dreidimensionale und trifunktionale Bewegungsform.

Am Ende der Pressekonferenz fasste Christo den ganzen Scheiß noch einmal zusammen: »Jetzt ist es da, bald ist es weg.«[66]

36. GRUND

Weil allerorts das Kackerl nicht im Sackerl landet

Da es in der Redaktion der Hamburger Wochenzeitung *Die Zeit* keine Kalauerkasse für schiefe Wortbilder gibt, konnte folgender Text folgenlos an der Schlussredaktion vorbeischliddern: »Die Politik der langen Leine hat versagt.«[67] Beklagt wurde des Bürgers achtloser Umgang mit dem Kot seiner Hunde: »Trotz Appellen, Kampagnen und kostenlosen Plastiktüten bekoten Hunde noch immer täglich millionenfach bundesdeutsche Gehwege und Grünanlagen, ohne dass ihre Besitzer die Exkremente ordnungsgemäß entsorgen.

Ein Rechtsbruch, der in den meisten Fällen auf Grund des hohen Ermittlungsaufwands ungesühnt bleibt.«

Dass das Problem mit den Hinterlassenschaften der Hunde nicht nur hierzulande für Unmut, Verdruss und Wut, aber auch für Gegenwehr und Abhilfe sorgt, zeigen Beispiele um den Kot der Köter im nahen und fernen Ausland.

Beispiel Italien: Neapel versinkt im Müll. Und in Hundescheiße. Doch jetzt geht es Hund und Halter an den Kragen. Im April 2014 startete der Stadtbezirk Vomero-Arenella ein Pilotprojekt auf Straßen und Gehwegen: Den Hunden wurde Blut abgenommen, sodass herrenlose Hundehaufen über das Hunde-DNA ihnen zugeordnet werden konnten. Nach über 1.500 erfolgreichen Kontrollen wurde das DNA-Projekt auch von Nachbargemeinden übernommen.

Beispiel England: Auch London setzte auf die Kot-DNA, um die Halter von »Wildscheißern« zu ermitteln. Darren Rodwell, Chef der Bezirksverwaltung der Stadtteile Barking (sic!) und Dagenham, ist fest entschlossen: »Leider gibt es Egoisten, die denken, es sei okay, nicht hinter seinem Haustier sauberzumachen. Hundemist verdreckt nicht nur unsere Straßen, er ist auch eine Gesundheitsgefahr – vor allem für kleine Kinder.« Ein DNA-Pilotprojekt wurde gestartet: Die tierische DNA wird genommen, gespeichert und mit der liegengelassenen Hundescheiße in der Datenbank »PooPrints« abgeglichen.

Beispiel USA: Das Prinzip »PooPrints« kommt aus dem Land der unbegrenzten Möglichkeiten und hat dort nach Angaben der Verwaltung zu einer 90-prozentigen Reduzierung des Hundedrecks geführt. In South Dakota setzt der Luxuswohnkomplex »Prairie Vista Apartments« ganz auf die Hunde-DNA, um seinen Anlagekomplex kotfrei und sauber zu halten: »Pet DNA is done on all dogs to help ensure that everyone does their part to keep the property clean.« Schon bei Unterzeichnung des Mietvertrages wird eine DNA-Gebühr über $ 40 fällig. Und 400 $ müssen als Sicherheit hinterlegt werden für den Fall, dass irgendwann etwas fällt und nicht weggemacht wird. Oft wird dann in South Dakota eine dreistellige Verwaltungs- und Entsorgungsgebühr in Rechnung gestellt. Denn das »Prairie Vista Apartments«-Modell ist in dem Bundesstaat längst kein Einzelfall mehr.

Auch in Deutschland wird ernsthaft über Kot-DNA diskutiert. Der Biochemiker und Molekularbiologe Andy Wende aus Burscheid bei Düsseldorf erklärt sein Projekt »Mistkäfer« nach der umwerfenden Erkenntnis: »Jeder Hund ist einzigartig.« Und seine Tretminen eben mithilfe einer DNA-Datenbank auch. Die Kosten für die umfangreiche Datenerhebung würden sich durch die fälligen Bußgeldbescheide der ermittelten Hundehalter in Grenzen halten, wenn nicht gar einen Überschuss für Gemeinden, Kreise und Städte abwerfen.

Auch die Hamburger AfD ist auf den DNA-Zug aufgesprungen: Wenn ein Beamter gerade unterwegs sei und einen Hundehaufen entdecke, könne er eine Probe davon nehmen. Diese würde dann im Labor untersucht und einem Hund und Besitzer zugeordnet, der ein Knöllchen per Post bekomme. Ob dieser Dienst am Bürger nur für hiesige oder auch ausländische Hunde gelte, teilte die Hamburger AfD nicht mit.

37. GRUND

Weil Gassi-Beutel keine Probleme lösen

Das Lieblings-Hundefachblatt des Autors ist bekanntlich die *Hamburger Morgenpost*. Nicht nur im Sportteil, sondern auch im Lokalen finden immer wieder lyrisch veranlagte Redakteure ihre Wort-Spielwiese. Am 13. März 2017 war es wieder einmal soweit. Es ging um Hundekot und Kotbeutel am Hamburger Elbstrand. Über zwei Seiten im Innenteil titelte das Blatt: »Die ›Kot d'Azur‹ von Övelgönne« und kam gleich direkt zur Sache: »Die Kacke ist am Dampfen – und zwar wortwörtlich.«

Zwar dampften nur Kreuzschiffe und andere Pötte an diesem lauen Frühlingstag auf der Elbe, aber hier »am Elbstrand gibt es zur Zeit einen echten Schandfleck. Auf einem Schildständer stapeln sich volle Gassibeutel, die Hundehalter einfach dort ablegen.« Jawoll, korrekte Hundehalter entsorgen ihre vollgeschissenen Plastikbeutel nicht in Mülleimern, sondern stapeln sie wild in der Gegend. Quasi passive Wild-Kacker am Strand.

Es gibt 7,9 Millionen Hunde in Deutschland, und die produzieren 6,3 Milliarden Häufchen pro Jahr. Die Haufen sind natürlich von unterschiedlicher Größe. Mal mehr, mal weniger. Die Faustformel pro Hund und Haufen lautet: Körpergewicht mal drei durch fünfzig.

Lange glaubten und hofften Deutschlands Müll- und Saubermänner diesem immensen Sauhaufen mit Plastikbeuteln, den liebevoll genannten Gassi-Beuteln, Herr zu werden. Die Hamburger Stadtreinigung investiert rund 130.000 Euro jährlich in 30 Millionen Hundekotbeutel, die sie kostenlos zur Verfügung stellt. Hamburgs Straßenkehrer rechnen vor: »Bei rund 45.000 derzeit in Hamburg gemeldeten Hunden fallen täglich 13 Tonnen Hundekot an. Das sind rund 4.800 Tonnen Hundekot pro Jahr. Auf jeden Hamburger Hund kommen 585 Gassi-Beutel jährlich oder 1,6 Gassi-Beutel pro Tag.«

Doch was macht der gemeine Hundehalter mit den Beuteln? Er schmeißt sie weg, wirft sie in Fauna und Flora, oder aber eben an den Hamburger Elbstrand.

Eine Situation, die landauf, landab beklagt und bejammert wurde und wird und bei der auch kein augenzwinkerndes »Kot d'Azur« Abhilfe schafft. Doch im Sommer 2015 hatte der Hamburger Student Arne Krämer eine Idee zum Kampf gegen die marodierenden Gassi-Beutel. Er sagte sich, so *Spiegel Online*, »das ist doch Kacke!« und hatte »die Faxen dicke von diesem moralisch und ökologisch fragwürdigen Treiben: Er will ein Problembewusstsein für den Sondermüll schaffen, der nach seinem Eindruck zunehmend in öffentlichen Rabatten herumliegt.«[68]

Der pfiffige Student ging ins Netz und erstellte im Rahmen seiner Masterarbeit die »Poop Bag Map«[69], eine Internetplattform, auf der herrenlose Gassi-Beutel gemeldet, fotografiert und lokalisiert werden können. Kramer machte damals an der Hochschule für Angewandte Wissenschaften gerade seinen Abschluss in International Business and Marketing und hatte daher noch eine weitere PR-Idee: Gemeinsam mit einer Schweizer Firma entwickelte er einen Hundekotbeutel aus Biokunststoff, der sich bei einer illegalen Entsorgung immerhin schneller auflösen würde als die herkömmlichen Kotbeutel. Über 700 Kommunen hat er den Biobeutel angeboten, doch die wollten nicht: zu teuer.

Und überhaupt: Wieso umständlich mit einem Biobeutel, wenn ein gewohnter, bio pur gesetzter Haufen für Hund und Halter doch viel einfacher, eben schlicht scheißleichter ist.

38. GRUND

Weil sie am Strand Durchfall haben

Ein Jauchzen und Jubilieren der Eltern und Erzieher ist an den Urlaubsstränden von Nord- und Ostsee, an Atlantik und Mittelmeer zu hören, wenn ihre Kleinen und auch die Großen im Wasser planschen, in die Wellen springen, durch die Brandung schwimmen und am Strand toben und balgen. Nicht von nervigen Kindern ist hier die Rede, sondern natürlich von den lästigen Hunden, die sich eigene Strandburgen neben Badetüchern buddeln, Boxen mit gekühltem Bier umschmeißen und Kindern ihre Spielbälle klauen und zerbeißen.

Richtig unerträglich aber wird es, wenn sie längere Zeit im Meer verbracht haben. Das ewige Schütteln nach dem nassen Bad, natürlich neben möglichst vielen Menschen, ist schon extrem lästig, aber noch feuchter und schlimmer wird es, wenn die Vierbeiner beim

Schwimmen zu viel von dem Salzwasser geschluckt haben. Dann rebelliert der Hundedarm und der Durchfall nimmt am ganzen Strand seinen Lauf. Egal ob Darmverstimmung oder nicht, die Hunde laufen und toben weiter herum. Eine stürmische Flatulenz vermischt sich mit der sanften Seebrise. Ein tosendes Furzen und Pupsen ist vorm und hinterm Wind zu hören und zu riechen.

Doch damit nicht genug. Stufe zwei setzt ein, der rote Hundewimpel müsste aufgezogen werden: Durchfallalarm aus allen Hundehintern, Dünnschiss am ganzen Strand. Ältere Köter ziehen senile Schleifspuren hinter sich her. Jüngere Hunde kümmert es oan Schoaß. Unbeeindruckt jagen sie weiter über liegende Sonnenhungrige und entspannt Dösende, lassen keinen lesenden Urlauber oder heimischen Händler in Ruhe. Unbeirrt flitzen sie herum. Hier nähert sich das Wort »Flitzkacke« eindeutig seiner wahren Bedeutung. Einen braunen Kometenschweif ziehen sie bei jedem Sprung über Körper und Köpfe, Strandkörbe und Strandburgen hinter sich her. Leise rieselt und platscht der Hundeschiss am See.

Alle Badegäste sind wütend und schimpfen herum. Lediglich die Hundebesitzer sind nicht beeindruckt. Sie sprechen von Natur pur und dass alles rein bio sei. Vorwürfe wollen sie nicht hören, von Verboten nichts wissen, und Hilfe lehnen sie kategorisch ab. Dabei würden schon ein paar Kohletabletten im täglichen Hundefraß feste Abhilfe schaffen. Oder aber Hundewindeln würden dem Drama ein Ende bereiten. Windeln etwa von der Hundespezialfirma »piccobello«[70], denn deren Schissbewahrer sind »weich und anschmiegsam, elastisch, atmungsaktiv, flexibel, variabel und individuell.« Und obendrein ist auch an die aktuelle Bademode gedacht: »Das Design spielt bei den piccobello Hundewindeln natürlich auch eine wichtige Rolle. Denn wir finden: Auch wer nicht mehr ganz perfekt funktioniert hat ein Recht auf Schönheit!«

39. GRUND

Weil sie hemmungslose Wildpinkler sind

Hamburgs Sündenviertel St. Pauli kann ebenso beschaulich wie kreativ sein. Kriminalität, Massenprostitution oder organisierter Nepp sind kein Problem. Für die St. Paulianer ist das alles nur eine Frage der Organisation. Mit ebendieser Herangehensweise versuchen sie seit Jahren des Problems der Wildpinkler Herr zu werden, mit dem der unaufhaltsame Touristenstrom ihren Stadtteil flutet. Dixi-Klos, Warnhinweise und Verbotsschilder brachten nicht das gewollte Ergebnis. (Ein neues Sprichwort wurde im Viertel geprägt: »Eher geht eine Frau durch die Herbertstraße [71], als dass ein Mann aufhört, gegen die Hauswände zu pissen.«)

Doch so beharrlich »Pauli« immer wieder gegen den Abstieg in der 2. Bundesliga kämpft, gaben auch die Kiezianer nicht auf. Sie entwickelten einen Wasser abweisenden Lack, der nicht nur für Flüssigkeit undurchlässig ist, sondern diese auch zurückspritzen lässt. Eingangswinkel gleich Ausgangswinkel. Je stärker der Strahl des Wildpinklers, desto wuchtiger der Rückschwall auf die eigene Hose.

Es wurde eine Erfolgsgeschichte, die weltweit sofort Nachahmer fand. Vorreiter war San Francisco, eine Stadt, in der das wilde Urinieren immerhin mit Geldbußen bis zu 500 Dollar geahndet wird.

Schnell entdeckten pfiffige Hauseigentümer anderer, auch vornehmerer Stadtteile wie des feinen Eppendorfs mit seinen herrlichen Altbauwohnungen die Idee für sich. Denn gerade bei den um die Jahrhundertwende entstandenen Altbauten war eine horizontale und vertikale Feuchtigkeitssperre im Mauerwerk noch nicht vorgesehen. Auch diese Altbaubesitzer imprägnierten also ihre Häuser mit dem Lack wie auf St. Pauli, allerdings eine Etage tiefer auf Hundehöhe. Denn längst warnen Architekten und Bauherren vor der die Bausubstanz zersetzenden Gefahr des Hundeurins. Anders als die betrunkenen Zweibeiner, die wahllos irgendwo ihre Notdurft verrichten, zieht es den gemeinen Stadthund immer wieder an seinen früheren Tatort zurück. Er ist ein unverbesserlicher Mauermörder.

Das wohl erschreckendste Beispiel dieser Angriffe zeigt die jahrhundertelange Zerstörung eines abendländischen Kulturdenkmals in der Toskana. Schon während der Bauzeit des Turms von Pisa kümmerte es die Maurer einen Hundeschiss, dass streunende Straßenköter der Stadt regelmäßig gegen das Fundament pinkelten. Auch Pisas Oberschicht folgte diesem Beispiel und ließ ihre Lieblinge frühmorgens gegen den riesigen Glockenturm pinkeln. Längst wird unter Kulturhistorikern und anderen Wissenschaftlern nicht mehr nur die These vom morastigen Untergrund diskutiert, sondern der gezielte Hundestrahl als Ursache für die Schieflage in Betracht gezogen.

Verharmlosend nennen Hundebesitzer diese säurehaltigen Anschläge auf die Häuserwände, Kirchenportale und Fernsehtürme »Gassigehen«. Besonders die morgendliche Attacke hat es in sich und dann auch im Mauerwerk, denn die über Nacht angereicherten Zersetzungsstoffe enthalten eine weitaus größere Konzentration als die tagsüber gewonnenen.

Der reflektierende Rückstrahl des Hundeurins bringt zwar den gewünschten Erfolg, aber es ist nur ein indirekter Volltreffer. Denn den blöden Hunden ist es völlig egal, ob sie nach ihrer eigenen Pisse stinken oder nicht. Manchen gefällt es sogar. Aber nichts ist einem ordentlichen Hundehalter unangenehmer und lässt selbst ihn vor Ekel aufstoßen, als einen vollgepissten Hund sein Eigen zu nennen. Hastig wird das Tier zu Hause geduscht, abtrocknet und geföhnt. Und für den nächsten Gang wird dann eine neue Gasse gesucht.

Lediglich stark esoterisch verseuchte Hundehalter bilden hier eine Ausnahme, schwören sie doch auch beim Hund auf die heilende Kraft des Eigenurins.

40. GRUND

Weil es Katzen und Hunde regnet

Die Katzen kann man getrost vergessen, denn sie passen nicht zu dem Titel dieses Buches. Und außerdem ist es höchst umstritten, ob es sich hier überhaupt um Katzen handelt. In der englischen Urfassung (»It is raining cats and dogs«), die seit dem 17. Jahrhundert überliefert ist, wird von »polecats« gesprochen. Und ein polecat ist ein Iltis. Wenden wir uns also nur den Hunden zu und lassen es »Hunde regnen«.

Das ist per se abscheulich, aber spätestens seit den aufwendigen Wetter-Animationen im Fernsehen wissen wir, dass alles möglich ist und obendrein alles in vielfältigen Variationen und unglaublichen Steigerungen vorkommen kann.

Phase eins, der leichte Nieselregen mit Pekinesen und anderem langhaarigen Hundsgetier: Scherzhaft wird er sowohl im Volksmund und daher auch von den Wettermoderatoren »Frühjahrsputz« genannt. In den Monaten März bis Juni nieselt es, meist in den frühen Morgenstunden, sanft und leise puschelige Pekinesen, zottelige Bobtails und flauschige Afghanische Windhunde durch die Lüfte. Sie schweben und schwingen und filtern mit ihrem flatterhaften Fell aus der Atmosphäre den schädlichen Feinstaub.[72]

Phase zwei, der Dauerregen mit allen vom FCI[73] anerkannten Hunderassen: Hier ist von Reinigung, Einklang und Harmonie mit der Natur schon nichts mehr zu spüren. Egal ob Dackel, Schäferhund oder Dalmatiner – in einem endlosen Dauerfall stürzen die Hütehunde, Pinscher und Möpse auf Land und Leute, Städte und Siedlungen, Wasser und Weiher. Auch Hütten und Häuser, Flussbrücken und Baulücken können getroffen und beschädigt werden. Wegen der Schwerkraft stürzen die meisten Himmelhunde mit dem Rücken voran herab und verursachen schwere Prellungen oder gar Knochenbrüche bei Menschen. Besondere Vorsicht ist geboten bei Hunden, denen in den vergangenen Jahrhunderten für die Hundekämpfe ein übergroßes, zupackendes Maul angezüchtet wurde. Gerade Englische Bulldoggen und Bull Terrier haben dadurch ein vorderlastiges Übergewicht und prallen mit aufgerissenem Maul direkt auf Kopf oder Schulter der ahnungslosen Opfer.

Phase drei, das Hundsgewitter: Hier helfen keine mit Stahl verstärkten Regenschirme, hydraulisch aufgerüsteten Schutzhelme oder extra stark gepolsterten Schulterklappen, um dem Aufprall der niederprasselnden Monsterhunde unbeschadet zu entgehen. Es sind nur die Größten der Großen mit einer Widerristhöhe von mindestens 60 Zentimetern und einem Minimalgewicht von 50 Kilogramm im Einsatz, um den Weltuntergang anzukündigen: Bullmastiff (69 cm zu 59 kg), Deutsche Dogge (95 cm zu 90 kg), Polski Owczarek (70 cm zu 69 kg) oder Berner Sennenhund (70 cm zu 50 kg).

Ein ganz harter und gefährlicher Brocken ist beim Niederschlag der Irische Wolfshund. Mit seinem Body-Mass-Index von 96,1 (79 cm zu 60 kg) liegt er eindeutig in der WHO-Kategorie »Adipositas Grad III«, und obendrein leidet diese Rasse unter Osteosarkom, dem Knochenkrebs. Beim Aufprall auf der Erde oder dem Menschen splittern die Knochen sofort und schießen, wie eine Nagelbombe, in sämtliche Richtungen.

Beim Hundsgewitter gilt es, die nicht nur vom ADAC verbreitete Warnung zu beherzigen: Gehen Sie nicht hinaus, gehen Sie nicht über Los, bleiben Sie zu Hause! Meiden Sie offene Fenster und sitzen Sie nicht zu nahe am Kamin!

4. GEBOT FÜR HUND UND HALTER
....

MACH FRISS

41. GRUND

Weil schon Kreisler Hunde im Park vergiften wollte

Es war ein großer Tag für jeden Hundehasser im deutschsprachigen Raum, als in der norddeutschen Elbmetropole, der Pressestadt Hamburg, im April 2014 mit einem jahrzehntelangen Missverständnis um Georg Kreisler aufgeräumt werden konnte. Kreislers Tagebücher waren aufgetaucht. Die Aufzeichnungen des 2011 verstorbenen Komponisten, Sängers und Meisters des schwarzen Humors belegen eindeutig: Nicht Tauben, sondern Hunde werden in der Originalfassung des berühmten Liedes vergiftet.[74]

Entdeckt wurden die Tagebücher von einer abgehalfterten Journalisten-Spürnase, die auch schon für das Magazin *Stern* so manchen Scoop landete. Über die genaueren Umstände, die zu diesem sensationellen Fund führten, kann, will oder darf er nichts sagen. Aber die Tatsachen sprechen für sich.

Es sind vier einfache Kladden, so wie sie in der Nachkriegszeit im sowjetischen Sektor Wiens billig zu erstehen waren. Schlichter, blauer Umschlag, jeweils durch ein G.K. in der rechten, unteren Ecke gekennzeichnet. Ein flüchtiger Blick, ein flinker Vergleich mit dem berühmten Chanson ergibt: Hier geht es nicht um Tauben im Park, sondern Georg Kreisler wollte mit Wiener Schmäh das »Hundevergiften im Park« besingen.

Immer wieder die eindeutige Zeile »Geh' ma Hunde vergiften im Park«. Und auch die übrigen Textzeilen lesen sich durchaus anders als das erst 1956 auf Schallplatte aufgenommene populäre Lied vom »Taubenvergiften«. Es sind nicht die »Spatzen«, die »alles verpatzen«, sondern Kreisler schreibt ausdrücklich von den »Katzen, denn die tun eim alles verpatzen«. Und in den beiden folgenden Zeilen heißt es ganz eindeutig: »So a Katz ist zu geschwind, die frißt's Gift auf im Nu, und auch das arme Köterl schaut zu.«

In der Entstehungsphase zu seinem vielleicht berühmtesten Lied hat der Wiener Kabarettist viele Varianten ausprobiert. So findet sich in dem Tagebuch neben Hunden und Tauben auch die Möglichkeit mit dem Eichkatzerl[75] wieder.

Georg Kreisler hat also mit verschiedenen Tierarten herumgespielt und ist dann letztendlich beim Hund geblieben. Vermutlich wegen der großen Hundeplage, die die herumstreunenden Tölen im Wien der 50er-Jahre verursacht haben. Kreisler resignierend im Tagebuch über die Hundepest: »I hab ka Lust.« Und wenige Seiten später heißt es sehr nachdenklich und hoffnungsvoll: »Wie schön wäre Wien ohne die Hunde. Der Stadtpark wär sicher viel grüner und die Donau wär endlich so blau. Ein Gewinn für den Fremdenverkehr.«

Wieso es dennoch am Ende zu dem »Taubenvergiften« gekommen ist, geht aus den Tagebüchern nicht hervor. Aber eines ist nach dem Fund der Urfassung sicher: Hundehasser haben eine neue Hymne, und die Wiener Kulturgeschichte muss umgeschrieben werden.

42. GRUND

Weil ein Blaukorn-Kauf zu einem Problem werden kann

Blaukorn ist ein beliebter Mineraldünger und Schneckenkiller, der bevorzugt von Hobby-Gärtnern verwendet wird. Aber auch von Hundehassern. Denn Blaukorn enthält große Mengen an Nitrat. Das kann zu einer massiven Reizung der Magen-Darm-Schleimhaut führen. Die Folgen sind Erbrechen und blutiger Stuhlgang. Nitrat kann in Nitrit umgewandelt werden, was wiederum zur Folge hat, dass das Hämoglobin in den roten Blutkörperchen keinen Sauerstoff mehr binden kann. Es kann so zu einer massiven Sauerstoffunterversorgung kommen. Für Hobby-Gärtner und Hundehasser gilt also gleichermaßen: Je höher der Nitratgehalt, desto effektiver.

Immer wieder kommt es aber vor, dass der einfache Kauf von Blaukorn zu einem ärgerlichen Spießrutenlauf, einer regelrechten Inquisition wird. Käufer und Verkäufer liefern sich in Drogerie oder Gartencenter einen heftigen Disput:

Verkäufer (jovial): Guten Tag, womit kann ich dienen?

Käufer (freundlich): Tach auch, ich brauch Dünger, für den Garten, Blaukorn.

Verkäufer (nachdenklich): Soso. Blaukorn. Hm.

Käufer (erklärend): Ja, Blaukorn – zum Düngen.

Verkäufer (oberlehrerhaft): Was wollen Sie denn düngen? Rasen? Zier- oder Nutzgarten? Blumen- oder Gemüsebeete? Büsche, Stauden, Bäume?

Käufer (mit den Augen rollend): Na alles eben. Alles, was da so ist.

Verkäufer (insistierend): Und wie ist der Boden beschaffen? Lehm, Sand, Kies?

Käufer (genervt): Weiß ich doch nicht. Woher soll ich das denn wissen? Da wird doch der Hund in der Pfanne verrückt?

Verkäufer (aufhorchend): Haben Sie einen Hund? Spielt und tollt der im Garten herum? Vorsicht dann.

Käufer (verärgert): Wieso sollte ich einen Hund haben. Ich kann die Viecher nicht ausstehen. Scheißen einem den ganzen Garten zu.

Verkäufer (skeptisch): Soso. Keinen Hund. Können Hunde nicht ausstehen. Und wollen Blaukorn. Soso. Sie haben was gegen Hunde.

Käufer (verwundert): Was hat das denn mit dem Dünger für meinen Garten zu tun?

Verkäufer (argwöhnisch): Haben Sie überhaupt einen Garten? Beschreiben Sie den mal. Wie groß ist der und wo ist der?
Käufer (verdutzt): Was soll das denn nun?
Verkäufer (aggressiv): Hör mal zu, Freundchen. Ich glaub dir kein Wort. An die Hunde willste ran, vergiften willste die.
Käufer (fassungslos): Hä …
Verkäufer (hinterhältig): Hast dich schlaugemacht. Wahrscheinlich im Internet – auf den dunklen Seiten.
Käufer (verdattert): Hä. Was? Was wollen Sie denn von mir?
Verkäufer (wütend): Nee, nee, Freundchen. Nicht mit mir. Gehörst zu den Hundehassern, zu der Anti-Hunde-Mafia, zu den Hundemördern. Willst hier einen 25-Kilo-Sack Blaukorn kaufen, um es dann auf den Hundewiesen auszustreuen. Du Mörder, du.

Käufer (resigniert): Ich wollte doch nur für meinen Garten ...
Verkäufer (drückt einen Notrufknopf neben der Kasse): Nix da, du Mörder, Du Hundemörder. Mir langt es, ich ruf jetzt die Polizei.
Käufer (wendet sich zum Gehen): Ich wollte doch nur ... Ach, Scheiße, dann eben nicht.
Verkäufer (zeternd): Nix da, du Killerhund, äh Hundekiller. Du bleibst hier, bis die Polizei kommt. Du bleibst hier! Sitz! Platz!
Fluchtartig stürmt der Käufer aus dem Laden.

43. GRUND

**Weil es viel zu wenige Brücken
wie die schottische Overtoun-Bridge gibt**

Der schottische Lord Overtoun war ein wahrer Royal Scotsman. Um das Geld nicht an englische Hundefänger zu vergeuden und nicht in kostspielige, aus Deutschland importierte, hochwertige Hundefallen zu investieren, setzte der Industrielle sich selbst ein Denkmal und den streunenden Hunden eine herrschaftliche, heimtückische Falle: 1895 ließ er die nach ihm benannte Overtoun-Bridge über den ebenfalls nach ihm benannten Fluss Overtoun Burn bauen. Die gotische Brücke aus Granit ist ein architektonisches Kleinod und ein kynologisches Wunderwerk. Von dieser rund 15 Meter hohen Brücke sprangen immer wieder Hunde aus eigenem Antrieb spontan über die Brüstung und verstarben meist nach freiem Fall kläglich. Und die, die jämmerlich überlebten, starteten einen zweiten, diesmal erfolgreicheren Versuch.

Nach Informationen des seriösen Qualitätsblattes *Daily Mail* fanden über 600 Vierbeiner seit Errichtung der Brücke hier ihren Großen Hundstod. Das Blatt hat sogar einen betroffenen und sichtlich erschütterten Hundehalter auftreiben können, Kenneth Meikle und seinen Golden Retriever: »Wir gingen mit den Kindern und dem Hund spazieren, als der Hund auf einmal wie aus dem Nichts in die Tiefe sprang. Meine Tochter schrie fürchterlich.«[76]

Und knapp zehn Jahre später widmete sich die ebenso seriöse Zeitung *Daily Mirror* dem Brücken-Thema und fand sogar den Religions- und Philosophielehrer Paul Owens aus Glasgow, der mit knapper Not einem schauderhaften Hundeschicksal entgangen war. Er hatte einer dritten, noch seriöseren Zeitung, der *Sun*, berichten können: »Ich stand dort vor zwei Jahren, als ich einen festen, harten Stoß verspürte, wie von einem Finger. Irgendetwas oder irgendjemand versuchte mich von der Brücke zu stürzen, genauso wie die Hunde.«[77]

Wie immer in solchen Fällen sprang die Wissenschaft sofort hinterher und versuchte sich in Erklärungen, so auch schon 2008 der Waschküchen- und Tierpsychologe Dr. David Sands auf *TV documentary*[78]: Oben auf der Brücke erschnuppern die Hunde den Geruch von Nerzen und Mardern, hetzen los und springen über die Brücken-Brüstung, ohne eine Ahnung von der Höhe der Brücke zu haben.

Könnte durchaus möglich sein, enttäuscht aber in seiner Einfachheit. Dennoch, der Gedanke hat was: Hundegegner, -feinde und -hasser schwärmen aus und legen in Deutschland, Europa oder gar der ganzen Welt Nerzduftspuren unter jeder Brücke von mindestens 15 Meter Höhe aus und versprühen Mardergerüche. Das wird ein herrliches Jauchzen und Japsen und ein winselndes Springen und Stürzen.

44. GRUND

Weil die gute, alte Sitte, »jemanden den Hunden zum Fraß vorwerfen«, so vollständig aus der Mode gekommen ist

Es war eine der schönsten Falschmeldungen aus dem Land der Lotosblüten in den letzten Jahren, die das westliche Abendland erreichte und sich dort sofort postfaktisch festsetzte. Originalton *focus-online*: »Demnach wurde Nordkoreas frühere Nummer Zwei nicht wie andere politische Gefangene durch Maschinengewehrfeuer getötet. Jang Song Thaek und fünf seiner Helfer sollen entblößt und in einen Käfig geworfen worden sein. Darin wurden sie bei lebendigem Leib von 120 Hunden angegriffen, getötet und vollständig verzehrt, heißt es in dem Bericht weiter. Die Tiere sollen drei Tage lang nicht gefüttert worden sein. Diese Form der Exekution wird ›quan jue‹ genannt. Die gesamte Exekution durch die Hunde soll insgesamt eine Stunde gedauert haben. Machthaber Kim Jong Un und 300 leitende Beamten hätten das grausame Schauspiel verfolgt, so die *Straits Times* weiter.«

Die *Straits Times* erscheint in Singapur (Malaysia), also auch in Asien, quasi genau um die Ecke von Nordkorea. Lumpige 4.749,9 Kilometer Luftlinie liegen zwischen Singapur und Pjöngjang. Ein Klacks, wenn es der Wahrheitsfindung dient. Die Informationstauben der *Straits Times* benötigen laut Routenplaner nur 67 Stunden und 51 Minuten für diese Strecke.

Aber zurück zum Thema: Die koreanischen Hunde waren eine Ente aus Singapur, genüsslich aufgewärmt in der Mikrowelle der *Focus*-Redaktion. Natürlich ist Jang Song Thaek auf Befehl seines Neffen Kim Jong Un erschossen worden, und ein spannendes »quan jue« (s.o.) fand nicht statt.

Dabei kann die »Verurteilung zu den wilden Tieren« (lat.: damnatio ad bestias) durchaus auf eine traditionsreiche Geschichte im Wandel der Zeiten zurückblicken: Ließ Caesars Vorgänger Gnaeus

Pompeius Magnus verurteilte Verbrecher noch von Elefanten zertrampeln, setzten seine Nachfolger lieber Löwen und eben auch Hunde als gerechte Strafe ein. Gerne griffen die Römer auf die auch von Alexander dem Großen (356 bis 326 v. Chr.) geschätzten und von Hannibal um 218 vor Christus über die Alpen eingeführten Molosserhunde zurück. Unter Nero sollen sie bei der Christenverfolgung im Kolosseum ganze Arbeit geleistet haben.

Das »jemanden den Hunden zum Fraß vorwerfen« zog sich durch alle kulturhistorischen Epochen. Germanen und Goten aus Ost und West marterten ihre Gefangenen mit Hunden, Minnesänger wurden nach ihren amourösen Fehltritten an entsprechender Stelle von Hunden kastriert, und während des Dreißigjährigen Krieges wurde als Marter nicht nur der Schwedentrunk verabreicht, sondern auch der Aufenthalt im Hundezwinger angeordnet.

Im Mittelalter diente das »vor die Hunde werfen« auf öffentlichen Marktplätzen der schlichten Volksbelustigung, mit der der Pöbel nicht eingeschüchtert, sondern auf andere, nicht aufbegehrende Gedanken gebracht werden sollte. Alldieweil vergnügte sich der Adel hinter verschlossenen Türen und hochgezogenen Zugbrücken mit einer infamen Abart des »jus primae noctis«[79], die nicht mehr im Bette mit der Magd stattfand. Stattdessen hatten heiratswillige Untergebene die Möglichkeit, im Innenhof der Burg gegen Hunde zu kämpfen, um die Ehre der Angebeteten zu bewahren. Fürstliche Wetten wurden bei diesen Kämpfen abgeschlossen. Die ganze Last dieser schwierigen Entscheidung hat der russische Maler Wassili Dmitrijewitsch Polenow in seinem bedrückenden Gemälde *Das Herrenrecht* (1874) dargestellt: Ein Mann steht mit seiner Braut dem Fürsten mit dessen Hunden gegenüber und muss sich entscheiden. Let her be fucked or fight with the dogs.

In unserer schnelllebigen Zeit dient das einst so aufregende »den Hunden zum Fraß vorwerfen« nur noch als eine langweilige Metapher, die gerne von Politikern und ihren politischen Gegnern benutzt wird.

45. GRUND

Weil immer wieder ein Hund in der Pfanne verrückt wird

Till Eulenspiegel, der 1350 in Mölln gestorbene Schelm, trieb seinen Schalk mit den Menschen und setzte dabei gerne Begriffe, Redewendungen und Anweisungen wortgetreu in die Tat um. Nicht überliefert ist, ob er Hunde nicht ausstehen konnte, gesichert hingegen, dass Hunde bei seinen Narreteien nicht verschont wurden. Niedergeschrieben sind die Eulenspiegeleien in 95 kurzen oder kürzeren Kapitel, den Historien.

Die 45. Historie beschreibt, »wie Eulenspiegel in Einbeck ein Brauergeselle wurde und einen Hund, der Hopf hieß, anstelle von Hopfen sott«.[80] Also: Eulenspiegel hat eine Stelle bei einem Bierbrauer. Dieser will auf eine Hochzeit gehen und »befahl Eulenspiegel, derweilen [...] Bier zu brauen, so gut er könne. Später wolle er ihm zu Hilfe kommen. Vor allen Dingen solle er mit besonderem Eifer darauf achten, den Hopfen wohl zu sieden, damit das Bier davon einen kräftigen Geschmack bekomme.« Eulenspiegel bestätigte die Anordnung. »Nun hatte der Brauer einen großen Hund, der hieß Hopf. Den nahm er, als das Wasser heiß war, warf ihn hinein und ließ ihn tüchtig darin sieden, daß ihm Haut und Haar abgingen und das ganze Fleisch von den Knochen fiel.« Nach Rückkehr des Bierbrauers war das Geschrei groß, doch Eulenspiegel behauptete treuherzig, er habe nur das getan, was man ihm aufgetragen habe.

Sprachforscher sind sich einig, dass auf dieser Geschichte die Redensart »Da wird doch der Hund in der Pfanne verrückt« beruht: Eine eben erfahrene Tatsache, eine unglaubliche Geschichte überrascht, verwundert und ist nicht zu fassen.

46. GRUND

Weil der Hotdog in aller Munde ist

Mit dem Verschlingen von 70 Hotdogs in zehn Minuten toppte Weltmeister Joey Chestnut 2016 seinen eigenen Rekord über 69 Brotwürstchen aus dem Jahre 2013. Jährlich veranstaltet New Yorks größte Hotdog-Kette Nathan's den »Hot Dog Eating Contest«. Nathan's nimmt es mit den offiziellen Wikipedia-Einträgen[81] nicht so genau und spricht auf seiner Webseite[82] gar von 73 verputzten Würsten. Ist aber auch egal, wovon dem »Current Record Holder« schlecht wurde.

Es waren vier Einwanderer, die am 4. Juli 1916 vor dem damaligen Imbiss »Nathan's« erstmals das Hotdog-Wettessen veranstalteten. Allerdings waren die Zutaten noch gehaltvoller und dichter am Namen dran, denn der Sieger Joe Alger oder James Mullen, hier gehen die Quellen auseinander, schaffte nur 13 der Hundewurstbrötchen.

Wiederum ein anderer Einwanderer, der Deutsche Charles Feltman erfand 1867 auf Coney Island den Hotdog in seiner heutigen Form. Er hatte einen Handkarren mit einer Herdplatte, auf der er die Grillwurst brutzelte, bevor es sie in ein Brötchen steckte. Wie es sich für Amerika gehört, wurde Feltman mit seinem Fastfood Millionär. Nach der Zwischenstation »Feltman Restaurant and Beer Garden« expandierte er 1901 zum »Feldtman's German Gardens« und erwarb bis zu seinem Tod mit den warmen Hundewürsten ein beträchtliches Vermögen.

Die Idee hatte er aus seiner alten Heimat mitgenommen. Der Coburger Metzger Johann Georg Hehner steckte schon 1847 seine Frankfurter Würstchen zwischen zwei Brotdeckel, nannte diese Kreation aber nicht »Heißen Hund«.

Der Name »Hotdog« ist amerikanischen Ursprungs: »Der US-amerikanische Kulturhistoriker Andrew F. Smith weist darauf hin, dass deutschstämmige Metzger in den USA bekannt dafür gewesen seien, ›wurstförmige Hunde‹ zu halten, nämlich Dackel. Diese Tatsache habe gewisse Assoziationen zwischen deutschen Würstchen und Hunden gefördert.«[83]

Der Hotdog trat seinen Siegeszug um die Welt an, wurde vereinfacht und im Geschmack immer fader und pappiger. Überall war er als »Hotdog« zu bekommen. Nur nicht in Mexiko, denn hier floriert er unter dem Namen »Perro caliente«. In deutschen Restaurants in Lateinamerika wird der Perro auf der zweisprachigen Speisekarte gerne zum »Heißen Hund« zurückübersetzt. Ebenso wie die »Knackwurst« wortgetreu als »Salchicha Knack« angepriesen wird.

47. GRUND

Weil ein Dog's dinner nichts mit Essen zu tun hat

Früher, also in der grauen Vorzeit, als man mit einem Fotoapparat noch nicht telefonieren konnte, gab es noch diese kleinen Abreißkalender mit dem jeweiligen Spruch zum Tage, dem Witz der Woche oder der Moral des Monats. Tipps wurden gegeben, Omas Küchenrezepte propagiert oder eine Frage zum Allgemeinwissen gestellt.

Heute hat der oder die geneigte User für all dies eine App oder einen täglichen Newsletter. <mailbutler@vserver.newstroll.de> ist so ein Dienst, der täglich sein »One-Word-A-Day Wordbutler« versendet. Ein großer, weil erhellender Tag war der 9. März 2017:

*Your word for 9th March 2017 is * * * a dog's dinner * * **
Please choose the correct definition and click the link.
a) a big meal
b) great joy
c) a state of confusion

Das große Fressen scheidet aus, eine große Freude sowieso. Bleibt also nur das Durcheinander übrig. Passt bei Hunden immer. Es drängt sich gleich das Bild eines gewaltigen Hunderudels auf, das geifernd und sabbernd rund um einen enormen Fressnapf ein fürchterliches Tohuwabohu veranstaltet. Also c) a state of confusion.

Eingeloggt und für gut befunden. Ein Beispiel wird gleich mitgeliefert:

»Kann die Hundemahlzeit als eine wirtschaftliche Krise gesehen werden, ebenso wie Krise des Handels- und Wirtschaftsjournalismus? Sind wir ungenügend informiert – trotz oder sogar wegen des Überangebots von Informationen, die uns rund um die Uhr erreichen?«[84]

Und ganz in der Tradition der alten Abreißkalender wird eine mögliche Erklärung fürs Entstehen mitgeliefert:

»Es ist reine Spekulation, aber vielleicht verweist ein Hundefrühstück (oder die Hundemahlzeit) auf ein Koch-Missgeschick mit dem Ergebnis, dass es nur für den Bedarf der Hunde gedacht ist. Oder es ist vielleicht einfach nur das Durcheinander, welches ein Hund beim Fressen verursacht.«[85]

Alles schön, alles gut, doch für so einen alten Knochen wie den Autor fehlt irgendwie etwas. Und sei es nur das leise Zapp beim Abreißen des Kalenderblattes.

48. GRUND

Weil sie viel zu selten vor die Hunde gehen

Für einen Schreiberling wie den Autor dieser Zeilen gibt es in den Wortverarbeitungssystemen wie Word, OpenOffice oder LibreOffice die schnelle Hilfe unter »Extras«. Dort kann kann »Thesaurus« (Strg+F7) angeklickt werden, und schwuppdiwupp wird bei

Wortfindungsschwierigkeiten dem müden Hirn eine Alternative vorgeschlagen. So lassen sich langweilige Wort-Doppelungen und schiefe Text-Bilder vermeiden.

Also: Ctrl+F7 für »vor die Hunde gehen«. Das Ergebnis ist überwältigend und bestätigt jedes liebevoll und lang gehegte Vorurteil: auf den Hund kommen – ganz unten ankommen – verelenden – völlig verwahrlosen – zugrunde gehen.

Wie immer bei solchen hübschen Redewendungen bieten sich bei der Suche nach der Herkunft mehrere Entstehungsmöglichkeiten an:

Die Jagd – Krankes und schwaches Wild wird von den Jagdhunden schneller gerissen als gesundes. (Bitte nicht verwechseln mit: Der frühe Vogel fängt den Wurm)

Das Fressen – Hunde sind Allesfresser und verschlingen jeden Krempel, der ihnen vorgeworfen wird. Diese Essensreste werden mit hoher Geschwindigkeit aufgefressen, verschlungen und vernichtet.

Der Straßenköter – In nicht so verhätschelten Gesellschaften wie Deutschland leben die Hunde nicht auf edlen Damast-Matten, sondern im Dreck der Straße. Sie ernähren sich und ihre Flöhe von Abfällen und Kadavern und haben, dreckig und mager wie sie sind, einen geringen Stellenwert. Sie sind sprichwörtlich in der Gosse gelandet.

Unter Tage – Ein Kumpel, dem schlechte Arbeit vorgeworfen wurde, musste zur Strafe unter Tage den Transportkarren, den Hunt, ziehen.

In der Literatur wird gerne auf den Begriff zurückgegriffen, mit ihm gespielt und das Thema angedeutet. So nannte Erich Kästner seinen berühmten Roman *Fabian – Die Geschichte eines Moralisten* ursprünglich *Der Gang vor die Hunde*. Dieser Titel war seinem Verlag, der Deutschen Verlags-Anstalt 1931 zu problematisch und wurde daher entschärft. Viele Jahre später stellte Djuna Barnes im Verlag Klaus Wagenbach eine steile These auf und behauptete unbekümmert: »Solange es Frauen gibt, wie sollte da etwas vor die Hunde gehen?« Ein anderer Barnes (Julian) machte es sich und seinem Pseudonym Dan Kavanagh im vierten Duffy-Krimi dann ganz einfach und nannte sein Buch schlicht *Vor die Hunde gehen*.

Warum allerdings bei einer Google-Suche nach »vor die Hunde gehen« das Tierheim Oldenburg mit seiner Hundevermittlung auftaucht, bleibt ein makabres Geheimnis.

49. GRUND

Weil auch 2018 im Jahr des Hundes die Hundepopulation weltweit nur geringfügig abnehmen wird

Nach dem chinesischen Kalender wird 2018 als das »Jahr des Hundes« begangen. Vor allem in der Provinz Kanton schlagen dann die Herzen höher, denn eine alte Volksweisheit besagt, dass die Kantonesen »alles essen, was vier Beine hat, außer den Stühlen, auf denen sie sitzen«. Ein wahres Schlachtfest wird es an den Hundeständen in der chinesischen Provinz geben. Aber auch im benachbarten Korea und Vietnam werden die vermeintlichen Delikatessen geviertelt und zerlegt über die Metzgerplatte geschoben. Aber trotz aller Schlachtfeste: Von einer wirkungsvollen Reduzierung des Canis lupus familiaris kann keine Rede sein.

Anlässlich des Welthundetages 2015 am 10. Oktober erschien in der Dezemberausgabe der Hundezeitschrift *Kot&Köter* (Heft 6) folgender Korrespondenten-Bericht, den wir mit der freundlichen Genehmigung der Redaktion nachdrucken dürfen:

Für die 32jährige Nguyen Thi Lo ist dieser Samstag ein Tag wie jeder andere auch. Freundlich lächelnd hackt sie an ihrem Stand auf dem Wochenmarkt in Hanoi die Hundebeine in portionsgerechte Einzelstücke, löst Nackenteile aus, filetiert die Bruststücke, trennt Hundekeulen ab. Und dennoch, etwas ist an diesem 10. Oktober anders als sonst. Das ist der zierlichen Vietnamesin schon in den ersten Stunden des Vormittags aufgefallen:

»Natürlich kamen meine Stammkunden so, wie sonst auch immer. Doch gegen elf Uhr, zu Beginn der europäischen Business-Time, drängten sich immer mehr Ausländer vor dem Stand.« Plötzlich wollten die Rundaugen aus den USA und Europa auch die traditionelle Delikatesse erstehen. »Sie fragten komische Sachen: Welche Teile am besten für einen Burger seien? Welches Fleisch sich ideal für ein zünftiges Barbecue eigne? Oder ob für eine kräftige Suppe besser Schwanz- oder Beinstücke zu kaufen seien?«

Jetzt lächelt Nguyen Thi Lo nicht mehr zurückhaltend, sondern kichert belustigt vor sich hin. »Sie hatten alle ihre Smartphones dabei. Wischten immer hin und her, fanden aber nichts. Ich habe ihnen dann gesagt, sie mögen einmal die Web-Seite über den ehrwürdigen Nguyễn Trāi besuchen, anklopfen und lauschen.«

Nguyễn Trāi (1380–1442) war ein vietnamesischer konfuzianischer Gelehrter, Politiker, Stratege, Dichter und Koch. Laut Wikipedia zeichnete er in einem seiner berühmtesten Aufsätze (*Besser die Herzen und Mägen erobern als die Zitadellen*) die vietnamesische Strategie zu einer Unabhängigkeit von der kantonesische Küche auf.

Ein deutscher Geschäftsmann aus Wuppertal habe dann den Konfuzius als Erster begriffen: »Mens sana in corpere sano.« Als Nguyen Thi Lo ihn nur verständnislos habe anblicken können, hat der Mann von Welt gesagt: »Das ist Pling und Plong wie Yin und Yang.«

Freundlich lächelnd habe sie erwidert: »Genau. Wie schon der große Nguyễn Trāi sagte: Besser die Herzen und Mägen erobern als die Zitadellen.«

50. GRUND

Weil die Zucht des chinesischen Faltenhundes nichts mit westlichen Schönheitsidealen zu tun hat

Im Grund 4 sind wir schon auf die Irrungen und Wirrungen bei der hiesigen Hundezucht eingegangen. Ganz anders hingegen bei einigen Rassen, die im fernen Osten die Hundekrippen verlassen. Ganz im Geiste Maos wird bei der Hundezucht in China immer noch gegen den Strom geschwommen, lässt sich der klassenbewusste 狗飼養者[86] nicht von modischen Trends mitreißen, sondern züchtet zum Wohle des ganzen Volkes. Bestes Beispiel ist der Shar-Pei, der Chinesische Faltenhund.

Dieses Falten-Felltier ist ein Armeleutehund aus der Provinz Kanton. Jenem Kanton, dessen Bewohner Hunde als Delikatesse genießen und die überhaupt »alles essen, was vier Beine hat, außer den Stühlen auf denen sie sitzen«.[87] Nun galt und gilt auch in der Provinz Kanton die Pekingente und besonders die knusprige Haut als eine ausgesprochene Leckerei, ist aber, wie alles, was aus der fernen Hauptstadt kommt, viel zu teuer. Die pfiffigen Kantoneser besannen sich ihrer regionalen Küche und fingen an zu züchten. Natürlich auf dem Feld, das sie kannten, den Hunden.

Erste Ergebnisse mit Pekinesen waren vielversprechend. Beim Rupfen des Felles aber blieben zu viele langhaarige Fussel übrig, was beim Essen fürchterlich störte. Und vor allem war die Haut zu dünn und empfindlich und riss bei der Fellentfernung ständig ein. Ein größerer Hund mit viel mehr und widerstandsfähiger, aber dennoch zarter Haut musste her. Es war die Geburtsstunde des Shar-Pei. »Die Welpen besitzen im Gegensatz zu Welpen anderer Rassen mehr überflüssiges Fell. Die Falten bilden sich zwischen der 2. und 16. Woche und der Hund wächst in sein Fell hinein.«[88] Ein Hund, wie geschaffen für den Gaumengenuss im fernen Kanton und dank seiner vielen Falten und Hautlappen an Kopf, Widerrist und Schwanzansatz ein idealer Lieferant für die knusprige Haut à la Pekingente.

Die Vor- und Zubereitung des lecker Faltenhundes richtet sich dabei streng nach dem Vorbild der Pekingente: Der Hund »wird gerupft, aber nicht ausgenommen, Kopf und Füße werden zunächst nicht entfernt. Durch einen kleinen Schnitt am Hals wird nun die Haut aufgeblasen wie ein Luftballon, damit sie sich vollständig vom Fleisch trennt. [Nach dem Entfernen der Innereien wird der Hund] mit kochendem Wasser überbrüht, gewürzt und rundherum mit in heißem Wasser aufgelöstem Honig oder Malzzucker eingestrichen, um dann an einem gut belüfteten Ort für einige Stunden zu trocknen.«[89]

51. GRUND

Weil »barfen« zum Kotzen ist

Beschäftigt man sich mit dem Thema »Deutsch + Hund« kommt man zwangsläufig an der typischen Vereinsmeierei nicht vorbei. Werden die beiden Worte »Verein« und »Hund« gegoogelt, spuckt der Dienst dem Autor dieser Zeilen, der sicherlich mit einem Hunde-Algorithmus längst belegt und klassifiziert ist, »ungefähr 710.000 Ergebnisse (0,38 Sekunden)« entgegen. Das geht vom »Verein für das Hundewesen« (international und deutsch) über den »Verein für Deutsche Schäferhunde« und die »Vereinigten Rassezüchter VRZ-DHL« bis hin zum »Hund und Halter e.V.«.

Hübsch ist es, nebenbei hier einmal vom »Verein für Deutsche Wachtelhunde« zu hören, einem Hund, der sicherlich mit seinem Kumpel, dem »Wachtelkönig«, so manches Neubaugebiet verhindert hat.

Schnell sind aber auch die gewerblichen Trittbrettfahrer unter den ersten Hundert ausgemacht: Kostenlos kann man sich beim »Fressnapf Welpenhund« anmelden, beim »Hundeversand.de« stöbern und zwar keine ganzen Hunde, aber immerhin »Anti-Rutsch Hunde-Socken mit wasserdichtem Pfotenteil, 2 Stück« (ab 8,99 €) oder den »Leckschutz Halsring aufblasbar« (16,90 €) bestellen. Hunde-Yoga wird angeboten, ebenso wie gemeinsames Hundeschwimmen.

Wahre Wonne aber dann beim Pansen-Express, der keine neue Postille aus dem Verlagshaus DuMont (*Kölner Express*, *Kölner Stadtanzeiger*) ist, sondern unter www.pansen-express.de »seit 1996 mit tierärztlicher Fachberatung« Putenherzen, Rinderzungen oder Hirschschultern auf dem Hundefuttermarkt anbietet. Neuester Trend sind die BARF-Offerten.

Barf, barfen, barfing – das alles ist total in. Und da kaum ein Tierfreund so genau weiß, was das so genau ist, hilft eine Suche im Internet weiter: Zwar landet man erst einmal bei »barfußschuhe«, doch nach nur 0,48 Sekunden ploppen 428.000 Ergebnisse zum

»Barfen« auf. Vorweg natürlich wieder die ganze Hundefutter-Mafia, aber auch ein Wikipedia-Eintrag ist dabei, vor dem allerdings sofort gewarnt wird: »Die Neutralität dieses Artikels oder Abschnitts ist umstritten.« Dann also lieber gleich zu den offenen Barf-Befürwortern wie etwa »Barfer's Wellfood«:

»BARF bzw. Barfen steht für die Rohfütterung von verschiedenen Tieren. Der Begriff stammt ursprünglich aus den USA und war zunächst ein Kurzwort für ›born again raw feeders‹, also ›wiedergeborene Rohfütterer‹. Hierbei wurde auch auf den ideologischen Aspekt dieser Fütterungsform eingegangen. Eine weitere Bedeutung ist ›bones and raw food‹ – Knochen und rohes Futter, was die Hauptkomponenten beim Barfen umschreibt. In Deutschland hat sich die Langform ›biologisch artgerechte Rohfütterung‹ durchgesetzt.«[90]

Also weg vom Dosenfutter und hin zum gut abgehangenen Pansen oder frisch ausgelösten, noch blutigen T-Bone-Steak. Doch richtiges Barfen will gelernt sein, ist eine schwierige Feinschmecker-Kunst für den verwöhnten Caniden. Barf-Seminare sind der letzte Renner. Und auf Barf-Gardenparties werden Rezepte ausgetauscht und die trendigsten Barf-Shops verglichen. Bei einem Barf-Barbecue, versteht sich.

Da bleibt es nicht aus, dass der neue Trend sofort von einer noch tolleren Entwicklung gehypt wird, dem veganen Barfing.

Alle Barfing-Moderichtungen haben aber eins gemeinsam: Das englische Verb »to barf« bedeutet auf Deutsch »sich übergeben, kotzen«.

52. GRUND

Weil Hundekuchen eklig schmeckt

Es war ein Selbstversuch der nicht ganz freiwilligen Art: NDR-Studio 1, Hamburg Lokstedt, ein Freitagabend vor über 20 Jahren.

Das Satire-Magazin *extra 3* wird gesendet. Im Studio sitzen Moderator Michael Gantenberg und als Gast der Autor dieser Zeilen, der sich kurz zuvor als Fake-Chefredakteur der damals noch gar nicht existierenden Zeitschrift *Kot&Köter* geoutet hatte. Als solcher war er/ich jahrelang durch die Krawall-Talkshows der Neunziger getingelt.

Super-Vorlage für den Moderator einer satirischen Sendung. Doch was macht der als Erstes? Er bietet seinem Studiogast, also mir, einen Hundekuchen-Keks an und fragt hinterhältig »Na, schmeckt's?«. Und wie es schmeckte: »Na ja, nach Fischmehl und und alten Salmonellen-Eiern.«

Eine Antwort, für die der deutsche Kaufmann Johannes Kühl ein Jahrhundert zuvor glatt die Duell-Pistolen hervorgeholt und abgeschossen hätte. Zu Hannover hatte Kühl anno 1982 die »Deutsche Hundekuchen-Fabrik« gegründet. Deutsch musste so eine Fabrik nach dem siegreichen Krieg 1870/71 gegen den Franzmann schon sein. Und mit seinen Deutschen Doggen war Reichskanzler Otto von Bismarck ein mustergültiges Vorbild für Haltung und Versorgung des deutschen Hundes.

Johannes Kühl und seine Deutsche Hundekuchen-Fabrik mit seinem »Deutschen Vereins-Hundekuchen« erhielt Unterstützung auf höchster politischer Ebene. So bescheinigte ihm Dr. Carl Arnold, Vorstand des chemischen Laboratoriums der Königl. Thierarzneischule in einem Bericht vom 10. März 1887: »Auf Veranlassung der vom Verein zur Veredelung der Hunderacen für Deutschland für die Aufsicht der Deutschen Hundekuchen-Fabrik von J. Kühl erwählten Commission wurden von Juni 1880 bis heute 160 mal Hundekuchen aus der Fabrik entnommen und einer chemischen Analyse unterworfen. Die Resultate waren [...] ausnehmend günstige, und ist, da mir trotz mehrfacher Untersuchungen deutscher sowohl wie englischer Fabrikate Kuchen mit gleichem Nährgehalt nicht vorgekommen sind, dem Deutschen Vereins-Hundekuchen unbedingt der Vorzug zu geben.«[91]

Von der englischen Konkurrenz »Spratt's« in London sind keine Kuchen-Ingredienzien überliefert. Der Hundekuchen der Berliner »Hundekuchenfabrik Tempelhof« enthält Fleischfuttermehl, Weizenmehl und Roggenkleie.[92]

Die Kühlschen Hundekuchen strotzen dagegen nach den 160 Analysen des Dr. Carl Arnold vor deutscher Kraft pur und »ergaben gute Qualität« in Prozent: »10,51 Wasser, 3,48 Fett, 3,70 Asche (wovon 1,21 Theile Phosphorsäure), 22,10 stickstoffhaltige Substanz, 60,21 stickstofffreie Substanz.«

Doch schon drei Jahre nach diesem überaus trefflichen Gutachten widerstand Johannes Kühl nationaler Gefühlsduselei und verkaufte 1900 seine Patente für 100.000 Goldmark an den englischen Konkurrenten »Spratt's«.

Damit war der Abstieg der Hundekuchen-Herstellung in Deutschland eingeläutet. Die Tempelhofer »Berliner Hundekuchenfabrik« existierte bis in die Zwanzigerjahre des vergangenen Jahrhunderts. Der Betrieb stand in scharfem Wettbewerb zur »Deutschen Hundebrot Compagnie« im nahen Rixdorf, die im Jahre 1906 ihre letzte Erwähnung fand.

Lediglich die Rummelsburger Hundekuchenfabrik an der Berliner Rummelsburger Bucht konnte überdauern. Nur sei angemerkt, dass dies keine deutsche Hundekuchenfabrik war, sondern die deutsche Außenstelle der Kuchenbäcker vom Londoner »Spratt's«, unter dessen Namen sie bis 1972 existierte. Danach bestand das Unternehmen als Volkseigener Betrieb für Futtermittel fort, dessen Stunde aber mit dem Mauerfall schlug. 1992 wurde der »VEB Hundekuchen« (so der Volksmund) und damit die deutsche Geschichte der deutschen Hundekuchenfabriken und der deutschen Hundekuchenherstellung endgültig abgewickelt.

53. GRUND

Weil Hundefleisch nicht schmackhaft ist

Das mehr als 3.000 Jahre alte chinesische Sprichwort »Der Hund gehört nicht unter, sondern auf den Tisch« ist weder richtig alt noch kulturhistorisch belegbar. Und wahr ist es schon gar nicht. Es wurde vom Autor dieser Zeile Mitte der 90er-Jahre des vergangenen Jahrhunderts erfunden, um damit in den Krawall-Talkshows jener Zeit (Arabella, Schreinemakers, Sonja & Co) das Publikum und die Studiogäste ordentlich und erfolgreich zu provozieren.

Ebenso ist es eine Erfindung der Boulevard-Medien, dass die Chinesen aus der Provinz Kanton Hunde als Delikatesse genießen und überhaupt »alles essen, was vier Beine hat, außer den Stühlen auf denen sie sitzen«.

Und eine noch dreistere Lügengeschichte der Lügenpresse ist die Mär, dass in der thüringischen Ortschaft Goldlauter die »gottgefälligen Hundebratwürste, eine mit 17 Gewürzen in der örtlichen Bäckerei hergestellten Fastenspeise«, seit dem Mittelalter hergestellt und verspeist würden[93].

Gestützt werden diese und andere unkulinarischen Behauptungen von dem koreanischen Historiker und Ernährungswissenschaftler Professor Yong-Geun Ann, der in seiner Werbebroschüre *Koreaner und Hundefleisch* dreist behauptet: »Der Charakter von Hundefleisch ist warm, mit salzigem Geschmack. Es beeinflusst die Verdauung positiv, die inneren Organe, es stärkt den Magen, wärmt die Knie und die Hüften, hebt die Lebenskraft der Männer, wenn ihr Körper müde und abgearbeitet ist, es hilft den Körper fit zu halten und unterstützt den Blutkreislauf.«[94]

Zieht man in Betracht, dass Anns koreanischer Landsmann, der ehrwürdige Kim Jong Il, verstorbener Vater des ebenso erhabenen Mondgesichts Kim Jong Un, von sich zu Recht behauptet, »The Great Teacher of Journalists«[95] zu sein, so schließt sich der Kreis zu den falschen Behauptungen in den deutschen Medien. Es ist die mediale koreanisch-kommunistische Unterwanderung der kapitalistischen Genussgesellschaft.

Über das Essen sollen Kulturrevolution vollendet und die Revolution gewonnen werden. Erst kommt das Fressen, dann kommt die Moral[96]. Erst wenn der Magen und dann der ganze europäische Mensch auf den Hund gekommen ist, ist das Ziel des großen, kleinen asiatischen Tigers erreicht.

Nix ist mit so angepriesenen Gerichten wie: »Klare Bobtail-Suppe«, »Schäferhundbries auf feinen Cocker-Spaniel-Ohren«, »Chau-Chau blau«, »Argentinischer Dackelrücken« oder »Flambierte Huskie-Pfoten mit Gorgonzola«. Alles nur hochtrabende Namen für einen minderwertigen Fraß. Lukullische Bezeichnungen, die kulinarisch alles versprechen, dann aber geschmacklich nichts halten.

Denn die Wahrheit ist: Hundefleisch ist schlicht ungenießbar. Es ist zäh wie ein alter Knochen. Es stinkt nach Hund, es schmeckt nach Hund, und es sieht aus wie Hund. Gekocht oder gebraten kläfft es auf dem Teller einen noch penetrant an oder winselt um eine milde Gabel. Und als Suppe gekocht, mit Fleischstückchen garniert und serviert, sieht das Ganze, mit Verlaub, aus wie Hundepisse mit Kotböller.

54. GRUND

Weil sie zu wenig Rucola und Feldsalat fressen

Es gibt ihn tatsächlich, den Hundekoch. Also nicht den, der so rustikale oder exquisite Sachen wie »Argentinischer Dackelrücken« oder »Schäferhund-Bries auf feinen Cockerspaniel-Ohren« auf den gedeckten Tisch des versnobten Gourmets zaubert, sondern den rustikalen Chefkoch für den ausgewogenen Hundespeiseplan mit

»Selbergemacht Rezepte vom Hundekoch«[97]. Seine Grundfrage lautet: »Was dürfen Hunde fressen – und was ist giftig?«

»Die ideale Tagesration Hundefutter für einen gesunden Hund enthält ca. 70% Fleischanteile inkl. Knochen (oder Knochenmehl), 10% Innereien und 20% Gemüse. Evt. weitere Zusätze wie Kräuter, Ei, kalt gepresstes Öl etc.« Ausgesprochen empfohlen wird beim Gemüse u.a. Feldsalat und Rucola. Den gleichen Hundenapf empfehlen im Netz auch andere Hundeseiten, egal ob die klassischen, bodenständigen oder die modern aufgemotzten mit ihrem »Barfen« (sie auch Grund 51). Auch hier werden wieder beim Gemüse u.a. Feldsalat und Rucola angepriesen.

Leider aber wieder nur »unter anderem«. Kräftiges Füttern mit diesen beiden Gartenpflanzen sollte angesagt sein, denn das »tägliche Gemüse oder Obst garantiert nicht nur Abwechslung, sondern bietet auch viele Vitamine und Ballaststoffe.«[98]

Doch Hundefeind und Hundefreund, Köterhasser und Pinscherhalter jetzt gleichermaßen aufgepasst: Die Stiftung Warentest hat in einer Untersuchung im Frühjahr 2017 herausgefunden, dass acht von neun Salaten bei einem Test deutlich mit Nitrat belastet waren. Gleiches Ergebnis auch beim Feldsalat. Gekauft wurden die Proben beim Discounter, in Supermärkten und Bioläden. Die Tester: »Täglich große Mengen der geprüften Rucola können wir wegen der Nitratgehalte nicht empfehlen.«[99]

»Nitrat kann zu einer massiven Reizung der Magen-Darm-Schleimhaut führen. Die Folgen sind Erbrechen und blutiger Stuhlgang. Nitrat kann in Nitrit umgewandelt werden, was wiederum zur Folge hat, dass das Hämoglobin in den roten Blutkörperchen keinen Sauerstoff mehr binden kann. Es kann so zu einer massiven Sauerstoffunterversorgung kommen.« Und Stiftung Warentest ergänzt: Nitrit kann sich im Körper zu Nitrosaminen umwandeln. »Viele dieser Nitrosamine waren in Tierversuchen krebserregend.«

Und das wirft natürlich die grundlegende Frage auf: Arbeiten die Gemüsetester und Hundeköche Hand in Hand, ziehen sie an einem

Strang? Sind gar die Barf-Strategen mit ihren Versuchsküchen die geheimen Forschungslabore?

Sind also diese auf den ersten Blick als harmlos und lächerlich erscheinenden Seiten im Internet nichts anderes als subversive Ratgeber für Hundehasser, die die Hundehalter in die Irre führen sollen? Sieht ganz so aus. Also: weiter so!

5. GEBOT FÜR HUND UND HALTER

MACH FEIN

55. GRUND

Weil sie in der Werbung nichts verloren haben

Die Leute aus der Werbebranche haben eine ganz besondere, innige Beziehung zu Hunden. Wie in kaum einer anderen Berufsgruppe zeigt sich bei den Anzeigenfuzzis eine symbiotische Wechselbeziehung zwischen Hund und Halter. Der Hund soll des Werbers Ego repräsentieren, damit der gaukelnde Warenanpreiser sich in ihm wiederfindet.

Beim Fußvolk, den Kreativen, steht ein Mops oder eine Französische Bulldogge ganz oben in der Beliebtheitsskala. Sie werden mit ins Büro genommen, haben im schicken Medienloft genügend Auslauf und dürfen sich zu der Mittagspause ihr eigenes Croissant bestellen lassen.

Eine Stufe höher in der Firmenhierarchie neigen die administrativen Werber eher zur gehobenen Rasse und Klasse: Es müssen Windspiele oder gar ein Weimarer sein. Die werden natürlich nicht mit zur Arbeit genommen, sondern dürfen sich in der heimischen Fauna und Flora austoben. Und hat der PR-Drücker richtig Karriere gemacht, ist CEO[100] geworden und gehört nun zu den ganz Großen, so besinnt er sich seiner Mops-Anfänge und legt sich – jetzt mächtiger – eine Englische Bulldogge zu.

Da jede Werbeagentur auch eine besonders kreative Buchhaltungsabteilung hat, finden sich die Kosten für Anschaffung und Unterhalt der Hunde in den Finanzjournalen der Häuser wieder, damit die Werbe-Tölen von der Steuer abgesetzt werden können.

Allerdings müssen sie einen sogenannten Nutzen, eine werberelevante Kotspur, hinterlassen.

Nur so ist es erklärlich, dass völlig sinnfrei und bar jeden Bezugs zum Werbeobjekt ständig irgendwelche Hunde durch irgendwelche Werbespots hecheln, hetzen, springen und stinken:

Da schwabbelt krummbeinig eine fette Englische Bulldogge am Strand und wirbt seit 2013 in gleich zwei Spots für eine Bikini-Figur durch und mit Almased[101]. 2016 ist Beefy, so heißt die Werbeikone von Almased, noch feister, fetter und fieser geworden und muss, warum auch immer, bei einer Hochzeit die Treppe hochgetragen werden[102]. Ganz eindeutig: Almased ist mit der Englischen Bulldogge auf den Hund gekommen.

Ebenso IKEA, die den französischen Vetter von Beefy, vielleicht ist es auch ein hochbeiniger Mops, ungestört in einer Wohnung wüten lässt, obgleich der Spot »Entdecke dein Schlafzimmer neu« heißt.

Völlig abgedreht geht es bei simfinity zu, wenn sie für die neuen »Tarife für dein Smartphone« werben. Zehn oder mehr Hunde schütteln sich in Slowmotion zu einem Evergreen aus den Sechzigern eine Minute und eine Sekunde vor der Kamera und den Augen des verständnislosen Betrachters.

Es ist der WKF, der steuerbegünstigte Werbe-Köter-Faktor, der die Hirne der Werbeheinis durchwabert und durchwabbelt, aber rein gar nichts mit den angepriesenen Produkten zu tun hat. Also weg damit. Oder noch besser: In die Werberichtlinien des Deutschen Werberats für die Branche wird ein Verbot des Hundehaltens aufgenommen, ähnlich des Pressekodex für Journalisten, der besagt, dass PR und Journalismus nicht zusammengehören.

56. GRUND

Weil es mit dem dämlichen Wohlsein vom »Mops im Paletot« ein Ende haben muss

Dem volkstümlichen Lehrer und Heimatkundler Johann Lewalter (1862–1935) gebührt die zweifelhafte Ehre, dass das Lied vom »Mops im Paletot« nicht in der Versenkung dämlicher Volkslieder untergegangen ist. Lewalter im September 1890: »Nachfolgende Lieder, welche das Landvolk nach der Arbeit, die Soldaten auf dem Marsche und die Kinder beim Spiel in Niederhessen singen, habe ich aus dem Munde des Volkes seit dem Jahre 1889 gesammelt. Ich schöpfte frisch von der Quelle, belauschte Burschen und Mädchen, Soldaten und Kinder beim Singen und schrieb Worte und Weisen der schönsten Lieder genauso nieder, wie ich sie gehört, ohne etwas wegzulassen oder zuzusetzen.«[103] So auch das Lied vom Mops und Paletot.

Möpse gab es schon im alten China, und der leicht taillierte Paletot ist ein zweireihiger Mantel aus dem 18. Jahrhundert. Das scheint schon einmal die Entstehungsgeschichte der Volkslieder einzuschränken. Vor dem 18. Jahrhundert war also nix mit dem Vers »Lebe glücklich, lebe froh, wie der Mops im Paletot«.

Aber es gibt da auch noch einen anderen Vers aus dem deutschen Volksmund: »Lebe glücklich, lebe froh, wie der Spatz im Haferstroh«. Und der könnte viel, viel älter sein, wie zeitgenössische Etymologen vermuten. Und sie verweisen auf den diebischen Mops in dem anderen Volkslied: »Ein Mops kam in die Küche und stahl dem Koch ein Ei. Da nahm der Koch den Löffel und schlug den Hund zu Brei.« Also: alles nur geklaut, wie schon die Prinzen um den mopsgesichtigen Sebastian Krumbiegel in ihrem Bekennervideo offenlegten?

Deutsche Sänger trieben schon immer ihre derben Späße mit dem Mops. Unvergessen die Variationen aus den Goldenen Zwanzigern, als Erwin Hartung mit dem Paul Godwin Tanz Orchester[104],

Hugo Fischer-Köppe mit Hans Schindler und dessen Tanz-Orchester[105] oder Fred Bird und Max Mensing[106] ihren *Maier Foxtrott* auf dem Grammofon knödelten, knarzten und schepperten: »Immer lustig, immer froh, wie der Mops im Paletot, denn die große Pleite kommt ja sowieso.«

Da mochte auch der in Deutschland allseits und immer beliebte Schauspieler Heinz Rühmann nach dem Krieg, als Swing nicht mehr verboten war, nicht zurückstehen und reimte im Kinofilm »Wenn der Vater mit dem Sohne« auf »…ot-komm-raus« 1955: »Und sie machen richtig flott, denn sie tanzen Swing und Hot und sind fröhlich wie der Mops im Paletot.«[107]

Dann doch lieber die nicht mehr so gebräuchlichen Mops-Sprichwörter: »Er amüsiert sich, wie der Mops im Tischkasten« und »Er amüsiert sich wie der Mops auf der Türklinke«. Denn beide beziehen sich nach dem deutschen Germanisten und Reformpädagogen Karl Friedrich Wilhelm Wander (1083–1879) und seinem renommierten Standardwerk *Deutsches Sprichwörter-Lexikon*[108] auf das Gesicht des Mopses und bezeichnen gähnende Langeweile.

57. GRUND

Weil Promis so beschissene Viecher haben

Manchmal kann es ganz hart und dicke kommen. Man sieht den *Clou* oder *Zwei Banditen* mit ganz anderen Augen, wenn man bei jeder Szene im Hinterkopf hat, dass es dieses blöde Foto von Paul Newman mit dem Männchen machenden Hund am Set gibt. Ausgerechnet Butch Cassidy lockt irgend so einen Struppi mit einem Leckerli im Wilden Westen.

Paul Newman ist leider kein Einzelfall. Hollywood war und ist voll mit Hunde-Fetischisten. Um nur einige Promis aus diesem

Hollywuff zu nennen: Humphrey Bogart und Lauren Bacall hatten einen Boxer. Grace Kelly einen Weimarer. Rita Hayworth einen Cocker Spaniel. Ebenso Brigitte Bardot und die junge Liz Taylor. Clark Gable strippte im Cabrio mit seinem English Setter über den Sunset, und Stan Laurel schmust richtig doof mit seiner Hündin Lady während einer Drehpause. Der harte Haudegen und erfolgreiche »Wrestler« Mickey Rourke trauert um seinen Chihuahua Loki und bekennt nach Jahren des Saufens etc.: »Manchmal, wenn man vollkommen einsam ist, ist das Einzige, was dir bleibt, dein Hund.« Johnny Depp machte seinem Namen alle Ehre und versuchte als Schleuser die beiden Yorkshire-Terrier Pistol und Boo nach Australien einzuschmuggeln. Und Ozzy Osbourne füttert auf seinem Anwesen in Los Angeles täglich 18 Hunde. Auf einen mehr oder weniger kommt es da nicht an, dennoch war der Rockmusiker »am Boden zerstört«, so seine Tochter Kelly Osbourne auf Twitter, denn »Little Bit, der Hund meines Vaters, wurde gestern Abend von einem Kojoten gefressen«.

Der wohl bedeutendste deutsche Hunde-Clown war und ist sicherlich immer noch Rudolph Moshammer mit seiner Daisy. Das ist nicht weiter schlimm, denn außer den Jacob Sisters hat kaum jemand Gescheites um Mosi nach dessen Tod gejammert. Auch war er kein Schauspieler und durfte nur klitzekleine Nebenrollen in vergessenen *Tatort*-Folgen spielen. Doch in seinem Hundewahn konnte er es mit jedem Hollywood-Star aufnehmen.

Kein Auftritt des »extravaganten Designers« (Wikipedia) ohne seine Hundedame Daisy, ein Yorkshire-Terrier-Weibchen mit dem berüchtigten, bei Irma La Douce/Shirley MacLaine geklauten Schleifchen auf dem Kopf. Der Hundefachzeitschrift *Stern* gestand Moshammer einst in einem erlauchten Interview, dass es nacheinander vier Hunde namens Daisy in seinem Leben gegeben habe. Die letzte Daisy hieß bürgerlich Irina de Pittacus.

Laut Wikipedia widmete er ihr »ein Buch und eine Webseite. Sie war auch Namenspatin für eine von Moshammer entworfene

Pflegeserie für Hunde.«[109] Und mit diesem Hundepflegeprodukt hätte er durchaus auch in Hollywood reüssieren können, war es doch eine Hund-und-Herrchen-Kosmetik, die man sich in extravagante Frisuren oder aber in das Fell seines Hundes schmieren konnte.

58. GRUND

Weil »mopsfidel«, also »Mops« und »fidel«, ein Widerspruch in sich ist

Schon mehrfach ist hier zur Charakterisierung des Mopses der gute alte Alfred Brehm zu Rate gezogen und zitiert worden. Also ruhig noch einmal und in aller Ausführlichkeit seine wahren Worte von 1869, denn diesem modischen Kurzatmer kann nicht oft genug vor die flache Schnauze gedroschen werden:

»Früher sehr verbreitet, ist der Mops gegenwärtig fast ausgestorben, zum Beweis dafür, dass Rassen entstehen und vergehen. Heutzutage soll das Tier besonders in Russland noch in ziemlicher Anzahl vorkommen; in Deutschland wird es nur hier und da gezüchtet und dürfte schwerlich wieder zu allgemeinem Ansehen gelangen, denn auch hinsichtlich dieses Hundes hat sich der Geschmack gebessert. Der Mops war der echte Altjungfernhund und ein treues Spiegelbild solcher Frauenzimmer, bei denen die Bezeichnung ›Alte Jungfer‹ als Schmähwort gilt, launenhaft, unartig, verzärtelt und verhätschelt im höchsten Grade, jedem vernünftigen Menschen ein Greuel. Die Menschheit wird also nichts verlieren, wenn dieses abscheuliche Tier samt seiner Nachkommenschaft den Weg allen Fleisches geht.«[110]

Unverständlich also auf den ersten Blick, was Vorbilder wie Loriot mit seinem »Ein Leben ohne Möpse ist möglich, aber sinnlos« aussagen und womöglich gutheißen wollte. Doch Vicco von

Bülow wäre nicht Loriot, wenn er nicht selbst hintergründig seine feinsinnige Erklärung in *Der Waldmops*[111] liefern würde: »Der sogenannte Mops genießt heute einen zweifelhaften Ruf als ringelschwänziges Schoßtier. Das war nicht immer so. Rekonstruktionen nach jüngsten Knochenfunden beweisen, dass der Mops durch blinden Züchterehrgeiz in den letzten fünfhundert Jahren nicht nur seine Nase völlig eingebüßt hat.« Einst war der Mops ein stattliches Waldtier mit einem mächtigen Geweih. Da dieses aber, so die historische Tierforschung, im Schoße der Damenwelt unpraktisch war und gewaltig störte, wurde es zurückgezüchtet, bis es in seiner damaligen Form gar nicht mehr vorhanden war und ist.

Von einer »mopsfidelen« Kreatur hier zu sprechen verbietet also schon die geringste Achtung, die ein Mensch vor der Natur in ihrer Ursprungsform zu haben hat.

Loriot ist rehabilitiert, die Mops-Freunde müssen nun ihrerseits ihr eingedelltes Maul halten, und selbst Feministinnen aller Schattierungen, egal ob hundefeindlich oder hundefreundlich, sehen in den locker hingeworfenen Sprüchen über gewaltige Möpse keine frauenfeindliche Diskriminierung mehr.

Lediglich auf den österreichischen Dichter und Schriftsteller Ernst Jandl sei hier noch hingewiesen, der in einem wunderschönen Lautgedicht sich des »o«s vom Mops bediente, sein fideles Sprachspiel um »Ottos Mops« trieb und zelebrierte, um dann schließlich den Mops kotzen zu lassen.[112]

59. GRUND

Weil Hunde-Boutiquen total nerven

Man weiß nicht, wen man mehr verachten soll. Den »Karlie Flamingo Napf Times Square mit Glööckler-Krone, schwarz, designt by Harald Glööckler«, ein Hunde-Fressnapf für schlappe € 24,94, oder den fleischgewordenen Plunderkönig selbst. Wird Harald Glööckner im Netz auf der Seite »LuxuryDogs« doch wie folgt angepriesen: »Inspiriert von seinem Liebling Billy King, gibt es die extravaganten Designerstücke von Harald Glööckler jetzt für alle Vierbeiner. Die Kollektion Dog Couture ist perfekt auf die Bedürfnisse Ihres Hundes zugeschnitten: durchdacht und funktional, dabei gleichzeitig edel, glamourös und hochwertig. Eben genau wie Harald Glööckler!«[113]

Weiter im Angebot: Strassleine und Strasshalsband »Rive Gauche«, die Hundeleine »Kampen«, der Reise-Schlafplatz »Monte Carlo« oder der Hundemantel »Ascot«. Die Preise bewegen sich um die 25 Euro. Einzige Ausreißer sind das Hundekissen »Milano« für reduzierte 65 und das Hundebett »Portofino« für ebenfalls reduzierte 120 Euro. Glööckler ist der Hundebutiker für Arme. Er spielt in der Zweiten oder Dritten Liga der Hundeausstatter.

Dass es auch anders geht, zeigt Frederike Koko de Jong von Knebel. Das Koko von Knebel-Firmenmotto »Every dog is a star«[114] steht über allem. Sieben Edel-Hundeboutiquen betreibt die fitte Adlige zwischen Sylt und Marbella. Ein Fressnapf heißt hier natürlich nicht Fressnapf, sondern Collectors Bowl. Die Erklärung wird auch gleich mitgeliefert: »Der Collectors Bowl von Koko von Knebel ist die weltweit einzige Sammel-Speiseschale aus Porzellan für Vierbeiner.« Warum das so ist, leuchtet auch sofort ein. Denn ein »Collectors Bowl ist mehr als nur ein simpler Napf. Er ist ein kleines Kunstobjekt, das mit Echt-Platin, bzw. Echt-Gold dekoriert ist und mit viel Liebe zum Detail entworfen wurde.« Und es kommt noch dicker: »Der Bowl wird in limitierten Auflagen in einer der ältesten Europäischen Porzellan-Manufakturen, gegründet 1794, hergestellt.« Der »Collectors Bowl #13+ – Blingmania Platinum – Masterpiece!« kostet stolze 699 Euro. Peanuts für den Hundehalter von Welt.

Auch die Halsbänder sind nicht ohne: »KvK Masterpiece – XXL Totenköpfe«, das dezent für 249 Euro angepriesen wird: »Dieses

Halsband besticht eindeutig durch die außergewöhnlichen, auffallenden Besätze. Die Skulls sind 24 Karat vergoldet bzw. 925 versilbert und haben zwei farbige Swarovski-Steine als Augen.« Swarovski-Totenköpfe, ein absolutes Muss für jeden St.-Pauli-Fan mit und ohne Hund.

Die »Kuschelhöhle Polar Bear« (44,90 €) ist zwar nett, aber längst nicht so komfortabel wie die »Logomania Artleather Luxus Lounge«, die in den Maßen 80 x 60 cm ab 899 Euro zu erstehen ist. Für »den, der das Besondere sucht …!« wird das Preis-Leistungs-Verhältnis überzeugend erklärt: »Unsere Luxus Lounge Logomania ist stylish, modern und klassisch zugleich. Eine bestickte Lounge der Extraklasse, die zu einem schmückenden Möbelstück avanciert.«

Der Hund trägt Prada. Glanz und Gloria, Chic und Charme, Beauty und Bravour – alles vom Kleinsten bis zum Feinsten. Es ist einfach nur widerlich und zum Tollwut kriegen.

60. GRUND

Weil jeder geklonte Hund einer zu viel ist

Die *Süddeutsche Zeitung* ist ein feines und ehrenwertes Printprodukt, mitnichten Lügenpresse, und manche halten das Blatt sogar für ein investigatives Leitmedium. In einem wunderschönen Beitrag des Kollegen Jan Stremmel berichtete die Zeitung am 26.11.16 über die »Wiedergeburt für 80.000 Euro«.

Obwohl es schon fast Vorweihnachtszeit und der Vorabend zum 1. Advent war, ging es nicht um die erstaunliche Osmose[115] bei der Jungfrau Maria, sondern berichtet wurde vom Hunde-Klonen in Südkorea, auch einer Geburt der besonderen Art. Versteckt zwischen den Zeilen in dieser anderen Schöpfungsgeschichte blitzte immer wieder eine feine, hinterhältige Ironie auf.

Die Fakten selbst sind schnell zusammengefasst und wiedererzählt: Marktführer beim internationalen Wettlauf um das Klonen von Hunden wurde, nachdem 2009 in den USA die »BioArts International« wegen Wettbewerbsverdrängungen aus dem Geschäft ausgestiegen sind, das kleine asiatische Land mit seiner unerschöpflichen Hundeproduktion. Die bigotten Amis traten beleidigt nach: »Mit den ›geringen ethischen Standards‹ in Südkorea könne man nicht länger konkurrieren.«[116] Nummer eins ist seitdem die Firma »Sooam Biotech« in Seoul.

Das Geschäft boomt. Vor allem »reiche Amerikaner und Russen, Typ Oligarch mit Yachthobby« zählen zu den Kunden. Laut *SZ* behauptet der koreanische Firmensprecher Jae Woong Wang flech und flei, flisch und flomm: »Wir machen Menschen glücklich. Wenn jemand ein Familienmitglied verloren hat, geben wir ihm die Möglichkeit, mit einer genetischen Kopie weiterzuleben.« Wie das so geht, wird knapp und klar auf der eigenen Homepage im schlichten Englisch international dargestellt[117]:

»When your dog has passed away, DO NOT place the cadaver inside the freezer. Then, patiently follow these steps:
- *Wrap the entire body with wet bathing towels.*
- *Place it in the fridge (not the freezer) to keep it cool.*
- *Please take into account that you have approximately 5 days to successfully extract and secure live cells.«*

So far – so good. Aber die *Süddeutsche* wäre nicht die gute, alte *Süddeutsche Zeitung*, wenn sie nicht zu Beginn der wunderschönen kleinen Geschichte politisch, journalistisch und presserechtlich korrekt im Vorspann den mahnenden Zeigefinger gehoben hätte: »Über das skrupellose Geschäft mit der Trauer von Tierfreunden.«

Nachtrag:
Dass es auch ganz anders und ohne zwielichtige Entschuldigung geht, zeigte um die gleiche Zeit im November 2016 die *Bild* mit einer kleinen, aber groß aufgemachten Meldung um die Englische Bulldogge Roscoe des Formel-1-Fahrers Lewis Hamilton. Zwar würde das vierbeinige Klumpvieh bei keinem Schlittenrennen je angespannt werden, geschweige denn bei einem Formel-1-Rennen hinterherlaufen dürfen, aber Hamilton ließ zur Freude der Nachwelt und ohne Scham und Gewissensbisse Roscoes Sperma einfrieren: »Wegen einiger Schwierigkeiten mussten wir Roscoe kastrieren. Da er aber die hübscheste Bulldogge ist, habe ich entschieden, sein Sperma vorher einfrieren zu lassen, damit er Nachwuchs haben kann, wenn die Zeit gekommen ist.«

Bleibt nur die Frage, bei welchem Boxenstopp und von welchen Mechanikern Roscoe gemolken wurde.

61. GRUND

Weil BowLingual wahrlich asiatischer Bullshit ist

Der selbst ernannte Hundeflüsterer Martin Rütter hat ein Buch geschrieben, das witzig sein soll: das Langenscheidt-Wörterbuch *Hund–Deutsch/Deutsch–Hund*. Mitnichten ist es ein Wörterbuch und auch nur krampfhaft amüsant. Dabei hätte Rüter im deutschsprachigen Raum durchaus Geschichte schreiben können. Hat er aber nicht.

Die Asiaten sind da schon viel weiter: バウリンガル heißt ihre Zauberformel auf Japanisch. Für den nordamerikanischen Markt hat sich der Begriff »BowLingual« durchgesetzt, was im Rütter-Deutsch »Wuff-Grrr-Wuff-sprachig« hätte heißen können. Es ist ein Hundestimmenübersetzer der Firma Takara aus Tokio, den der Japan Trend Shop für Deutschland überzeugend in den Farben Grün, Blau oder Pink anpreist: »Wollten Sie schon immer wissen, was Ihr Hund sagt? Nun, jetzt können Sie das! […] Befestigen Sie das kleine Deutungsgerät am Halsband Ihres Hundes und schalten Sie den tragbaren Lautsprecher ein.«[118] Obgleich das *Time Magazine* den Hundesprach-Übersetzer als »Best Invention of 2002« kürte und die Erfinder Keita Satoh, Dr. Matsumi Suzuki and Dr. Norio Kogure für irgendeinen Nobelpreis für ihre »Förderung von Friede und Harmonie zwischen den Spezies« vorgeschlagen waren, hat das praktische Gerät einen klitzekleinen Nachteil:

Es übersetzt die Hundesprache nur ins Japanische. Und eine Rückübersetzung in die Hundesprache ist auch nicht möglich. Hier muss der deutsche Hundehalter schon auf sein gewohntes Alltagsvokabular zurückgreifen: »Sitz! – Platz! – Fass!«

62. GRUND

Weil Hunde in der Werbung nichts zu suchen haben (Teil II)

Die Deutsche Bank, das sind die mit den Peanuts, wirbt für ihre »Deutsche Bank Mobile«-App, das bequeme Banking »für Ihr Smartphone«. Der Handy-Slogan lautet: »Die volle Kontrolle in einer Hand.« Dazu ein Smartphone in einer Hand. Klar, das passt und ist stimmig.

Aber weil Werbeheinis eben Werbefuzzis sind, reicht ihnen dieses Sinnbild noch lange nicht. Eine Frau muss noch mit ins Bild, und natürlich auch ein paar Hunde. Die brünette Frau strahlt und lässt auch ihre Zähne strahlen. In ihrer rechten Hand hat sie drei Hundeleinen, die locker durchhängen und an denen drei Hunde befestigt sind: ein Border Collie, ein Labrador und ein Münsterländer. Soll heißen: Die strahlende Frau führt leicht und locker drei Upperclass-Hunde aus und hat »die volle Kontrolle in einer Hand«.

Das Ganze erinnert an einen Gassi-Service, und hier wird die sorgfältig durchdachte Werbung kontraproduktiv. In Hunde-Tagesstätten geben gestresste Hundebesitzer morgens ihre Hunde ab, um sie nach Feierabend wieder in Empfang zu nehmen. Ausgeführt werden sie zweimal am Tag von studentischen Hilfskräften, die routiniert Tierliebe vortäuschen, denen die Köter aber in Wirklichkeit völlig gleichgültig und pupsegal sind. Und leicht und locker geht es schon gar nicht zu. Die Hunde zerren in verschiedene Richtungen. Einer will am Baum pinkeln, eine andere einen frisch gesetzten Kothaufen beschnüffeln, der dritte denkt nur an das eine und will die Leinen-Nachbarin besteigen. Nummer vier will fressen, fünf kläfft vor sich hin und Nummer sechs jagt in Ermangelung anderer Feinde, seinen eigenen Schwanz. Und die studentische Hilfskraft vom Gassi-Service ist nur genervt, brüllt herum und reißt ihrerseits ruckartig an allen Leinen. Chaos pur und alles andere als »volle Kontrolle in einer Hand«.

Hätten sich doch die wirklich Kreativen in der Agentur durchgesetzt. Dann wäre zu der rechten Hand mit dem Handy die linke hinzugekommen: Und in die halb geöffnete Hand rieselt ein steter Strom von Erdnüssen, ebenjenen berühmten Peanuts des ehemaligen Vorstandsvorsitzenden Josef Ackermann.

63. GRUND

Weil sie so bescheuerte oder entlarvende Namen haben

Bei der Namenswahl ihrer künftigen Kinder zerbrechen sich hiesige Familien vor der Geburt schwer den Kopf. Wohlklingend soll der Name sein, liebevoll tönen, aber auch die Möglichkeit in sich haben, mit einem gestrengen Unterton ausgesprochen zu werden. Sie sollen nicht zu exotisch, zu abgehoben, zu rustikal und altdeutsch sein. Gerne genommen werden Namen von Fußballidolen, Schlagersternchen und Schauspielern. Versager, Verbrecher und Politiker gehen als Vorbild und Namensgeber schon gar nicht.

Ganz anders bei den Hunden: Hier wird die deutsche Eiche im Dorf gelassen, die zierliche Blume im Bordell oder der Gucci-Tasche. Ein Bushido für einen Pitbull sagt schon alles. Auch ein verklärtes Blondi für den Deutschen Schäferhund. Oder der schnuckelige Name Daisy für jeden Yorkshire-Terrier.

In nah und fern tummeln sich, hinterm Deich und im hügeligen WorldWideWeb, inspiriert von Flora und Fauna, aber auch durch Film und Fernsehen, eine unüberschaubare Zahl von selbst ernannten Hundenamensfindern und -erfindern. Jährlich gibt es in der Presse ein Namensranking, das sich auf kreative Untersuchungen der einzelnen Hundelobbyisten beruft oder von den PR-Abteilungen diverser Futterhersteller stammt. Immer wieder tauchen für die einzelnen Rassen die gleichen Namen auf, die dann für die Rangliste ausgewürfelt werden:

- Deutscher Schäferhund: Hasso, Gero, Senta, Asco, Lady, Nova, Rex
- Englische Bulldogge: Nero, Aslan, Murphy, Lana, Leia, Tommy, Bruno
- Jack Russel Terrier: Kalle, Moose, Skip, Paul, Ozzy, Matilda, Amanda
- Dackel: Bodo, Waldi, Theo, Jule, Judy, Hummel, Franzi
- Husky: Balto, Nikita, Alpha, Mephisto, Benny, Yuma, Nanouk
- Beagle: Luna, Snoopy, Chester, Jacky, Johnny, Amy, Charly
- Münsterländer: Biermann, Bella, Stella, Luna, Camillo, Hair, Molly
- Labrador: Buddy, Seamus, Buster, Coco, Kira, Fiete, Odin
- Pudel: Charley, Josephine, Aristoteles, Ludwig, Cindy, Zorro, Muschi
- Greyhound: Blitz, Lassi, Pfeil, Sprinter, Speedy, Zorro, Harry.

Die Liste ließe sich beliebig fortsetzen, entbehrt aber jeder empirischen Grundlage. Begibt man sich allerdings an einem sonnigen Vor- oder Nachmittag auf eine der städtischen Hundewiesen, so kann man alle diese Hundenamen deutlich hören. Laut, lauter und sehr laut. Und jeder Name wird mit einem zusätzlichen Sitz, Platz, Fass – je nach Situation – versehen. Nur wenn es um die Beseitigung der Kothaufen auf der Wiese und in der benachbarten Sandkiste geht, will es wieder keiner gewesen sein. Weil: Weder Hasso noch Muschi machen so etwas, und Biermann und Bodo erst recht nicht.

Wahrscheinlich waren es die Kinder selbst, denn deren beliebteste Namen waren 2016 Elias und Marie. Hat doch Elias das erschrockene »mein Gott« in sich, und Marie bedeutet nichts anderes als »die Widerspenstige, die Ungezähmte«.

64. GRUND

Weil nasse Hunde noch stärker stinken als eh schon

Der Geruchssinn eines normalen Hundes, streunende Straßenköter eingeschlossen, ist im Vergleich zum Menschen etwa eine Million Mal größer. Sie haben schlicht mehr Riechzellen. Und sie können ihre Geruchsorientierung mit kurzen Atemzügen von bis zu 300 Mal in der Minute erheblich steigern. Ihr Riechhirn, also ihre zentrale Riech- und Gestanksverwaltung, ist riesig. Es macht zehn Prozent des Hundehirns aus. Obendrein riechen Hunde stereo. Ihre Nase kann zwischen rechts und links unterscheiden.[119]

Aber sie können mit ihrem empfindlichen Riechkolben nicht zwischen vorn und hinten differenzieren. Daher stellen sich Hunde mit ihren zimperlichen Nasen immer einer steifen Brise entgegen.

Damit sie ihren eigenen Urgestank nicht riechen müssen, ihren Dosenfutter-Mundgeruch nicht in die hochneurotische Nase bekommen und ihnen ihre eigene Flatulenz nicht hundearschaufwärts ins Riechhirn geblasen wird.

Schon der olle Brehm hat es gerochen und beschrieben: »Beachtenswert scheint das starke Vorgefühl des Hundes bei Veränderung der Witterung. Er versucht deren Einflüsse im voraus zu begegnen, zeigt sogar dem Menschen schon durch einen widerlichen Geruch, den er ausdünstet, kommenden Regen an.«[120]

Aber was ist schon eine widerliche Geruchswarnung gegen den modrigen Gestank der fortschreitenden Fäulnis, die einem Hundefell bei strömendem Regen entströmt. »Es ist die Hundehaut, die unsere Liebe bei schlechtem Wetter immer wieder auf die Probe stellt. Es ist Talg, ein öliges Sekret, das von Drüsen produziert wird.« Das zumindest behauptet die öffentlich-rechtliche ARD gemäß dem Bildungsauftrag ihrer Ratgebersendungen *Wissen–Kultur* in der Sendung vom 7. November 2014[121]. Wissenschaftlich und kulturell menschelnd geht es weiter: »Dieses Sekret wirkt wie eine Art Schutzfilm vor Bakterien, aber auch vor Nässe, und ist damit extrem wichtig für den Schutz der Haut und des Fells des Hundes. Das Fell wird durch die Haartalgdrüsen ständig leicht gefettet. Und je nasser der Hund wird, umso mehr Talg wird produziert. Und dabei lösen sich auch vermehrt Duftstoffe. Das stinkt uns Menschen gewaltig. Denn der Talg bestimmt den Körpergeruch des Hundes. Und bei einer vollen Ladung dieser Duftstoffe rümpfen wir Menschen eher mal das Näslein. Eigentlich komisch. Denn auch wir Menschen besitzen Talgdrüsen.«

Und als Hundebesitzer stinken diese dann mit ihren geliebten, vierbeinigen Stinkstiefeln gemeinsam um die Wette.

6. GEBOT FÜR HUND UND HALTER

MACH KOHLE

65. GRUND

Weil hier richtig miese Kohle gemacht wird

Für Hundefutter zahlten die Deutschen 2010 rund 834 Millionen Euro, für Babynahrung lediglich um die 556 Millionen. Diese beiden Zahlen nur einmal so zur Einstimmung. Es ist schwirig, bei den Hunden an genaue Zahlen zu kommen. Die Hundelobby hat überhaupt nicht die Nase vorn, wenn es um konkrete, aber belastende Zahlen zu ihren Lieblingen geht. Da halten die Interessenvertreter lieber ihre Schnauze im selbst verpassten Maulkorb. Dennoch kommt so manche Schandtat heraus.

Die letzte wissenschaftlichen Untersuchung stammt von der Universität Göttingen. Renate Ohr, Professorin für Volkswirtschaftslehre, hat die Fakten zusammengetragen. Die Zahlen sind nicht mehr aktuell, zeigen aber den Trend. Sie stammen aus dem Jahr 2014:

- 6,9 Millionen Hunde gibt es in Deutschland.
- 4,6 Milliarden Euro sind der jährliche Umsatz bei der Hundehaltung.
- Knapp 100.000 Arbeitsplätze sind im Hundesegment angesiedelt.
- 9,5 Millionen erwachsene Deutsche haben einen Haushalt mit Hund.
- Für insgesamt 1,3 Milliarden Euro schlabbern deutsche Hunde fertiges Futter aus ihren Fressnäpfen.
- Hinzu kommen noch einmal 330 Millionen Euro für selbst erstelltes, nicht industriell gefertigtes Futter.

- Tierärzte, -heilpraktiker und -physiotherapeuten verdienen an Hunden etwa 1,1 Milliarden Euro im Jahr.
- Jährlich werden etwa 575.000 bis 600.000 Rasse- und Mischlingshunde gezüchtet und verkauft. Der geschätzte Umsatz liegt bei 300 bis 350 Millionen Euro.
- Etwa 650.000 deutsche Hundebesitzer lieben ihre deutschen Hundevereine, die einen geschätzten Umsatz von 35 Millionen Euro machen.
- Hundeausstellungen bringen an Eintrittspreisen und Käufen an den Messeständen etwa 8,5 Millionen Euro.
- Hundehaftpflicht- und Hundekrankenversicherung schlagen mit rund 435 Millionen Euro zu Buche.
- Für Hundepensionen, Hundehotels und Hundetagesstätten (mittlerweile gibt es 150 bis 200 Hutas in deutschen Großstädten) werden pro Jahr 56 Millionen Euro ausgegeben.
- Hundepriester kassieren für Bestattungen, Gräber und Grabreden 29 Millionen Euro.
- Die 2.300 Hundeschulen kommen auf einen Jahresumsatz von 75 Millionen Euro.
- Die Kosten für Hundefriseure werden inklusive Ausbildung zum Tierfriseur mit 65 Millionen Euro aufgeführt.
- Beachtlich auch das Geschäft mit Hundebüchern, -zeitschriften, -shows und -fernsehsendungen: 60 Millionen Euro.

Neben all diesen Zahlen wirken die neuesten Errungenschaften auf dem Hundemarkt, etwa Bernsteinketten gegen Zecken, vegane Hundeknochen oder das Frozen Joghurt für Hunde, von den Buden einer Koko von Knebel ganz zu schweigen, all das wirkt wie ein lästiger, aber zu vernachlässigender Hundefloh oder -schiss. Die Wahrheit dieses gewaltigen Wirtschaftszweiges ist so viel gruseliger und grausamer.

66. GRUND

Weil Pullover aus Hundehaaren so schrecklich in sind

Berlin kämpft an vielen Fronten: Im Prenzlauer Berg geht es gegen die Schwaben, im ganzen Rest der Hauptstadt gegen die Berge von Hundekot. Und jetzt macht sich ein neuer Trend breit: In den Parkanlagen der Stadt, an den Ufern von Havel, Spree und Landwehrkanal wird gebürstet, was ein Hundefell nur so hergibt. Hundehalter bürsten um die Wette und scheren sich um nichts. Und die Hundehaare werden natürlich liegen gelassen und nicht von Herrchen und Frauchen entsorgt.

Aber es gibt sie, die Saubermänner der Hauptstadt und anderer Städte. Unter Flaschensammlern, Obdachlosen, Hartz IV-Empfängern und Rentnern mit Grundsicherung hat sich diese illegale Fellbürsterei längst herumgesprochen. Schon lange ist das »haarige Gold« kein Geheimtipp mehr. Sie sammeln alles ein, was vom Hundefell so übrig bleibt. Sie verticken es an ortsansässige, alternative Spinnereien. Konkurrenzlos. Noch hat es, anders als in der Flaschensammler-Szene, keine Revierkämpfe um die Hundehaar-Bürstplätze gegeben.

Zwar müsse er sich tiefer bücken als beim Flaschensammeln aus den städtischen Mülleimern, aber der Warentransport der eingesackten Beute gehe längst nicht so sehr auf den Rücken wie bei den schweren Flaschen. So berichtet es ein emsiger Hundehaar-Sammler, der aber seinen Namen aus Angst vor Behörden-Willkür und Jobcenter-Sanktionen nicht nennen will. Nur so viel ist ihm noch zu entlocken: »Ich habe da eine nette Frau am Kollwitzplatz, die hat einen Wollladen. Und für ihre Spinnkurse braucht sie immer frische Hundewolle.« Nur zu den Preisen will der Informant – verschmitzt lächelnd – keine Auskunft geben.

Auskunftsfreudiger ist da schon die gebürtige Finnin Asna-Regina Groß, die seit 1978 in Berlin lebt: »Hundewolle isoliert sehr gut gegen Kälte und Feuchtigkeit. Es ist sehr leicht, leichter als Schafwolle. Jacken, Mützen, sogar Decken entstehen aus diesem edlen Material. Für 100 Gramm Spinnen erlaube ich mir 12,00 Euro zu berechnen. Die Wolle wird kardiert, gesponnen (zweifädig) und gewaschen. Sie bekommen strickfertiges Garn.«[122]

Hundesalons sind längst auf den lukrativen Zug aufgesprungen. So wirbt etwa der »Hunde Salon & more – Tatzenhof«[123] in Gerwisch bei Magdeburg mit dem schönen Slogan »Respekt vor der Natur« für die Hundewolle aus seiner Spinnstube: »Zur Herstellung von Strickgarn aus Hundewolle eignet sich NUR die weiche wärmende Unterwolle, die Hunden mit einem doppelten Haarkleid im Fellwechsel ausgekämmt wird.«

Aber es gibt sie auch, die schwarzen Schafe unter den Hundefriseuren. Sie scheren mehr Hundehaare ab als unbedingt notwendig. Aus purer Habgier machen sie die Hunde richtig nackig, um an den Spinnstoff heranzukommen, um ihr »Golden-Garn« vermehrt zu sammeln. Der »Verband deutscher Hundefriseure«[124] sieht diesen Trend mit großer Sorge und warnt vor den »Hundehaardieben«.

Dennoch: Die Nischenproduktion mit Hundemützen und -pullovern boomt. Einziger Nachteil bei dieser Hundewollstrickprodukten: Regnet es und die Wolle wird nass, fängt es fürchterlich – zurück zur Natur – an zu stinken.

67. GRUND

Weil ein Marderhund kein Waschbär ist

Tierschützer wie die Leute von »Vier Pfoten« oder so sind immer entsetzt und schlagen ununterbrochen Alarm, wenn es um das Wohl der Hunde geht. Da kennen sie keine Gnade und legen sich auch mutig und verbissen mit ganzen Wirtschaftszweigen an. Immer wieder beliebt: die Pelztier-Branche.

Egal ob Bommel auf der Mütze oder Pelzkragen an der Winterjacke, ein Skandal ist es immer. Frei nach dem Motto »Kein Einkaufsort, wo Pelztiermord« wird die Werbe- und Aktionstrommel gerührt. Und die große Empörung hält sich strikt an einen dramaturgisch ausgearbeiteten Ablaufplan in fünf Phasen oder Akten:

- Phase eins, I. Akt – der Aufreger: Die Pfoten-Aktivisten spüren irgendwo in Deutschland Fellkapuzen berühmter Modelables in Edelboutiquen auf. Der Verkauf allein ist schon ein Skandal. Aber es kommt noch schlimmer und dicker. Der Pelz ist, wenn er denn überhaupt als Pelz ausgewiesen ist, als »Waschbär«, als »Russian« oder »Chinese Raccoon« gekennzeichnet. Nicht aber haben die Einzelhändler mit »Vier Pfoten« gerechnet, denn eine große Lüge, ein gewaltiger Betrug wird von den Tieraktivisten aufgedeckt: Der Waschbär ist kein richtiger Waschbär, sondern ein Marderhund. Ein Hundefell schmückt den Kragen, ein Hund sitzt auf der Mütze.
- Phase zwei, II. Akt – der Hintergrund: Zwar weiß jeder, der sich ein wenig mit Pelzen beschäftigt oder einmal bei Wikipedia gestöbert hat[125], dass dem Bären ein Hund aufgebunden wurde. In China, dem größten Fellproduzenten der Welt, werden in riesigen Käfigfarmen Marderhunde für die Pelzverarbeitung gezüchtet. Wieder ein Grund, auf allen vier Pfoten einen Aufschrei auszustoßen: Diese Tierhaltung ist unmenschlich.
- Phase drei, III. Akt – der Sachverständige: In jeder Kampagne gibt es den Sachverständigen. Einer, der zu allem eine fundierte Meinung hat, ist der Trendforscher. Er kann mit einfachen Worten den Wandel in der Pelz-Branche aufzeigen: von kritikloser Beliebtheit ganzer Pelzmäntel über die Ablehnung dieser tierquälerischen Mode bis hin zur langsamen, aber durchaus kritischen Akzeptanz von einzelnen Pelzstücken. Gern genommen wird hier von Tierschützern und kritischen Journalisten Peter Wippermann vom Trendbüro Hamburg[126].

- Phase vier, IV. Akt – die empörte Zusammenfassung: Hier wird noch einmal alles zusammengefasst und durcheinandergewirbelt, damit die Empörung über den gehäuteten und ausgeweideten Marderhund richtig unter die Haut geht.
- Phase fünf, V. Akt – die Lösung: Aber »Vier Pfoten« oder andere Tierschützer sind vom Fach und haben auch eine Lösung parat: den Kunstpelz. Dieser wärmt des kleinen Tierfreundes Herz und Haut.

Und tatsächlich hat der Kunstpelz einen entscheidenden Vorteil gegenüber den Marderfellen: Er stinkt garantiert nicht nach Hund. Und überhaupt: There is no business like dog-business.

68. GRUND

Weil die vier Jacob Sisters zu viele Pudel verbrauchten

Bild kann Satire. Täglich stellt es Franz Josef Wagner unter Beweis, doch der Mann mit der Zahnlücke ist nicht alleine in der Redaktion. Einer schwierigen Aufgabe stellte sich der *Bild*-Redakteur Jörg Ortmann am 23. September 2014, als er die drei Tags »Pudel – Jacob Sisters – Verkehr« zu einem filigranen Kunstwerk formte:

»Es zerreißt ihr das Herz! Sängerin Rosi Jacob (72, ›Jacob Sisters‹) in Trauer. Ihr geliebter Pudel Snoopy (†14) ist tot. Überfahren. Von einem Fan der Entertainerin. Es war ein Unfall. Rosi mit zittriger Stimme: ›Er wollte doch nur spielen.‹ Es passierte vor ihrer Haustür in Dreieich. Sie: ›Snoopy rannte aus dem Haus. Ich hinterher. Er flitzte über die Straße, wollte zum Nachbarhund. Ihm ein Küsschen geben.‹ Auf dem Rückweg, die Tragödie. Rosi: ›Eine Frau winkte mir aus ihrem Auto zu. Sie freute sich, weil sie mich erkannte. Sie hat nicht auf die Straße geguckt. Snoopy wurde überrollt. Er hat fürchterlich geschrien.‹ […] ›Mein Hund war so schwer verletzt, dass er eingeschläfert werden musste. Ich habe nur geheult.‹ Sie wird ganz nachdenklich: ›Erst stirbt Hannelore ganz unerwartet, dann kriegt Johanna Demenz, ist jetzt in einem Pflegeheim, wo ich sie zweimal in der Woche besuche. Jetzt wird mein Hund getötet. Ich kann nicht mehr. Es kostet alles so viel Kraft.‹«[127]

Chapeau, Herr Kollege. Doch eine kleine, neidvolle Meckerei am Rande: Jacob Sisters und Pudel, das läuft immer, ist der sogenannte Running Gag, ist ein satirisches Perpetuum mobile. Ihr Markenzeichen waren die vier Pudel, mit denen sie seit 1960 ununterbrochen auftraten.

Johanna, Rosi, Eva und Hannelore waren während ihrer Karriere, glaubt man denn der Fachpresse, nie ausgewechselt oder erneuert worden. Sie gingen den normalen Gruppenweg: Vom Quartett übers Trio zum Duett. Und die Pudel waren mit ihnen immer auf der Bühne.

Pudel leben etwa 12–15 Jahre. Großstadtstress mag diese Lebenserwartung verkürzen. Ebenso kratzt nachweislich eine öffentliche Zurschaustellung am Alter. Der Philosoph Arthur Schopenhauer hatte zeit seines Lebens immer einen Pudel, der den gelehrten Herrn auf Schritt und Tritt begleitete. Alle zehn Jahre war Schluss mit lustig und Schopenhauer legte sich ein neues Exemplar zu.

Das internationale Show-Leben der Jacob Sisters war sicherlich längst nicht so betulich wie das des lustwandelnden Gelehrten. Zwar ist nicht viel über ein ausschweifendes Backstage-Leben der Schwestern und ihrer Pudel bekannt, aber dass so mancher Hundeknochen auf und nach den Auftritten gerockt wurde, davon ist auszugehen.

Bei den Sisters kann man von einer Kernarbeitszeit ihrer geliebten Plüschtiere von fünf bis acht Jahren ausgehen. Rosis Snoopy mit seinen 14 Jahren (s.o.) war sicherlich nur ein Ausreißer nach oben.

Nehmen wir also sieben Jahre als Mittel für die »Pudel on stage«, so macht es bei einer aktiven Karriere von 1960 bis 2010 über den Daumen sieben Pudel pro Schwester. Also zusammen 28 Pudel, die

für die ehemaligen »Schmannewitzer Heidelerchen« ihren Dienst
an der Schunkelmucke tätigten.

69. GRUND

Weil Mops-Prozesse nicht vor Gericht gehören

Zivilprozesse sind in der Regel eher langweilig. Kläger und Beklagte, meist nur vertreten durch ihre Anwälte, stehen sich an zwei Tischen oder Pulten gegenüber und verweisen auf diesen oder jenen Schriftsatz in der Anlage zwei, drei oder vier. Woraufhin von der Gegenseite gekontert wird: »Genau dieses widerlegen wir aber mit dem umfangreichen Gutachten in Anlage fünf.« Außer den direkt Beteiligten hat kein Mensch einen Schimmer, worum es überhaupt geht. Daher sind Zivilprozesse bei Gerichtsreportern eher unbeliebt und tauchen in der täglichen Berichterstattung so gut wie nie auf.

Ganz anders hingegen, wenn zivilrechtlich um einen Hund vor Gericht gestritten wird. Und handelt es sich gar um einen Mops, hechelt selbst die überregionale Presse diesem Termin hinterher: Mops-Parade vor dem Amtsgericht Ingolstadt. Drinnen soll um Schadensersatz für einen kranken Mops verhandelt werden. Es geht um 10.000 Euro Tierarztkosten. Mops Ronja soll falsch gezüchtet worden sein.

Drinnen ist noch nicht viel los. Draußen hingegen ist Action pur auf zwei und vier Beinen. Mops und Mensch demonstrieren für Mops Ronja, die leider nicht zum Prozess erscheinen konnte. Herrchen Jürgen Pflaum erklärt bereitwillig der versammelten Presse warum: »Ronja ist ein Pflegefall. Das wäre zu anstrengend für Ronja gewesen, sie verträgt keinen Stress.« Stressig geht es fürwahr vor dem Gerichtsgebäude zu: Neun Möpse werden von einer Unterstützergruppe telegen in die Kameras gehalten. Allen voran

Käfer-Witwe Uschi Ackermann mit Mops Sir Henry, die den langen Weg von München nach Ingolstadt nicht gescheut haben. Gemeinsam wünschen sie sich Gerechtigkeit: »Henry und ich, wir engagieren uns sehr stark gegen die Welpenmafia, weil das ist so schlimm. Auch gerade in Deutschland, ganz stark verbreitet. Das sind nicht nur diese auswärtigen LKWs, die über die Grenzen kommen. Sondern in Hinterhöfen, in Kellern … Es gibt ja Mops-Mütter, die haben noch nie Tageslicht gesehen. Das müssen Sie sich einmal vorstellen.«[128]

Ja, das muss man sich einmal vorstellen, was auch deutsche Hundezüchter mit dem deutschen Mops machen, damit der deutsche Modehund dem Mops-Ideal entspricht. Der »Welpenlook« soll ein Hundeleben lang erhalten bleiben: großer Kopf, platte Schnauze, Kulleraugen. Der *Spiegel* brachte es in seiner Ausgabe vom 11.3.2017 für den Mops und seine Konsorten wie Englische und Französische Bulldogge auf den Punkt: »Zunge und Zähne [sind] zu groß für das verbliebene Maul, die Augenhöhlen zu flach, die Luftröhre ist zu eng oder der Kehlkopf zu weich.« Atemnot ist die Regel, und auch sei es nicht ungewöhnlich, dass die Kulleraugen aus den zu flachen Höhlen ploppen.

Bei Ronja aus Ingolstadt kommt noch eine Hirnhautentzündung und »Pug Dog Encephalitis« (PDE) hinzu, eine Krankheit, die meist epileptische Anfälle, Blindheit und Koordinierungsprobleme mit sich bringen kann. Die bisherigen Tierarztkosten belaufen sich auf 10.000 Euro. Die Züchterin von Ronja soll diese Summe wegen falscher Mops-Zucht an den Mops-Käufer zahlen. Doch so mopsfidel, wie es sich Ronja Eltern mit ihrer Forderung vorstellen, wird das Urteil wohl nicht ausfallen. Das deutete das Gericht schon einmal für die Verkündung zum 31. Mai 2017 an.

Und dann werden sie alle wieder da sein: die Möpse mit ihren verrückten Liebhabern und auch die überregionale Presse, die dann noch einmal schnüffeln und ihrer Chronistenpflicht hinterherhecheln muss.

Natürlich waren sie zur Urteilsverkündung wieder alle da mit ihren Möpsen, fühlten sich aber nicht so richtig mopsfidel. Zwar bekommen Ronjas Herrchen und Frauchen den halben Kaufpreis zurück, auf den Tierarztkosten aber bleiben sie sitzen.

70. GRUND

**Weil Check24 bald auch noch mit
Hunde-Spots kommen wird**

Das Vergleichsportal Check24 hat in der deutschen Werbeszene seine Schnüffel-Trüffel-Nase ganz weit vorne. Nach amerikanischem Muster dreht es zu seinen Vergleichsthemen jeweils eine eigene Sitcom. Die erste Staffel startete im August 2016 mit den Kernthemen Versicherungen, Strom und Finanzen. Check24 wolle, so der Branchendienst *werben&verkaufen*, »künftig weniger laut werben, dafür aber auf Sympathie und Unterhaltung setzen und die Produkte stärker in den Mittelpunkt rücken«.

Und das geht so: »Check24 präsentiert: Zwei unvergleichliche Familien. Die Bergmanns und die Krügers. Sie leben Tür an Tür. Sie feiern gemeinsam. Sie vergleichen sich. Sie planen zusammen ihren Urlaub. Und fahren zusammen in den Urlaub. Freuen Sie sich auf zwei unvergleichliche Familien.«[129] Außerdem gehen sie gemeinsam aus, überbieten sich, wo es nur geht, und spielen zusammen Autoquartett.

Der neueste Hit beim Check: »die Hundehaftpflicht im Vergleich – bis zu 81 % sparen«[130]. (Einfach einmal 100 Prozent zu sparen und sich einen Hund erst gar nicht anzuschaffen, das kommt einem Hundebesitzer partout nicht in den Sinn.) Doch zurück zum Vergleich: Für einen reinrassigen Schäferhund eines Siebzigjährigen, der nicht im öffentlichen Dienst beschäftigt ist, gibt es 80 Tarife in der Spanne von 42,05 Euro bis 127,02 Euro bei jährlicher

Zahlung, einer Selbstbeteiligung bis 150 Euro und einer Deckungssumme (hi, hi, der Autor) ab 3 Mio. Euro. Die zehn gängigsten Hunderassen, das geht vom Labrador über Chihuahua, Border Collie und Französischer Bulldogge bis zum Yorkshire Terrier, können angeklickt werden, ausgefallenere Köter müssen per Hand eingefüttert werden. Spannende Ergebnisse auch bei den nicht reinrassigen Hunden, etwa der Mischung Chihuahua und Dackel.

Mit Spannung darf nun daher die zweite Staffel der Check24-Sitcom erwartet werden. Hier schon einmal das Storyboard zum Hundevergleich bei »2 Unvergleichlichen Familien«:

Bergmanns und Krügers vor ihren Häusern in der Garageneinfahrt mit ihrem Schäferhund (Bergmanns) und Dackel (Krügers).
Bergmann: Meiner scheißt viel mehr und auch noch richtig große Haufen.
Krüger: Meiner eben nicht. Seine Losung ist waidmännisch korrekt.
Bergmann: Deiner hechelt nur, meiner bellt aus vollem Halse.
Krüger: Damit wird er nie einen Dachs, geschweige denn ein Karnickel fangen.
Bergmann: Meiner kann richtig zupacken, ins Fleisch reinhauen und Knochen brechen.
Krüger: Meiner hetzt mit seiner Ausdauer jeden und jede, einfach alle bis zum finalen Ende.
Bergmann: Glaub ich nicht.
Krüger: Glaub ich doch.
Bergmann und Krüger im Chor: Okay, dann lass uns das checken. Sie sollen gegeneinander kämpfen. Bis zum Schluss. Rien ne va plus.

71. GRUND

Weil Hundewaschanlagen keine Heißmangel haben

Des Deutschen liebstes Kleinod ist sein Auto, und seine liebste Beschäftigung damit ist neben dem notwendigen Herumgefahre das sorgfältige Waschen, Putzen und Wienern. Der unangefochtene Renner unter den Angeboten, egal ob in einer herkömmlichen Portalwaschanlage oder in der komfortableren Autowaschstraße, ist die Platin-Wäsche mit Hochdruckvorwäsche, Aktiv-Schaum, Felgensonderpflege, Unterbodenschutz, Bürstendurchgang, Wachsauftrag und Schaumpolitur. Das ist ein Wohlfühlprogramm fürs Auto, ein echtes »Schneiden-Föhnen-Legen« für das ganze Fahrzeug.

Autofahrende Hundebesitzer können jetzt aufatmen, denn auch für ihre vierbeinigen Lieblinge wird jetzt mit Hundewaschanlagen gesorgt: »Um Hundebesitzern die Pflege ihres Hundes zu erleichtern, hat die Firma Darado ein innovatives Waschsystem für Hunde entwickelt. Das System geht sowohl auf die Bedürfnisse des Hundes als auch auf die Bedürfnisse des Menschen ein.«[131] Es sind nur sieben Schritte, in denen der Hund aufgehübscht werden kann, »einfach, schnell und unkompliziert« (Darado-Eigenwerbung):

Schritt 1: »Führen Sie Ihren Hund über die rutschfeste Rampe hinein.«

Schritt 2: »Entscheiden Sie sich für eins der drei Pflegeprogramme: Wasser, Shampoo + Wasser, Haartrockner.«

Schritt 3: »Beim Drücken des Programmknopfes ›Wasser‹ fließt aus der Metallbrause warmes Wasser mit der Temperatur von 38 Grad.«

Schritt 4: »Beim Drücken des Programmknopfes ›Shampoo‹ fließt aus der Metallbrause eine Mischung aus Wasser und einem speziellen naturbelassenen Hundeshampoo.«

Schritt 5: »Waschen Sie den Shampooschaum aus dem Fell Ihres Hundes heraus.«

Schritt 6: »Nehmen Sie den Fönschlauch in die Hand. […] Trocknen Sie Ihren Hund, besonders zur kalten Jahreszeit, gründlich durch.«

Schritt 7: »Nach dem Trocknen legen Sie Ihre eigene Hundeleine an und führen Ihren sauberen Hund über die Rampe aus der Waschanlage heraus.«

Im Gegensatz zur Autowaschanlage wird der Hund nicht automatisch gewaschen, sondern der Besitzer muss sich seine Hände selber dreckig machen. »Das hat den Vorteil, dass der Hund von einer ihm vertrauten Person gewaschen wird und somit die Wäsche für ihn angenehmer ist. […] Ein Waschgang dauert bei einem kleinen Hund mit kurzem Fell in etwa 10 bis 20 Minuten. Bei gro-

ßen Hunden mit langem Fell sind 30 bis 45 Minuten notwendig. Wobei das Fönen in diesem Fall die meiste Zeit in Anspruch nimmt (zum Beispiel bei Neufundländern, die ein sehr dichtes und langes Doppelfell haben).«

Noch sind die SB-Hundewaschanlagen längst nicht überall zu finden. Lediglich drei in Berlin, zwei in Hamburg oder ebenfalls zwei in Hessen. Ein deutliches Ost-West-Gefälle ist zu verzeichnen. Von den »neuen Bundesländern« ist einzig Sachsen mit einer Hunde-Innovation vertreten. Die dreckigsten Hunde kommen auf jeden Fall aus Baden-Württemberg (elf Anlagen) und Nordrhein-Westfalen (zehn). Eine davon ist sogar in Würselen, der Heimat eines bunten SPD-Hundes, rund um die Uhr geöffnet.

72. GRUND

Weil Film und Fernsehen ein total falsches Hundebild vermitteln

Was waren das noch für Zeiten, als *Der Hund von Baskerville* mit Sherlock Holmes in Dartmoor sein Unwesen trieb und für Angst und Schrecken sorgte. Oder als *Der Hund von Blackwood Castle* auf Geheiß von Edgar Wallace als mordgierige Bestie ihre Opfer ins Moor lockte. Hübsch auch die erste Hälfte des danach zur Italo-Schmonzette abgleitenden Films *Der Hund, der Herr Bozzi hieß*. Hervorragend Peter Ustinov in der Titelrolle als gejagte, streunende, hungrige und unerwünschte Straßentöle in den Slums von Brooklyn. Unvergessen auch der nie gedrehte B-Film *Spartacus und sein Kampf gegen die Molosser* ohne Kirk Douglas, der folgerichtig auch nie im Kolosseum gegen die gewaltigen Kampfhunde antreten musste. Klassisch hingegen die miese Teufelsrolle in Goethes *Faust* in der wunderbaren Verfilmung von Peter Gorski mit Gustaf Gründgens und Will Quadflieg (»Das also ist des Pudels Kern.«) von 1960.

Doch da gab es schon längst Lassie. Lassie und immer wieder Lassie, die Hundedame, die die Herzen der kindlichen Hundedeppen erfreute. Ganze 18 Collie-Rüden mussten zwischen 1954 und 1973 wegen des volleren und telegeneren Hundefells als Hundetransen herhalten.

Besser erging es schon dem Schäferhund Rin-Tin-Tin, der nie gedoubelt wurde, sondern seine 26 Filme zwischen 1922 und 1934 in Hollywood selbst abdrehen musste. Seine erbärmliche Rolle am Set war eindeutig. Immer wieder musste er den tierischen Helden spielen. Eine Auswahl der Filmtitel belegt diesen Hollywood-Stress: *Rin-Tin-Tin rettet seinen Herrn*, *Rin-Tin-Tins Heldentat*, *Rin-Tin-Tin unter Verbrechern*, *Rin-Tin-Tin als Lebensretter*, *Rin-Tin-Tins schwerster Sieg* oder *Rin-Tin-Tins Rache*.

Alle anderen US-Filmhunde waren nur noch ein müder Abklatsch, weil sie nur eine Rolle zu spielen hatten: Sie sollten süß vor der Kamera tapern und tapsen. Die bekanntesten Hundefilme: *101 Dalmatiner*, *Susi und Strolchi*, *Charlie – alle Hunde kommen in den Himmel*, *Cap & Capper*, *Scott & Hutch*, *Balto – ein Hund mit dem Herzen eines Helden*, *Ein Hund namens Beethoven* oder *Hachiko – eine wunderbare Freundschaft*.

Der wohl bekannteste TV-Kläffer in deutscher Sprache ist Kommissar Rex aus der gleichnamigen österreichischen Krimiserie. Er durfte von 1994 bis 2004 vor der Kamera menscheln, was das Zeug hielt. Dem Filmhund bekam die schnüffelnde Krimirolle nicht so gut, denn drei Deutsche Schäferhunde mussten nacheinander den Kommissar mimen.

Ein anderer Polizeihund schaffte es Ostern 2017 ins deutsche Fernsehen. Nachdem Claus Theo Gärtner in 300 Folgen schon vier Rechtsanwälte (Günter Strack, Rainer Hunold, Mathias Herrmann, Paul Frielinghaus) in der Serie *Ein Fall für zwei* verbraucht hatte, versuchte es Matula nun »auf eigenen Wunsch« (Gärtner) mit einem fünfjährigen Border Collie-Rüden namens Mumford im ZDF.

Alles in allem kein großes Kino, weder hier noch in Übersee. Dennoch gibt es einen kleinen Lichtblick und einen zarten Hoffnungsschimmer aus dem fernen Hollywood. Die Coen-Brüder Ethan und Joel haben in ihrem legendären Spielfilm *No Country for Old Men* eine Verfolgungsszene gedreht, die das alte Muster vom fiesen, zu fürchtenden Filmhund wieder ins rechte Licht rückt: Llewelyn Moss (Josh Brolin) flieht vor einer kraftstrotzenden Kampfmaschine, springt in einen See und wird weiter verfolgt. Im letzten Moment, in dem der Zuschauer ihn schon verzweifelt aufgegeben hat, gelingt es Moss, das vierbeinige Ungeheuer zu erschießen. Bravo!

73. GRUND

**Weil sie in und neben unseren Gräbern
die Totenruhe stören**

Es war eine Sternstunde für den Autor, als ihm 1992 die »Queen of Talkshows« in ihrer Sendung *Schreinemakers Live* plumpvertraulich die Hand auf den Arm legte und scheinheilig fragte: »Herr Beleites, was halten Sie von Hundefriedhöfen?« Und der Studiogast antwortete routiniert: »Ich denke, das ist eine neurotische Fortsetzung eines neurotischen Verhältnisses. Das Verhältnis, das die Menschen im Leben mit Hunden haben, setzen sie da fort. Ich halte gar nichts davon.«[132]

Mit von der Partie war Walter Lorenzen, ein Tierbestatter aus Schleswig-Holstein. Liebevoll wurde er in der Sendung »Hundepastor« genannt. Ihm war die Rolle des Guten bei Margarethe Schreinemakers zugedacht, der Autor hatte als »Hundehasser der Nation« den bad guy zu spielen. Abends an der Bar im Hotel Wasserturm verstanden sich die beiden prächtig. Auch Lorenzen hatte die Spielregeln der damaligen Krawall-Talkshows verstanden:

Part und Widerpart, Gut gegen Böse. Er selbst war ein netter, älterer Herr: Charmant und witzig konnte er mit einer großen Portion Selbstironie über seinen Hundefriedhof plaudern. Von der Diskussion gemeinsamer Gräber für Mensch und Hund, die damals aufkam, hielt er wenig. Man müsse, so der Bestatter, doch »die Kirche im Dorf lassen«.

25 Jahre später ist die Kirche abgerissen und das Dorf verwaist. Stattdessen werden landesweit gemeinsame Gräber von den Behörden gestattet und von Friedhofsverwaltungen angeboten. Hieß es früher noch kalauernd »Waldi im Wok«, so ist heute längst ein »Gero im Grab« traurige Realität. Ein simpler Trick spielt den Hundeneurotikern in die Hände. Rechtlich gelten Hunde als Sache. Und als Sache können sie als einfache Grabbeigabe mit unter die Erde geschaufelt werden.

Längst haben sich Beerdigungsinstitute und Friedhofsverwaltungen auf das lukrative Doppelgrab eingestellt, zum Beispiel »Unser Hafen« aus 56340 Dachsenhausen: »An zunächst zwei Standorten – in Braubach bei Koblenz und in Essen – können Sie ein gemeinsames Freundschafts- oder Familiengrab für sich, Ihre Familie und Ihre Tiere erwerben. So regeln Sie schon zu Lebzeiten verbindlich und selbstbestimmt Ihren letzten Weg.«[133]

Das Freundschaftsgrab gibt es schon für 69 Euro im Jahr: »In einem Freundschaftsgrab können Sie sich mit bis zu fünf Tieren oder gemeinsam mit Ihrem Ehemann oder Partner und Ihren Tieren bestatten lassen. Pro Freundschaftsgrab sind sechs Urnen möglich, davon maximal zwei Humanurnen.« Günstiger im Preis-Leistungs-Verhältnis ist das Familiengrab für 92 Euro pro Jahr: »Wenn Sie bei der Auswahl Ihres Grabes alle Freiheiten möchten, treffen Sie mit einem Familiengrab die richtige Entscheidung. Bis zu 12 Urnen können Sie in einem Familiengrab beisetzen – vollkommen unabhängig davon, ob es sich um die Asche Ihrer Familienangehörigen oder eines Ihrer Haustiere handelt.« Und als besonderen Clou bietet »Unser Hafen« auch an, »individuell an

Ihre Liebsten zu erinnern, z. B. mit einem Grabstein oder einer Stele.«

So wird aus einer Sache (Hund) ein Sachwert (Hundegrab), und für die Bestatter ist es allemal eine gute Sache.

74. GRUND

**Weil Demenzkranke von Hunden
beschnüffelt und abgeschleckt werden**

Hans B. aus Oldenburg ist ein treuer Leser der Zeitschrift *Kot&Köter* und obendrein ein eifriger Mitarbeiter und spendabler Lieferant von Themen und Ideen: »Seien Sie dagegen, dass hilflose Patienten auch neuerdings in Altenheimen gegen ihren Willen von Hunden belästigt werden, wo viele Schaden nehmen, z.B. in der Demenzabteilung, wo Patienten über die herumwuselnden Hunde stolpern oder plötzlich Allergiemedikamente schlucken müssen.«

Diesem Tipp musste nachgegangen werden. Feldforschung war nicht möglich, denn Oma lebt schon lange nicht mehr, und die übrigen Freunde und Familienmitglieder sind einfach zu jung. Also rein ins Internet und »Demenzkranker« und »Hund« gegoogelt. Die ersten Treffer gehen voll daneben: »Alzheimer Demenz beim Hund«, »Das Kognitive Dysfunktionssyndrom (CDS)« und »Demenz bei Hunden: Wie sie sich bemerkbar macht«. Doch spätestens beim Stichwort »Hundebesuchsdienst« wird man fündig, und ein wahrer Abgrund tut sich auf. Es ist eine kapitale Schattenwelt, die mit den Begriffen »Kommunikation, Wärme, Trost und Freude« für sich wirbt. Ein Darknet auf vier Pfoten. Und eine seriöse Hundehütte in Form von anerkannten, prachtvollen Altenheimen und Pflegeanstalten, mit denen im Hintergrund zusammengearbeitet wird, sorgt für einen gediegenen, vertrauenerweckenden Anstrich.

Es ist schnell und einfach verdientes Geld. Ein Besuch wird im Schnitt mit 20 Euro berechnet. Der Hund muss nichts anderes machen als das, was er immer tut: herumwuseln (s.o.), bellen, am Patienten schnüffeln, ihn mit der feuchten Nase anstupsen, Gesichter ablecken und sich vielleicht streicheln lassen. Und als besonderes Leckerli für den Hundebesuchsdienst: Die Kosten können auch gemäß »Sozialgesetzbuch, SGB XI, Soziale Pflegeversicherung, § 45a« als »Angebot zur Unterstützung im Alltag«[134] von der Pflegekasse übernommen werden.

Was die Sache so einfach macht: Der demenzkranke Mensch kann sich nicht wehren. Keine Chance. Hinzu kommt noch eine Besonderheit, die der Pflege-Report 2017 der Universität Witten-Herdecke in Zusammenarbeit mit der AOK anprangert[135]: »Pflegeheimbewohner erhalten zu viele Psychopharmaka.« Ein Drit-

tel der 800.000 deutschen Heimbewohner erhält dauerhaft Antidepressiva. Bei den Demenzkranken liegt die Marge noch höher. Hier erhalten 43 Prozent permanent Beruhigungsmittel, vor allem Neuroleptika.

Die Alten gehen unweigerlich vor die Hunde. Einen Ausweg gibt es nicht, und sie haben keine Möglichkeit, dem Hundeterror zu entgehen.

75. GRUND

Weil sie trotz allen Hundeluxus doch nur kotende Stinker sind

Sie sind laut dem Hundefachblatt *Bild am Sonntag* vom 11. Oktober 2015 die teuersten Hunde der Welt, die Phu Quoc Ridgebacks. Diese weltweit einzigartige Rasse stammt von Phu Quoc, der größten vietnamesischen Insel im Golf von Thailand. Sie hat nur zwei kynologische »Verwandte«, die auch einen Ridge aufweisen, diesen gegen die sonstige Fellrichtung wachsenden Streifen entlang der Wirbelsäule: den Thai-Ridgeback und den südafrikanischen Löwenhund, den Rhodesian Ridgeback. Weltweit soll es nur noch 800 Hunde dieser Rasse Phu Quoc geben.

Und da dieser Hund aus Vietnam stammt, liegt es auf Hand und Herd, dass diese Viecher früher und wohl heute auch noch als ein besonderer asiatischer Gaumenschmaus für die heimische Küche gezüchtet und gepäppelt wurden. Auf jeden Fall hat der Phu Quoc Ridgeback eine besondere Würze, der sich auch die *BamS*-Redaktion nicht entziehen konnte. Der Verkauf eines Welpenwurfs in England ließ alle abgebrochenen Germanisten in dem Springer-Blatt zu Höchstformen auflaufen:

»Diese süßen Hundewelpen kosten jaulige 28000 Euro. […] Ihren Ursprung haben die Tiere in dem Land, in dem Hunde als

Delikatesse gelten: in Vietnam. Aber wer verspeist schon so ein wertvolles Tier?! Da würde ja der Hund in der Pfanne verrückt. [...] Die ersten Phu Quocs hat eine Britin 2014 nach Europa geholt, jetzt gibt es vierfachen Nachwuchs, der längst verkauft ist. Die Wartelisten für den nächsten Wurf sind länger als ein Hundeschwanz. [...] Vielleicht werden Barzahler bevorzugt, so Cash auf die Pfote.«

Früher war es eine gute Sitte in den Redaktionen, dass es eine Kalauerkasse gab. In diesem Fall hätte davon so das eine oder andere Redaktionsbier gelöhnt werden können.

Dass es mit dem ganzen luxuriösen Hundegedöns auch ein wenig sachlicher geht, zeigt das gleiche Blatt zwei Jahre später, als die *BamS* am 23. April 2017 das ebenso blöde wie innovative Hundeauto von Nissan, den »X-Trail4Dogs«, testet.

Der geräumige Kofferraum (445 Liter) ist mit schwarzem Leder ausgekleidet, »denn jeder Hundebesitzer weiß: Es gibt kein pflegeleichteres und robusteres Material.« Für den Hund steht ein graues Velourskörbchen bereit. Unter der Ablage sind zwei Schubladen als Stauraum angebracht. Links: »eine 360-Grad-Dusche (die mit einem Sieben-Liter-Tank verbunden wird) und der Hundeföhn [...], sodass der Hund nach einem Spaziergang durch Modder und Matsch abgeduscht und wieder getrocknet werden kann«. In der rechten Schublade ist eine ausziehbare Gehhilfe für den fahrenden Hund – eine Rampe, die bis auf den Boden reicht »und vor allem älteren Hunden einen leichten Einstieg ermöglicht«.

Weiterer Hunde-Schnickschnack: ein farbiger Monitor, »über den der Hund Frauchen und Herrchen während der Fahrt sehen kann«. Umgekehrt geht es auch: Fahrer und Fahrerin können ihr Hündchen in der Kofferraum-Suite beobachten. Einen Lautsprecher gibt es auch, »über den der Hund beruhigende Worte seines Herrchens hören kann.« Allerdings werden auch die Pöbeleien auf andere Autofahrer übertragen.

Alles in allem ist die *BamS*-Autochefin Karolin Ring (33) zufrieden. Sie hatte es sich nicht nehmen lassen, diesen Test zur Chefsache für sich und ihren Struppi Rába (2) zu erklären. Ihr Fazit: »Von außen ein ganz normaler SUV. Drinnen wartet nach einem langen Spaziergang ein Hundeparadies.« – Was sie nicht vermisst, ist ein passendes Hundeklo mit Swarovski-Klunkern. Ist aber auch gar nicht nötig, hat Rába doch draußen die ganze Gegend vollscheißen können.

Unser Fazit: Hier kommt zusammen, was zusammengehört: der Deutsche, sein Auto und sein Hund.

76. GRUND

Weil Flexi-Leinen Chaos und Knochenbrüche verursachen

Wer kennt es nicht und leidet erbost und wütend oder still und leise vor sich hin: Hundebesitzer quatschen mit ihresgleichen über Sitz!-Platz!-Fass! und kümmern sich einen Dreck um ihre Umwelt, die Mitmenschen und nächsten Bürger, während ihre Köter an den langen Ausziehleinen Umgebung, Land und Leute unsicher machen, hin und her flitzen – nach links, rechts, diagonal und querbeet, immer an der langen und länger werdenden Leine.

Mit ihren Flexi-Leinen ziehen sie neue Grenzen auf den Straßen, versperren Wege und ordnen die städtische Welt nach ihren wuselnden Bedürfnissen neu. Verspielt, irrational und wirr, so wie Hunde nun einmal sind. Sie setzten tobend und tollend neue Grenzen, die so von Stadtplanern nie erdacht waren.

Die Folge: Sie strangulieren Kleinkinder, die sich in ihren wirren Leinen verheddern. Sie blockieren den beschwerlichen Weg greiser Rollator-Benutzer, lassen diese mit sturen Rollstuhlfahrern zusammenstoßen. Flinke Fahrradfahrer crashen durch ihre Stolperdrähte zu Boden, und erschreckte Autofahrer führen mit quietschenden Bremsen Auffahrunfälle herbei.

Dabei hätte alles nicht sein müssen, wäre beim Deutschen Patentamt in München nach dem Krieg nicht eine solche Unordnung oder gar organisatorische Schlamperei gewesen. Denn dann hätte Flexileinen-Millionär Manfred Bogdahn nie einen solchen Reibach machen und ein solches Wirrwarr anrichten können. Doch der schnurlosen Reihe nach:

Irgendwann in der Zeit vor 1945 meldet ein Wilhelm Peters aus Meiderich bei Duisburg beim Deutschen Reichspatentamt eine Hundeleine namens »Rolly« an: »Leicht und kaum zerbrechlich, unfallverhütend und hygienisch, praktisch, vornehm und elegant. ›Rolly‹ ist eine in einem Edelkunststoff-Gehäuse auf- und abrollende untergebrachte Rollbandhundeleine.« Was aus »Rolly« wurde, ist nicht überliefert. Jedenfalls wurde es keine Erfolgsgeschichte in den damaligen 1000 Jahren.

Nach dem Zweiten Weltkrieg stellte das Patentamt seine Tätigkeit ein. Die Amerikaner beschlagnahmten die Patente. Erst 1949 wurde das Deutsche Patentamt in München als Nachfolger wiedereröffnet. Mit dem »Ersten Überleitungsgesetz« wurden alte Patente neu erteilt. So auch das Hundeleinen-Patent von Wilhelm Peters, ausgegeben nun am 19. Februar 1953 unter der Nummer 867624. Doch der Daniel Düsentrieb von Meiderich hat wohl nie von der Neuerteilung erfahren. Sein Enkel Marco heute: »Mein Opa hat ständig irgendetwas erfunden. Etwa den mitwachsenden BH für Teenager, bei dem die Körbchen auswechselbar sein sollten. Das war immer der Gag auf Familienfeiern. Kann sein, dass er an seinen Erfindungen schnell das Interesse verlor, weil er immer was Neues machen wollte.«

Ein anderer hingegen hatte die gleiche Idee oder pfiffiges Wissen: Der Hamburger Manfred Bogdahn meldet Anfang der 1970er Jahre seine »Flexi-Hundeleine« beim Patentamt an. Nicht als »Patent«, sondern als »Gebrauchsmuster«. Es ist ein feiner Unterschied, denn »Gebrauchsmuster werden nicht erneut urheberrechtlich geprüft«, so die Pressestelle des Münchner Patentamtes.

Die Hunderollleine wurde und ist ein weltweiter Verkaufsschlager. Über zwei Millionen wurden bislang rund um den Globus verkauft. Je nach Typ haben die Leinen eine Abrolllänge bis zu zwölf Metern. Das macht Pi mal Daumen (F = π x r²) satte 452 m². Bei zwei Hunden schon einmal eine Fläche von gut 900 Quadratmetern. Ein normales Fußballfeld ist im Schnitt nach FIFA- und UEFA-Regeln 7.140 m² groß und kann also mühelos von 16 angeleinten Hunden abgedeckt (sic!) werden. Nicht auszudenken, würden die Befürchtungen meines Kollegen Vitus F. Porschow[136] wahr werden, und alle 16 Hundebesitzer würden an ihrem Ende der Flexi-Leine wie auf Kommando »Fass!« brüllen. Schieds- und Linienrichter, aber auch alle 22 Feldspieler hätten keine Chance mehr.

Doch auch so ist es schon schlimm genug. Hundebesitzer beherrschen mit ihren Flexi-Leinen Plätze, Straßen und Gehwege, dominierend Platz greifend den öffentlichen Raum. Wie gesagt: Kleinkinder werden stranguliert, Rollatoren und Rollstühle bollern aufeinander, Radfahrer stürzen zu Boden, und Autos donnern ineinander.

Ein tödliches Chaos, das nicht hätte sein müssen, das hätte verhindert werden können, hätte das Deutsche Patentamt nur ordentlich bei Erteilung des »Gebrauchsmusters« seine Hausaufgaben gemacht und in den eigenen Unterlagen nachgeforscht, ob diese Leinen schon einmal als Patent angemeldet worden waren und (wohlweislich?) nie genutzt wurden.

77. GRUND

Weil nach der GOT nur noch »Oh-Gotto-Gott« kommt

Der schnellste Weg zu Gott …, sorry, noch einmal zurück auf Anfang: Der schnellste Weg zur GOT läuft mit einer »Schutzgebühr:

5,- €« und der »Best.-Nr. 299054«. Es ist »ein Service Ihres vet.-med. Partners Albrecht www.albrecht-vet.de«. Das hat nichts mit Aldi, egal ob Nord oder Süd, zu tun, sondern Albrecht ist »Ihre vet.-med. Quelle für Arzneimittel und Tiergesundheit, Praxisbedarf und für hilfreichen Service« wie »Qualitäts-Arzneimittel, wirksame Diätfuttermittel, Tierpflegesortiment, hochwertige Instrumente, zuverlässige Praxis-Diagnostik, professionelle Tierzahnheilkunde-Programme, praxisgerechte Generika, wichtige Schriften (z.B. GOT, Berechnungstabellen).«

GOT ist das Schlüsselwort und Vademekum aller Tierärzte, steht es doch für den goldenen Tierarztgral und den pekuniären Gesundbrunnen. Es ist die »Gebührenordnung für Tierärzte«.

Schon im Vorwort an die »liebe Kollegin, lieber Kollege« kann albrecht-vet beruhigen und Frohes verkünden, denn seit Juli 2008 ist »die zweite Verordnung zur Änderung der Tierarztgebührenordnung (GOT) in Kraft! Das Wegegeld bei Tag beträgt jetzt 2,30 EUR je Doppelkilometer, die Zeitgebühr je 15 Minuten 14,30 EUR und alle Gebühren wurden pauschal um 12 % angehoben.«[137]

Das sind Margen, von denen Gewerkschaften mit ihren Trillerpfeifen und Streik-Müllwesten in jedem Tarifkonflikt nur träumen können. Und es kommt noch besser: ein progressiver Abrechnungsmodus kann angewendet werden. Wie in der Humanmedizin (Stichwort: Privatpatienten oder Zahnarzt) kann »die Gebührenhöhe stufenlos innerhalb des 1- bis 3-fachen Satzes festgelegt werden.« Bei der Zeitgebühr (s.o.) hüpft der Satz dann schon einmal auf stattliche 42,90 Euro (dreifacher Satz), pro Viertelstunde wohlgemerkt.

Und ein kleiner Tipp am Rande darf auch nicht fehlen: »Bitte berücksichtigen Sie bei der Rechnungsstellung, dass die GOT die Nettogebühren listet. Die Umsatzsteuer ist zusätzlich zu berechnen.«

Also jetzt einmal in die Vollen des GOTtesstaates und immer, wie es sich gehört, den 3-fachen Satz berechnen:

- Beratung im einzelnen Fall ohne Untersuchung (auch schriftlich oder fernmündlich): € 18,87
- Allgemeine Untersuchung mit Beratung (Hund): € 36,09
- Folgeuntersuchung im gleichen Behandlungsfall mit Beratung (Hund): € 29,19
- (kleiner Trick, der Autor): Eilbesuche, sofern der Praxisbetrieb erheblich gestört wird, zusätzlich: € 68,70
- stationäre Unterbringung pro Tag ohne Behandlung und ohne Futterkosten (Hund): € 42,93

So richtig in die Vollen geht es dann im »Teil B. Besondere Leistungen« und »Teil C. Organsysteme«: Einfache Gutachten sind zwar schon für 68,70 Euro zu haben, die ausführlichen hingegen bringen aber satte 223,35 Euro auf den Behandlungstisch. Warum das Zerlegen eines Hundes allerdings nur läppische 34,38 Euro einbringt, ist schwer nachvollziehbar. Auch die »Tötung (Euthanasie) durch Injektion« ist mit 51,54 Euro sicherlich unterbezahlt. Lohnender ist da schon die operative Behandlung einer schwierigen Fraktur (€ 1.030,77). Gern gesehen in den Tierarztpraxen sind »Gelenkorthopädische Operationen«. 15 Möglichkeiten gibt es hier (von Arthroskopie/€ 343,59 über Meniskusoperation /€ 601,26 bis Totalendoprothese/€ 1.030,77). Spannend auch die »Andrologische Untersuchung einschließlich Spermaentnahme und -untersuchung« für 206,16 Euro. Und die Kosten für die möglicherweise folgenden Penisamputation liegen dann bei 515,40 Euro.

Sparen macht sich bei der GOT fürwahr nicht bezahlt. Wem die Sterilisation-Kosten über 429,48 Euro für seine Hündin zu hoch waren, hat schnell das Nachsehen, wenn Nachbars Lumpi zugeschlagen hat. Ein Kaiserschnitt schlägt mit ebenfalls 429,48 Euro zu Buche.

Und last but lange noch nicht least die »Zahnsteinentfernung/-prophylaxe« inklusive »Ultraschall mit Scaling, Nachpolieren und Fluoridierung« für 206,16 Euro.

Bleibt am Ende nur die eine allerletzte Frage, deren Beantwortung die GOT dem wissbegierigen Leser und der interessierten Leserin schuldig bleibt: Wie teuer ist eine Penisverlängerung, gestaffelt nach Hundegröße vom Chihuahua mit blitzblanken Zähnchen bis hin zum Irischen Wolfshund mit altersbedingter Arthrose?

7. GEBOT FÜR HUND UND HALTER

MACH SAUBER

78. GRUND

Weil beim ökologischen Gerben von Leder wieder Hundekot eingesetzt wird

Im Viktorianischen Zeitalter war es wohl der beschissenste Job, den es in Europa gab: das Beizen von Leder mit Hundekot in Gerbereien der verslumten Großstädte. Kinder sammelten den stinkenden Rohstoff auf den zugekackten Straßen der Vorstädte in Kübeln ein und verkauften den Dreck an die Ledergerbereien gegen einen mageren Lohn, das sogenannte Kotgeld, regional auch Ködelgeld genannt.

Die zu verarbeitenden Häute von Rindern und anderen Tieren wurden nach dem Abkratzen des Fells von Fleischresten in Bottichen mit Kalk gelagert. Anschließend kamen sie in Fässer, in denen sie mit einer Flüssigkeit aus dem Hundekot, der Kotbeize, vermengt wurden. Die Häute sollten hierdurch weicher werden. Der Hundekot war nur Mittel zum Zweck. Als Hundemistbeize war er das Trägermaterial für Bakterien, die über das Enzym Trypsin die eigentliche Arbeit verrichteten.

Der Chemiker Edmund Stiasny, Professor an der Technischen Hochschule Darmstadt, beschreibt in seinem Standardwerk *Gerbereichemie*[138] die schwierige und richtige Zubereitung der Kotsuppe: »Zur Anstellung der Hundemistbeize wird der Hundemist mit warmem Wasser zu einem dicken Brei angerührt und in einem geeigneten Behälter, der zweckmäßig mit einem nassen Tuch und Deckel bedeckt ist (um Fäulniskeime aus der Luft abzuhalten), in einem warmen, dunklen Raum ›gären‹ gelassen. [...] Nicht länger als einen Monat stehen lassen, weil dann die Beizwirkung wieder zurückgeht. [...] durch ein Tuch oder feines Drahtsieb gegossen. Dieses Filtrat wird als Beize verwendet.«

1907 war Schluss mit lustig. Das Enzym Trypsin konnte industriell hergestellt werden, und der Hundekot wurde nicht mehr gebraucht.

Doch Rückbesinnung auf die vermeintlich gute, alte Zeit (»Führer war alles besser!«) hat in ökologischen und wertkonservativen Kreisen Hochkonjunktur. Nicht nur im Wendland, in Meckpomm oder der brandenburgischen Schorfheide werden alte, bäuerliche Wirtschaftsformen wiederentdeckt. Auch in anderen abgelegenen Winkeln der Republik besinnen sich die zugezogenen Latzhosenträger früherer Produktionsmethoden.

Der jüngste Trend: Um keine die Umwelt zerstörenden Produkte aus der Dritten Welt, etwa Schuhe aus Indien oder Pakistan, zu beziehen – von der Kinderarbeit einmal ganz abgesehen –, wird jetzt selbst gegerbt. Nach altem Brauch natürlich. Nach früheren Rezepturen wird gegoogelt, und schnell ist der Öko für sich und seine Umgebung fündig:

»Die Hundekotbeize wurde insbesondere bei der Herstellung leichterer Ledersorten verwendet, also für feinere Oberleder, [...] leichte Kalbleder, Schaf- und Ziegenleder und insbesondere von Lamm- und Zickenfellen.«[139]

Kalb, Schaf, Lamm, Ziege und Zicklein gibt es in den Meiereien und Streichelzoos der ausgewanderten Stadtflüchtlinge reichlich. Geschlachtet wird in der Umgebung auch immer, egal ob für den Eigenbedarf oder die öko-bewussten, an- und rumreisenden Biokäufer. Und Fell und Leder sind dann die zu verwertenden Abfallprodukte, die zusammen mit dem Kot der Dorfköter den ökologischen Kreislauf vollenden. Und fertig ist der samtweiche Hundekot-Schuh.

Nur eines haben sie vergessen, die neuzeitlichen Handwerker vergangener Zeiten. Die alte haitianische Weisheit: »Hundescheiße hat keine Dornen, aber du humpelst, wenn du reingetreten bist.«[140] Denn dies gilt besonders, wenn versucht wird, mit Scheiße Geld durch Scheißschuhe zu machen.

79. GRUND

Weil der »goldene Pudel« kein Hund ist, sondern als Untergrund-Club den schweren Weg zum Erfolg beschreibt

Es ist ein Bild des Grauens und/oder der Hoffnung, das dpa da weltweit verbreitet: Auf einer kargen Mauer sitzt ein nackter Hund, ein kleiner weißer Pudel, und blickt knopfäugig an der Kamera vorbei. Über Rücken und Hinterbeine ist eine goldene Decke geworfen. Im Hintergrund ist ein Fluss zu erahnen. Was will uns der Fotograf damit sagen? Hund knapp vor dem Ertrinken gerettet?! Zwar unterkühlt, aber jetzt in Freiheit mit einer Überlebensfolie?! Pudelwohl mit goldnem Paletot?!

Wie immer bei possierlichen Hundegeschichten ist die nackte Wahrheit hinter dem Foto viel einfacher, geradezu dämlich schnöde: In Hamburg gab es den »Golden Pudel Club«, ein »legendärer alternativer Szenetreff« (*Süddeutsche Zeitung*), der im Februar 2016 abbrannte. Ein Jahr später dann das Aufatmen: Der Club ist gerettet. Hamburgs rot-grüne Regierung sichert finanzielle Unterstützung zu. Und ein Foto muss her. Mit einem goldenen Pudel am St. Pauli Fischmarkt 27, dem alten und neuen Sitz des vermeintlichen Hunde-Clubs an der Elbe.

Genauso gut hätte Winston Churchill mit einer Hamburger Nutte im Arm für ein solches Symbolfoto am Hamburger Hafenrand stehen können. Hä, geht's noch? Der Reihe nach:

Club-Gründer Rocko Schamoni und Schorsch Kamerun halten sich sehr bedeckt, wenn es um die Geschichte des Club-Namens geht. Nur so viel gestehen sie in Interviews zu, dass es früher einmal eine »Operation Pudel 2001« gegeben habe. Es war die Zusammenstellung einer Vinyl-Single-Serie, die den Markt erobern sollte. Churchills Victory-Zeichen diente bei dieser Operation als geheimes Erkennungszeichen der Untergrundmusiker. Die logische Kette ist einfach: Churchill war ein Pudelnarr, Churchill wollte siegen, Schamoni und Kamerun auch. Daher der doofe Name, der dann aus Bequemlichkeit nie geändert wurde.

Oder aber die »Operation Pudel« bezieht sich auf den Wurf eines »Pudels« beim Kegeln, den sogenannten Fehlwurf, der neben den neun Kegeln in der Auffangrinne rechts oder links vorbeirollt. Doch gerade hierin könnte die große Aussagekraft der Untergrundmusiker liegen, die am Mainstream (den neun Kegeln) vorbei zum Ziel, dem eigentlichen Ende der Kegelbahn, den Grundaussagen der Musik, kommen wollen.

Die dritte Namens-Legende bezieht sich auf den Stadtteil Hamburg Altona und das nahe St. Pauli. Es war damals noch die gute, alte Zeit auf dem Kiez. Luden waren deutsch und schlugen nur mit der Faust zu. Wiener-Peter und die anderen Österreicher waren im Knast oder sonst wie von der Meile verdrängt. Und die Prostituierten hatten noch nicht so verdrehte Hunde wie Papillon, Pekinese oder Chihuahua unterm Arm, sondern zogen standesgemäß mit einem Pudel über den Strich. Dem Nutten-Pudel. Golden koloriert zierte er als riesige Wachskerze so manches Fenster in der legendären Herbertstraße – angezündet ein leuchtender Wegweiser im dunklen Rotlichtmilieu. Underground eben und daher ein idealer Namensgeber für den alternativen Szenetreff.

Was hätte es bei diesem Hintergrundwissen für Fotos geben können: Neun leichtgeschürzte Damen vom Kiez, wie bei den Kegeln in Rautenform platziert, dazu im Hintergrund ein Churchill-Double mit dem Victory-Zeichen, das wäre ein echtes Symbolfoto gewesen. Aber was macht die alte Tante dpa? Sie steckt einen Pudel in einen Goldumhang und knipst einfach drauflos. Puh …

80. GRUND

Weil der einst ehrbare Beruf des Hundefängers in Misskredit geraten ist

Wilhelm Busch zollte dem Hundefänger Respekt und widmete ihm 1866 unter der Nummer 431 (»Die Strafe der Faulheit«) im Münchner Bilderbogen eine fantastisch-realistische Bildergeschichte, einen Comic aus der Arbeitswelt jenes heute gewandelten Berufes. Die Geschichte ist recht gradlinig in zwölf Bildern erzählt:

Fräulein Ammer hat eine kleine fette Töle namens Schnick, die sie tagsüber ständig füttert »so viel er mag«, und der nächtens mit ihr zu Bette geht, »da wird er freilich dick und fett«. Beim gemeinsamen Spaziergang lauert ein Hundefänger hinter einer Straßenecke. »Er lockt den Schnick mit einem Brezen, das Fräulein ruft ihn mit Entsetzen«. Doch Schnick ist ein verzogenes Schoßhündchen, das nicht gehorcht. »Gripsgraps« fängt ihn der »Hundehäscher«, denn Schnick »ist viel zu dumm und dick«. Den Mehrwert des Hundes hat der Hundefänger sofort erkannt: »›Den schlacht' ich!‹ spricht der böse Mann, ›weil er so fett und gar nichts kann.‹« Das Fräulein Ammer kann nichts mehr machen. Lediglich die Haut des Hundes ist übrig geblieben, die die Jungfer Ammer für zwei Gulden ersteht und ausstopfen lässt.[141]

Der Beruf des Hundefängers war in der Vergangenheit zwar kein angesehener, aber ein gesellschaftlich äußerst notwendiger Beruf. In seinem Sittenbild über das städtische Leben im Mittelalter streift der ehemalige Chefredakteur der *Kölnischen Rundschau*, Dieter Breuers, die Schweinezucht in den Städten: »Der stinkende Abfall lockte zudem nicht nur riesige Fliegenschwärme an, sondern auch ganze Heere von Ratten. Hinzu kamen zahllose Rudel von hungrigen Straßenkötern, die ganze Bezirke unsicher machten und den Bürgern durch ihr nächtliches Bellen den Schlaf raubten. [...] Allein in Brügge fanden und erschlugen Hundefänger in nur vier Jahren 11.663 herrenlose Hunde. Was einem Schnitt von acht Hunden an jedem Tag entspricht.«[142] Das beschwerliche Tagwerk führten lediglich zwei Hundefänger in den besagten Jahren 1470–1474 durch. – Chapeau.

Heute hingegen haben sich Hundefänger ganz in den Dienst für den Hund und ihre Besitzer gestellt. Das Internetportal »paradisi.de« für »Wellness, Beauty, Gesundheit, Ernährung, Fitness und Lifestyle« lobt diesen »alten, angesehenen Beruf, der schon im Mittelalter ausgeübt wurde« und stellt ihn voller Empathie vor: »Professionelle Hundefänger arbeiten mit der Polizei, Tierheimen und Ämtern zusammen. Sie setzen sogenannte Ordnungsverfügungen durch und befreien Haustiere aus schlechter Haltung, fangen entlaufene Hunde aus Privathaltung ein oder bringen Streuner in das Tierheim. Damit leisten Hundefänger einen wichtigen Beitrag für die Allgemeinheit. Besonders wichtig ist dabei eine ruhige, schonende Fangtechnik, die das Tier nicht traumatisiert und verängstigt. Hundefänger arbeiten meist selbständig. Oft führen sie auch Tierpensionen oder Tierheime.«[143]

Tempora mutantur, nos mutamur in illis. Oder schlicht auf Deutsch: Hier wurde der Gärtner zum Bock gemacht.

81. GRUND

Weil Hundeflöhe in keinen Flohzirkus gehören

Sie ziehen Kutschen und bewegen Karussells. Sie spielen Fußball und schießen zuverlässiger Tore als der HSV in den letzten drei Bundesliga-Spielzeiten. Sie tanzen so zauberhaft Ballett, als hätte John Neumeier die Choreografie mit ihnen einstudiert. Sie sind die kleinen, ganz großen Stars in jedem Flohzirkus. Zwar haben die Auftritte dieser possierlichen Jahrmarktsattraktionen in den vergangenen Jahren stark abgenommen, aber auch in unserer schnelllebigen Zeit finden sich hie und da die dressierten Sprinter und Hüpfer auf den Kleinstmärkten (nicht zu verwechseln mit Flohmärkten) unseres Landes ein.

Was wäre ein Flohzirkus ohne einen Zirkusdirektor. Er dressiert nicht nur seine Artisten, sondern ist auch für die richtige Auswahl seiner Schützlinge zuständig. Denn das Team muss stimmen. Und Floh ist nicht gleich Floh. Erst einmal: Nur weibliche Flöhe kommen für einen Zirkus in Betracht, denn die männlichen sind zu klein und zu schwach. Und bei den weiblichen Flöhen hat der Herr Direktor – hier sind es wiederum die Männer, die das Sagen haben – sich zwischen Menschen-, Hunde- und Katzenflöhen zu entscheiden.

Einer der ganz Großen seines Fachs war Roloff Otava, der Mitte des 19. Jahrhunderts den Vorläufer des »Floh-Zirkus Birk« (heute noch jedes Jahr auf dem Oktoberfest) gründete. 1948 wurde Otava von dem ebenso berühmten Bernhard Grzimek für *Die Neue Frankfurter Illustrierte* interviewt. Einmal nicht zu Grzimeks Spezialgebiet »Steinlaus«, sondern das Gespräch drehte sich natürlich um Zirkusflöhe[144].

Roloff Otava arbeitete nur mit Menschenflöhen, niemals mit Hundeflöhen. Hundeflöhe taugen nichts und im Zirkusrund schon gar nichts. Otava: »Ein Menschenfloh lebt bis zu zwei Jahren und kann 16 bis 20 Monate arbeiten. Hundeflöhe werden in Freiheit nur drei bei vier Monate alt. Wenn sie gefesselt sind, sterben sie nach ein bis zwei Tagen. Sie mögen kein Menschenblut oder werden schwarz, wenn sie es getrunken haben.«

Seine Menschenflöhe hingegen lasse er auf seinen Armen und Beinen saugen, »für gewöhnlich einmal am Tag, wenn sie arbeiten, zweimal. Es dauert zwei Minuten bis eine Viertelstunde, bis sich ein Floh vollgesogen hat. Sie lieben auch nur Menschenblut. Ich habe versucht, sie auf der rasierten Haut von Hunden oder von kleinen Schweinen trinken zu lassen, aber sie mögen das nicht. Jucken tut es mich nicht, nur Hundeflöhe verursachen mir Flohstichschwellungen.«

Neuere, aber noch nicht veröffentlichte Untersuchungen der Berliner Charité haben ergeben, ein monokultureller Flohzirkus, in dem ausschließlich Hundeflöhe auftreten, könne keine reibungslose Zirkusshow abziehen. Ständig würden die Hundeflöhe hin und her rennen, auf Stöckchen warten und herrische Befehle vermissen. Obendrein würden sie ein fiepsiges Husten ausstoßen, das einem unkontrollierten Hundegebell gleichkäme. – Die Gene eben.

Wohl ebenfalls genetisch bedingt scheint das auffällige Chaos zu sein, das in einem gemischten Flohzirkus mit Hunden- und Katzenflöhen herrscht. Auch hier ist keine artistische Disziplin in die Vorstellung zu bekommen.

Sprachwissenschaftler sind sich sicher, dass die Redensart »einen Flohzirkus bändigen« sich nicht auf den klassischen Flohzirkus mit Menschenflöhen bezieht, sondern eindeutig das Chaos und die Unruhe beschreibt, die in einem Flohzirkus herrschen, wenn Hundeflöhe mit in der Arena sind.

82. GRUND

Weil dänische Verhältnisse trotz aller Rückschläge in Deutschland noch längst nicht erreicht sind

Ein ruhiger Waldparkplatz in der Vråby Plantage auf der dänischen Nordseeinsel Rømø im Frühherbst: Vögel zwitschern, Bienen summen, Käfer krabbeln. Die Septembersonne bricht sich in den Bäumen, und in der Ferne bellt kein Hund. Doch plötzlich wird die lauschige Idylle zu einem realen Parkplatz. Zwei Autos halten, Türen knallen, Heckklappen werden geöffnet, Hunde springen heraus. Immerhin werden sie sofort angeleint. Nur für ein paar Schritte, denn es geht in einen der drei »Hundewälder« der Insel, in ein eingezäuntes Stück Natur, wo die Hunde frei herumlaufen dürfen. Rein und Gatter zu, und Hund und Halter sind unter sich.

Es ist eine akzeptable Win-win-Situation: Spazier- oder Müßiggänger werden nicht weiter belästigt, Hundehalter können unbehelligt mit ihren Lieblingen Støckchenwerfen. Mit dem Motto »Willkommen mit dem Hund an der Leine!« wirbt das Rømø-Turistbureau dafür, dass »sich alle Besucher, die Einheimischen und die Tiere der Insel wohlfühlen sollen«. Es gelte aber »die Regel, dass Hundebesitzer ihre Hunde generell an der Leine zu führen haben«.

Jahrelang hatte »das kleine Land eines der schärfsten Hundegesetze weltweit«, so die *Hamburger Morgenpost* 2013. Und folglich warnten der vegane Redakteur und die ebenso fleischlose Redakteuse aus dem Tierschutzressort am 22. April jenes Jahres: »Vorsicht an der Grenze: Dänen töten Hunde«. Gewettert wurde unter Auslassung des legendären Friedrichs-Zitats (»sich nicht gemein machen«) gegen:

- das Verbot der Einreise von 13 auffälligen Rassen, darunter Pitbull, Kangal oder Amerikanische Bulldogge,
- die Möglichkeit der dänischen Polizei, einen Hund dieser 13 Rassen ohne weitere juristische Prüfung einschläfern zu lassen,
- die Beschlagnahme und mögliche Einschläferung eines jeden Hundes, der einen Menschen oder einen anderen Hund gebissen hat,
- die absolute Anleinpflicht von April bis September,
- das 140 Jahre alte Wegegesetz, das Grundstückseigentümern erlaubt, streunende Hunde auf ihrem Grundstück zu erschießen.

Natürlich durfte im Schulterschluss mit der dänischen Tierschutzorganisation »Fair Dog« und der Tourismusbranche die Warnung vor drohenden Arbeitsplatz-Verlusten nicht fehlen. Jan Haapanen, der Chef von Dänemarks großer Ferienhausvermietung »Novasol«, sei »entsetzt«, so die *Mopo*: »Man schießt doch nicht auf Urlauber-Hunde. Wir verlieren deutsche Touristen, unseren Ruf und dänische Arbeitsplätze.«

Nach einem Jahr konnte die Lobby-Gruppe einen ersten Erfolg verzeichnen. Stolz vermerkt »Novasol« auf ihrer Internetseite: »Dänemark liberalisiert umstrittenes Hundegesetz im Juni 2014. Die Änderungen bieten Hundebesitzern mehr Sicherheit: So genießen frei laufende Hunde nun wieder gesetzlichen Schutz. Bislang hatten Landbesitzer das Recht, Hunde zu erschießen, wenn sie sie als ›streunend‹ bzw. ›verwildert‹ ansahen – dies ist jetzt mit der Gesetzesänderung verboten. Ebenso haben Hundebesitzer, deren Hunde in einen Beißvorfall verwickelt waren, nun Anrecht auf die Beurteilung eines Sachkundigen und müssen nicht mehr die sofortige Einschläferung ihres Tieres befürchten.«

Doch deutsche Tierschützer geben sich nicht zufrieden, sie fordern eine Aufhebung des Verbots »von Zucht, Haltung und Einfuhr für 13 als ›gefährlich‹ gelistete Hunderassen«. Birgit Thiesmann von »Vier Pfoten«: »Kein Hund ist von Geburt an bissig oder gefährlich.« Und Mike Ruckelshaus, der »tierschutzpolitischer Sprecher von Tasso e.V.«, ergänzt: »Hunde pauschal aufgrund ihrer Rassezugehörigkeit als gefährlich einzustufen ist wissenschaftlich unhaltbar. Rasselisten, ganz gleich ob in Dänemark oder Deutschland, gaukeln lediglich eine Scheinsicherheit vor, leisten aber keinen effektiven Beitrag zum Schutz der Bevölkerung vor gefährlichen Hunden.« Und gemeinsam warnen sie »weiterhin vor Reisen mit Hund nach Dänemark«.

Das Erstaunliche aber: Deutsche Hundebesitzer sehen diesen ganzen Streit äußerst gelassen. Sie sind froh, mit ihren Hunden in den »Hundewäldern« herumtollen zu können, und nehmen Hinweise von einheimischen Insel-Dänen, sie mögen ihren Hund bitte anleinen, nicht krumm, sondern entschuldigen sich artig. Es ist wie mit den Autobahnen: Bis Flensburg wird volle Pulle gerast und die PS-Sau rausgelassen, nach der Grenze geht es dann aber ganz »hyggelig« weiter.[145]

83. GRUND

**Weil der ökologische Pfotenabdruck
der Umwelt mehr schadet als ein SUV**

Brenda und Robert Vale kommen zwar aus Neuseeland, dem Land der Kiwis auf der anderen Seite des Äquators. Dort ist bekanntlich alles anders als auf der Nordhalbkugel der Erde. Aber wo das Paar recht hat, hat es recht. Im Juli 2009 veröffentlichten die beiden den Ökoratgeber *Time to Eat the Dog: The Real Guide to Sustainable Living*[146] (nicht zu verwechseln mit dem Thriller *Eat Dog Eat* mit Nicolas Cage und Willem Dafoe).

Den beiden geht es in ihrem ökologischen Standardwerk um die eine Kernfrage: Wer belastet die Umwelt mehr? Ein Auto oder ein Hund? Die Antwort, der Hund, ist auf den ersten Blick verblüffend, die Rechnung der beiden Neuseeländer aber durchaus überzeugend. Sie benutzen für ihren Vergleich den Indikator für Nachhaltigkeit, den biologischen Fußabdruck, also die Bodenfläche, die ein Mensch oder Tier jährlich zum Leben benötigt.

Ein Hund frisst wie Sau: Ein mittelgroßer Hund verzehrt im Jahr 164 Kilogramm Fleisch und 95 Kilogramm Getreide. Ein Kilo Hähnchenfleisch benötigt zur Produktion eine Fläche von 43,3 Quadratmetern, ein Kilo Getreide bringt es auf 13,4 Quadratmeter. Das heißt, dass der mittelgroße Hund einen ökologischen Fußabdruck von 8.400 Quadratmeter pro Jahr benötigt und hinterlässt.

Der Vergleich mit einem Geländewagen ist nur auf den ersten Blick schwierig zu verstehen. Der Vergleichswagen, ein Toyota Land Cruiser, benötigt 55,1 Gigajoule[147], um ihn zu bauen und ein Jahr lang 10.000 Kilometer fahren zu lassen (zur Einordnung: 44 GJ ist die freiwerdende Explosionsenergie der größten konventionellen Fliegerbombe der United Air Force, der MOAB; besser bekannt als »Mother Of All Bombs«). Ein Hektar Land liefert eine Biomasse, die einem Energieertrag von 135 Gigajoule entspricht. Daher haben

Geländewagen, umgerechnet, einen ökologischen Fußabdruck 4.100 Quadratmetern, also weniger als der Mittelklasse-Hund mit seinen 8.400 Quadratmetern.

Das neuseeländische Autorenpaar hebt den mahnenden Zeigefinger: »Die Entscheidungen, die wir auf dem Weg zu einer nachhaltigeren Gesellschaft treffen müssen, können so schwer sein, wie darüber nachzudenken, den eigenen Hund zu essen.« Als umweltverträgliches Haustier empfehlen sie das Kaninchen – vorausgesetzt, es werde mit Garten- und Küchenabfällen gefüttert und später gegessen.

Auf die Variante koreanischer Umweltschützer, die Hunde möglichst früh zu schlachten und dann aufzuessen, gehen die beiden Neuseeländer nur in ihrem Buchtitel ein. Noch sehen sie darin für den Westen keinen realen Ausweg aus der Misere.

84. GRUND

Weil auch Hunde Reggae lieben

Für den Autor und viele Bob Marley-Fans heißt es jetzt: ganz tapfer sein. Denn zu bitter ist die – meist ganzseitige – Hiobsbotschaft der Boulevardmedien zum Beginn des Jahres 2017: Hunde hören am liebsten Reggae! Tapfer zu sein ist das eine, einen kühlen Kopf zu behalten das andere. Jetzt also nicht der überstürzte Griff in die Schallplattensammlung, um alle Vinyl-Klassiker zu zerbrechen und in die Tonne zu treten, keine Vernichtung der umfangreichen CD-Reggae-Sammlung und am Rechner kein »mark and delete« bei allen Bob Marley-Songs.

Also die Schreckensmeldung noch einmal ganz in Ruhe durchlesen, das ganze Horrorszenario kühl und sachlich analysieren: »Wie die Forscher der Universität Glasgow im Journal *Physiologie and Behaviour* schreiben, sind Hunde durchaus musikaffin. ›Die

Forschung zeigt, dass Musik einen Effekt auf das Verhalten von Hunden hat‹, sagt Doktorandin Amy Browman. Zusammen mit der schottischen Tierschutzorganisation Scottish SPCA untersuchte Bowman, welche Musik Hunde mit den Ohren schlackern lässt.«[148]

Erstens: Die University of Glasgow, gegründet 1451, hat sich in all den Jahrhunderten weder durch die Erforschung schottischer Dudelmusik noch Wissenswertes im Bereich der Kynologie hervorgetan. Vielmehr steht die Uni Glasgow für Forschung und Lehre auf den Gebieten der Mathematik und des Ingenieurswesens (James Watt), Physik (William Thomson alias Lord Kelvin), Ökonomie und Philosophie (Adam Smith) und last, but not least der Reformatorischen Theologie mit John Knox. Und auch die sechs universitären Nobelpreisträger von Sir William Ramsay (Chemiker) bis Sir James Whyte Black (Pharmakologe) hatten nix mit Hunden oder gar Musik an ihren Doktorhüten.[149] Der wissenschaftliche Erkenntnisgewinn also: äußerst gering bis vernachlässigungswürdig.

Zweites: Auftraggeberin der Studie ist die schottische Tierschutzorganisation Scottish SPCA, »Scotland's animal welfare charity«, die ständig – wie bei solchen Organisationen üblich – um Spenden bettelt.[150] Und zu einer guten Akquise gehört auch immer eine gute Geschichte. Professionelles PR bestimmt den Erfolg. Nach dem semi-wissenschaftlichen, aber durchaus gängigen Motto »Wes Hand mich füttert, des Lied ich sing«[151] konnte ein medien- und publikumswirksames Thema national erzielt und international veröffentlicht werden.

Also alles zurück auf Anfang, denn für den Autor und die vielen Bob Marley-Fans heißt es jetzt: ganz entspannt einen durchziehen und die Musik der Insel hören, ungestört träumen und genießen!

8. GEBOT FÜR HUND UND HALTER

••••••••••••••••••••••••••••••••••

MACH NUTZ

85. GRUND

**Weil sie nicht mehr ins All
geschossen werden**

Was für ein Tag in Ost-Berlin. In der Hauptstadt der DDR hüpften Junge Pioniere vor Freude im Kollektiv, liebkosten FDJler die Friedensfahne des Arbeiter-und-Bauern-Staates und herzten sich die SED-Größen mit ausgiebigen Bruderküssen ab. In der Sowjetischen Botschaft Unter den Linden, dem Klotz im Stile des Sozialistischen Klassizismus, wurde kräftig gefeiert. Im Kuppelsaal flossen Krimsekt und Wodka aus allen Flaschen. Kaviar, Zwiebeln und fetter Speck wurden goutiert und gemümmelt. Es war der 3. November 1957, und der ganze Ostblock feierte die Weltraummission der Hündin Laika, die mit der Rakete »Sputnik 2« in die Umlaufbahn der Erde geschossen worden war.

Laika (Лайка) ist der russische Name für Kläffer. Laut Wikipedia ist Laika als Streuner auf Moskaus Straßen aufgegriffen worden: »Sie war eine ca. dreijährige Mischlingshündin. […] Ihre genaue Herkunft kann nicht mehr ermittelt werden, aber es gilt als sicher, dass sie teils Husky, teils Terrier war.«[152]

Die offizielle, westliche Version der Causa »Laika« liest sich wie folgt: »Im Wettlauf mit den USA um die Eroberung des Weltraums gelang es am 4. Oktober 1957 der Sowjetunion, mit Sputnik 1 den ersten Satelliten in eine Erdumlaufbahn zu bringen. Nach diesem Erfolg plante Nikita Chruschtschow eine zweite Weltraummission am 7. November 1957, dem 40. Jahrestag der Oktoberrevolution.

Um den gewünschten propagandistischen Effekt zu erzielen, sollte diesmal ein Säugetier den Weltraum erreichen.«

Doch dies ist, wie gesagt, die offizielle, revisionistische Version. Nach dem Ende des Kalten Krieges tauchten in der gestürmten Stasi-Zentrale in der Normannenstraße Akten auf, die nicht rechtzeitig den Weg in den Reißwolf (sic!) gefunden hatten. Ungeschredderte Unterlagen belegen eindeutig: Laika war ein Pilotprojekt der UdSSR und des KGB, um der Plage streunender Hunde Einhalt zu gebieten. Es war nicht nur ein sowjetisches Problem, sondern überall im Gebiet des Warschauer Paktes grassierte eine nicht registrierte, subversive Hundepopulation. Den Ausschlag gab ein Hilferuf des rumänischen Staatspräsidenten Nicolae Ceaușescu, der des Heers der streunenden rumänischen Straßenköter nicht mehr Herr werden konnte.

Das Geheimprojekt »Laika« wurde unter strengsten Sicherheitsauflagen geplant: Alle Hunde ab ins All! Und es war Chruschtschow

persönlich, der dem Ganzen eine propagandistische Note gab: »Wir schlagen die USA im Weltraum. Sie schicken Affen, wir aber haben Hunde.«

Sputnik um Sputnik mit unzähligen Hunden und Hunden wurden ins All geschickt. Die genaue Zahl lässt sich nicht mehr ermitteln, aber es müssen Tausende und Abertausende gewesen sein, die in den Hunde-Gulag verbannt wurden und qualvoll im All verreckten. Erhalten ist die zynische Aussage des KGB-Vasallen Erich Mielke: »Ich liebe doch alle. Aber nicht hier.«

Nach dem Ende des Kalten Krieges einigten sich die USA und Russland. Keine Hunde und keine Affen mehr ins All. Die Folge: Rumänische Straßenköter werden nach Deutschland eingeführt, und Donald Trump sitzt im Weißen Haus.

86. GRUND

Weil der innere Schweinehund hingegen ein guter Freund ist

In ihrem Deutschen Wörterbuch wussten die Gebrüder Grimm 1899 zwar vom »Schweinhund«, nicht aber vom »inneren Schweinehund« zu berichten: »Schweinhund – schimpfwort für ein unflätigen oder höchst niedrigen menschen«[153]. Der »innere Schweinehund« kam erst mit Beginn des 19. Jahrhunderts im Gleichklang mit den preußischen Tugenden auf die Agenda. Für jeden guten Deutschen galt es, den »inneren Schweinehund« zu überwinden, vor allem als Soldat im Ersten Weltkrieg.

Im offiziellen Politikbetrieb tauchte der »innere Schweinehund« erstmals offiziell in einer Rede des SPD-Abgeordneten Kurt Schumacher im Deutschen Reichstag am 23. Februar 1932 auf: »Die ganze nationalsozialistische Agitation ist ein dauernder Appell an den inneren Schweinehund im Menschen; und wenn wir irgendetwas beim Nationalsozialismus anerkennen, dann ist es die Anerkennung, daß ihm zum ersten Mal in der deutschen Politik die restlose Mobilisierung der menschlichen Dummheit gelungen ist.«[154] Reichstagspräsident Hermann Göring (NSDAP) fand das gar nicht witzig und erteilte einen Ordnungsruf.

Kurz nach seinem Amtsantritt im Juni 1932 als Reichswehrminister griff Kurt von Schleicher den Begriff wieder auf und verwendete ihn »im Zusammenhang mit soldatischen Tugenden«[155]. Folglich wurde ab sofort nicht mehr von der Überwindung, sondern vom Besiegen des inneren Schweinehundes gesprochen.

Auch heute gilt es, im täglichen Leben den inneren Schweinehund zu besiegen. Allen voran der »Hundetrainer« Martin Rütter, der öffentlich erklärte, er wolle »2017 den inneren Schweinehund überwinden«. Wie das geht? Google und unsere Leitmedien sind voll davon. Ein aktuelles Beispiel, eins von so vielen: »Neun gute Tricks gegen den inneren Schweinehund – Ob Joggen oder Training im Fitnessstudio: Was auch immer sich manche Menschen sportlich vornehmen, scheitert an ihrem inneren Schweinehund. Mit ein paar Tricks lassen sich die Ziele trotzdem erreichen.«[156] Doch wer will das – außer Rütter – schon.

Viel schöner hingegen ist das Wort »Prokrastination«[157], was dem dämlichen deutschen Leitspruch »Was du heute kannst besorgen, das verschiebe nicht auf morgen« so wunderschön entgegensteht. Prokrastination – das hat Musik im Klang, das ist durch und durch stimmig. Da kann auch ein verkorkster Wikipedia-Autor oberlehrerhaft lange behaupten, dass diese »vorkommende Arbeitsstörung, die besonders bei Personen zutage tritt, die hauptsächlich selbstgesteuert arbeiten müssen (z. B. Studenten, Anwälte, Journalisten, Lehrer).«[158] Verleumden kann er dieses »Fauler-Sack-Dasein« damit noch lange nicht.

Und wer das einmal erkannt hat, kann auch mit dem sogenannten eigenen inneren Schweinehund seinen Frieden schließen. Und zur Bestätigung ruhig und entspannt Annett Louisan und ihrem Inneren Schweinehund zuhören: »Er geht niemals Gassi, er schläft, wo er frisst, dann scheißt er auf alles, was anstrengend ist.«[159]

87. GRUND

Weil auch der Nutzhund kein guter Hund sein kann

Hundefreunde berufen sich immer wieder auf die Nützlichkeit der Hunde: Sie führen die Blinden, locken die Lahmen und schmusen mit Damen. Sie tanzen im Varieté auf den Hinterbeinen, bringen beim Hunderennen, richtig platziert, jede Menge Kohle und können Wanzen in Flugzeugen sicher erschnüffeln. Beliebt in der Drogenszene sind ausgemusterte Polizeihunde, die immerhin für ihre neuen Besitzer noch die tägliche Ration Dope erschnüffeln können. Nicht zu vergessen der Punk- und Bettlerhund, der auch den einen und anderen Euro erwirtschaftet. Und als Grubenhund sind sie für jeden Leserbriefseiten-Redakteur von unverzichtbarem Wert.

Doch die wahren »Helden der Arbeit«, die Hunde der Arbeiter und Bauern, schufteten in den vergangenen Jahrhunderten – als Zug- und Karrenhunde, als Bratspieß- und Butterfassdreher.

Einen Hund vor ein Vehikel zu spannen war schon bei unseren Altvordern wohlbekannt. Eine der ältesten Überlieferungen ist ein Relief des Cerberus, der dreiköpfig für seinen Gott Hades die Toten in selbigen zog. Und seit *Ben Hur* wissen wir um die waghalsigen Wagenrennen der Römer, deren Molosser die dekadentverzierten Rennwagen rasant über die antike Piste zogen. Unvergessen und noch früher auch Hannibal, der sich von 37 mächtigen grauen Kriegshunden über die Alpen befördern ließ.

Eine wahre Blütezeit erfuhr der Zug- und Karrenhund im Mittelalter und der Neuzeit. Thomas Müntzer war es, der gegen die Feudalherren und ihre Jagdhunde aufbegehrte und für die Bauern das Privileg des Ackerhundes durchsetzte, damit diese die Felder eggen, bestellen und düngen konnten. Während der Zeit der Landflucht siedelten vor allem junge Bauern in die Städte um. Klar, dass sie ihre Karrenköter mitnahmen und mit ihnen in den verwinkelten Gassen der Städte viel Geld machten. Sie vermieteten ihre Zugtiere als Milch- oder Bierkarrenhunde, setzten sie bei dem Transport von Heringstonnen vor den Schubkarren ein oder belieferten Kunden mit Fleisch und Obst per Hundekarre. Kinder des wohlhabenden Bürgertums waren begeistert und begehrten nicht nur Hundeschlitten, sondern obendrein Hundekaleschen.

Nicht verbürgt ist die Geschichte des Halbchinesen Felix Lee, der in jener Zeit in Berlin in einer Wäscherei arbeitete, für eine kurze Zeit ein offenes Hunde-Taxi betrieb und mit diesem Grundgedanken in seine Heimat zurückkehrte, um mit Hunde-Rikschas zu reüssieren. Allerdings hatte er den Heißhunger der Chinesen auf Hunde vergessen, sodass er, ganz der alten Tradition folgend, bis an sein Lebensende die zweirädrigen Karren selbst durch Pekings Straßen ziehen musste.

Der Niedergang der Hundekarren-Kultur setzte mit der Erfindung des Mercedes »Smart« und der Ikea-Transport-Fahrräder ein. Und die Aktivisten von PETA taten das Übrige und Übliche. Die Folge war ein grünes Gesetz zum Hundekarren-Verbot.

Heute ist der Zughund nur noch in seiner traurigen Form als Ausrede für das Um-die-Häuser-Ziehen bekannt.[160]

88. GRUND

Weil fremde Beine nicht geil angehoppelt werden sollen

Berlin, Prenzlauer Berg: Es ist Latte-macchiato-tiempo, also die Zeit vor und zwischen den beiden ersten zwei Proseccos. Kinder plärren in ihren Kombikinderwagen ihren »2in1-Begleitern« vor sich hin. Die jungen Mütter quaken und schnattern mit den anderen jungen Müttern, die ebenso nichts Wesentliches von sich geben. Distinguierte schwäbische Lebemänner machen auf Boheme und begutachten lüstern und diskret über den Rand der *Süddeutschen* hinweg schlanke Fesseln und lange Beine auf dem dargebotenen Laufsteg. Und die »Irgendetwas-mit-Medien«-Hipster lassen sich mit ihren Möpsen oder Französischen Bulldoggen an den Neben- und Abstelltischen nieder.

Zwischen-Information des alten Zoologen Alfred Brehm zum Mops: »Früher sehr verbreitet, ist der Mops gegenwärtig fast ausgestorben, zum Beweis dafür, daß Rassen entstehen und vergehen. Heutzutage soll das Tier besonders in Rußland noch in ziemlicher Anzahl vorkommen; in Deutschland wird es nur hier und da gezüchtet und dürfte schwerlich wieder zu allgemeinem Ansehen gelangen; denn auch hinsichtlich dieses Hundes hat sich der Geschmack gebessert.«[161]

Hier hat sich der olle Tierforscher ordentlich geirrt, aber er konnte auch nicht den Boom der Werbe- und Medienmacher, der Texter und Täuscher ahnen. Aber vom Mops hatte Alfred Brehm richtig Ahnung und konnte schon damals deren Besitzer trefflich charakterisieren: »Der Mops war der echte Altejungfernhund und ein treues Spiegelbild solcher Frauenzimmer, bei denen die Bezeichnung ›Alte Jungfer‹ als Schmähwort gilt, launenhaft, unartig, verzärtelt und verhätschelt im höchsten Grade, jedem vernünftigen Menschen ein Greuel. Die Welt wird also nichts verlieren, wenn dieses abscheuliche Tier samt seiner Nachkommenschaft den Weg allen Fleisches geht.«

Doch die Brehmsche Kritik ist den altjüngferlichen Medienleuten noch nicht untergekommen, und da die Möpse eben nicht den Weg allen Fleisches gegangen sind, darf dieses »mißtrauische, mürrische Wesen« mit der »ganz eigentümlich abgestumpften Schnauze und schraubenförmig gerolltem Schwanze« zwischen den Tischen toben und tollen, wie es ihm beliebt.

Und ist keine »Alte Jungfer« in der Nähe zu finden, wird eben der Nächstbeste angegangen. Mit einer nicht sonderlichen Eleganz wird mit einem kurzbeinigen Hüpfer das übergeschlagene Bein des Tischnachbarn angesprungen, erobert und kräftig durchgemopst.

Und die hippen Media Youngster und toughen Werbetexter giggeln sich einen und sind sofort in feuchte Endreime verliebt: »Hoppe, hoppe Reiter, zu Hause mopsen wir dann weiter.«

89. GRUND

Weil mit Welpen bei der Wohnungssuche arglistig getäuscht wird

Ein ausgeklügelter, aber nicht minder verwerflicher Fall, wie er täglich bei der Wohnungssuche in jeder deutschen Großstadt immer wieder vorkommt: der Anwinsel-Trick, eine Wohnungsbeschaffungsmaßnahme in drei Akten. Die handelnden Personen: ein jugendliches Pärchen mit niedlichem Welpen; ein hartherziger Vermieter; ein tierfreundlicher Boulevard-Journalist; ein mitfühlender Vermieter.

I. Akt (ein dunkles Zimmer mit einem abgewetzten Sofa): Ein junges Paar, nennen wir die beiden Paul und Paula, sitzt mit dem richtig süß dreinblickenden, aber auch eine gewisse kindliche Melancholie ausdrückenden Welpen Peterchen auf dem Sofa und erzählt seine Geschichte. Sie hätten eine schöne Wohnung, fühlten sich hier wohl und seien durch und durch zufrieden.

(Der kritische Betrachter merkt sehr schnell: Stimmt alles nicht. Die Wohnung ist zu klein, die Miete zu hoch, die Nachbarn sind tratschende Ekelpakete. Und auch der Hund gehört ihnen nicht, sondern ist von einem Tierfänger oder der Welpen-Mafia ausgeliehen.)

Doch weiter mit der rührseligen Geschichte und dem abgefeimten Anwinsel-Trick: Aufgrund einer mündliche Zusage ihres

Vermieters für Peterchen haben sie ihn aus dem Tierheim adoptiert. Doch ohne Vorwarnung und voller Hinterhältigkeit bestreitet der Vermieter nun eine Einwilligung zur Tierhaltung in der Wohnung und stellt das liebliche Paar vor die gnadenlose Alternative: Hund weg oder Kündigung. Peterchen schnieft sentimental, und Paul und Paula sind den Tränen nahe: »Unser Peterchen geben wir nicht wieder her.«

II. Akt (Redaktion einer Boulevard-Zeitung): Ein Redakteur sitzt vor seinem Bildschirm und haut vergnügt in die Tasten. Die Überschrift steht schon: »Irrer Streit um süßen Dackel-Welpen – Vermieter wirft Pärchen raus«. Und auch der Rest ist schnell zusammengeschustert. So wie Paul und Paula es erzählt haben. Angereichert mit stimmungsvollen, auf die Tränendrüse drückenden Adjektiven. Und ganz am Ende der menschlich-tierischen Tragödie die schwungvolle Aufforderung zur Leser-Blatt-Bindung: »Wer Paul und Paula, aber auch Peterchen helfen will und eine Wohnung zur Verfügung stellen kann, melde sich bitte in der Redaktion.«

III. Akt (wieder ein Zimmer mit Sofa, diesmal heller und schöner): Peterchen, Paul und Paula strahlen über die ganze Fresse und ihre Gesichter. Das Happy End ist eingetreten, sie haben eine neue Wohnung. Paula: »Uns ist echt ein Stein vom Herzen gefallen.« Ein netter Vermieter hatte die Geschichte gelesen und sich sofort in der Redaktion gemeldet. Eine neue Wohnung für die drei, ruhig und zentral; größer, schöner und billiger.

Vorhang – der Anwinsel-Trick hat wieder einmal geklappt. Und der stinkende Dackel-Welpe kann gegen eine geringe Leihgebühr an den Hundefänger oder die Welpen-Mafia zurückgegeben werden.

90. GRUND

**Weil Udo Lindenberg sogar Blindenhunde
mit Eierlikörchen rocken lässt**

Guido Pirelli, der Zwerg, war fester Bestandteil in jeder großen Lindenberg-Show. Er wuselte über die Bühne, machte seine Purzelbäume und FlicFlacs unter dem kreisenden Mikro des Sängers, hüpfte verhalten und leicht verzögert im Takt zu Lindenbergs Gesang. Pirelli war voll eingebunden in die perfekte Choreografie der Paniktruppe. Niemand ahnte, dass er blind war.

Auf der Bühne machte das nichts, da gab's die Mucke, der er blind folgen konnte. Jenseits der Bühne sei es aber ein großes Problem gewesen.

Alle in der Crew haben helfen können, haben den kleinen Guido immer begleitet, ihn an die Hand genommen. Zum Supermarkt, in die Kneipe, zu den Groupies. »Da gab es welche, die standen auf Zwerge.« Solange das Panikorchester tourte, war alles gut, »nahm seinen Lauf, gab's nullo problemo.« Doch nach der letzten Show, zurück in Hamburg, driftete die Band bis zum nächsten Gig auseinander, und jeder ging seines Weges.

Ihn habe »Guidos Schattendasein, dieses Dunkle im Jetzt,« nicht losgelassen. Ihm sei daher die Idee mit einem Blindenhund zugeflogen. »Ein Blindenhund, das ist wie ein Sonderzug ins Licht.« Also schickte Udo seinen langjährigen Leibwächter Eddy Kante los. Der kam mit einem »wirklich zahmen American Staffordshire Terrier vom Kiez zurück. Das war so ein kleiner, gedrungener. Mit ganz wachen Augen. Und die brauchte Guido ja.«

Auf dem hätte Guido reiten können. »So gut passten sie in der Größe zueinander.« Aber als Blindenhund war er nicht zu gebrauchen. Lindenberg: »Ne null, nichts, nada. Absolut uncool.« Immer zog die Töle Guido irgendwo hin. Etwa an Laternenpfähle, um zu pinkeln. Pirelli hörte das Geräusch, wähnte sich auf einer öffentlichen Toilette und schiffte auch in die Gegend. Oder in den Puff, in seine alte Heimat: »Gab nur Ärger in der Herbertstraße. Die Ladys fühlten sich bei ihren Geschäften gestört.«

Udos Manager gab ihnen den Rat, einmal beim Roten Kreuz nachzufragen. Also zog Eddy Kante wieder los. Sie versuchten es mit einem ausgebildeten Labrador. Der kannte alle Gefahren der Großstadt, konnte an Ampeln Rot und Grün unterscheiden, rannte nicht läufigen Hündinnen hinterher, aber er war auf normale, große Menschen trainiert worden. Er war schneller als der kleine Guido, schleppte ihn um die Ecken, schleifte ihn über Zebrastreifen und zog ihn Treppen rauf und runter. Guido purzelte immer wimmernd hinterher.

Gleiches Ergebnis auch mit einer Schäferhündin und einem Dobermann.

Lindenberg hatte eine Idee bei einem Eierlikörchen: »Da kam die Erleuchtung, hat es gefunkt, hat plong gemacht, hier zwischen den Ohren.« Er habe angefangen zu zeichnen: Mann mit Hund. Erst einen ausgewachsenen Schäferhund mit einem Durchschnittsmenschen daneben. Im nächsten Bild wurde der Mensch kleiner, der Hund ebenso. Skizze für Skizze habe er Mann und Hund schrumpfen lassen. Als das Männlein die Größe von Guido Pirelli hatte, hatte dieser einen Dackel an der Leine.

Lindenberg: »Da war alles paletti. Ich hätte auch rechnen können, aber Mathe is nich so mein Ding. Ich habe es bei den Hündchen-Likörellis rausbekommen.«

Im Hamburger Hotel Atlantic ist gleich neben der Bar ist ein kleiner Raum, nur mit Original-Panik-Malerei an den Wänden. In einem Rahmen sind fünf Skizzen nebeneinander zu sehen. »Vor dem Horizont« ist der Titel. Udo hat die Zeichnungen nachträglich mit Eierlikör koloriert. Der erste Mann ist eindeutig Udo Lindenberg mit einem Schäferhund. Dann verwischen sich die Charaktere von Mensch und Hund. Das letzte Bild aber ist wieder viel klarer und zeigt Guido Pirelli mit dem Dackel.

Der Rest ist mit der Geschwindigkeit eines Eierlikörchens erzählt: Ein geeigneter Dackel wurde gefunden, umgehend zum Blinden-Teckel ausgebildet, und seitdem spaziert Guido Pirelli sicher, geruhsam und zufrieden durch die Stadt.[162]

91. GRUND

Weil ein Hundepuff nicht in die Nachbarschaft gehört

Demonstrationen gegen Flüchtlingsunterkünfte gehören seit Jahren in Ost und West zum politischen Alltag. In den ostdeutschen, den ehemaligen, also neuen Ländern ist der Grund eher ein dumpfer Ausländerhass, im Westen dagegen wird oftmals eine bürgerliche Besorgnis zur Integration der prinzipiell willkommenen Refugees vorgeschoben. Erfolgreich sind die Proteste allemal. Ebenso gehört es mittlerweile zum guten Ton, gegen lärmende Kindertagesstätten vorzugehen und gegen Neubauten auf der grünen Wiese aufzubegehren. Auch ein Bordell in der näheren Umgegend ist nicht erwünscht.

Und aufrechte Bürger mit dem silbernen Schäferhundkopf im Knopfloch am Revers stehen breitbeinig neben Dackelbesitzern und Pudel-Damen, aber auch stadtbekannten Hundefeinden und Giftköder legenden Hundehassern auf der Straße, wenn es darum geht, einen Hundepuff in der Villa nebenan zu verhindern. Wohlgemerkt soll hier kein Sexschuppen für die stetig ansteigende Zahl der Hundeficker, die sich auch einmal nicht nur auf YouTube vergnügen möchten, errichtet werden, sondern das Etablissement ist für den dauergeilen Hund auf der läufigen Hündin und dient allein der tierischen Liebe untereinander.

Die Idee ist schon gut 15 Jahre alt, vielleicht auch viel, viel älter. Jedenfalls beantragte im März 2003 der Euskirchener Konzeptkünstler Karl-Friedrich Lentze erfolgreich beim Berliner Bezirksamt Mitte das Betreiben einer »gewinnorientierten Hundebegegnungsstätte«. Er müsse, so die behördliche Antwort, lediglich bei Eröffnung einen Gewerbeschein ausfüllen und eine Verwaltungsgebühr von € 26,– zahlen. Berlins Tierschützer waren sofort auf Zinne und liefen Sturm, allen voran Ursula Sack, 1. Vorsitzende des Vereins »Hund und Gesellschaft«: »Die ganze Geschichte ist völlig hirnrissig.«[163] Letztendlich gab Karl-Friedrich Lentze auf. Doch seine Geschäftsidee wurde nicht vergessen.

Es waren die Hells Angles, die sich gerne an die guten alten Zeiten erinnerten und immer noch so manche Döntjes[164] rund ums Thema Prostitution draufhatten. Seit sie auf dem Feld der Organisierten Kriminalität so manche schwere Schlappe hatten einstecken müssen, suchten sie nach neuen Betätigungsfeldern und erinnerten sich an den Hundepuff. Als Erstes besorgten sie sich in großem Stil rumänische Straßenköter, weiblich, päppelten sie auf und steckten sie bundesweit in angemietete Häuser. Ihre Pitbulls, Dobermänner und Mastinos ritten die rumänischen Hundedamen zu, machten sie gefügig, und das Geschäft konnte starten.

Und das Geschäft florierte so gut, dass die Nachbarn auf das unzüchtige, tierische Treiben aufmerksam wurden. Als die Beschwerden bei Bezirksämtern und anderen Behörden sich als erfolglos erwiesen, nahmen die Bürger das Heft des Handelns selbst in die Hand. Entschlossen und gemeinsam demonstrierten sie in einer bis dahin nicht vorgekommenen Einigkeit von Hundehaltern und Hundehassern täglich vor den Hunde-Bordellen. Ihr Schlachtruf bundesweit: »Keine Hunde-Luden, neben unsern Buden«.

Entnervt suchten die Rocker mit ihren läufigen Hündinnen das Weite.

9. GEBOT FÜR HUND UND HALTER

•••••••••••••••••••••••••••••••••••

MACH SCHLAGZEILEN

92. GRUND

Weil nur so der Grubenhund sein Unwesen treiben kann

Georgius Agricola (1494–1555) war ein deutscher Arzt, Apotheker, Wissenschaftler und der Begründer der modernen Geologie und Bergbaukunde. In seinem Werk *De re metallica* beschrieb er erstmals die Rolle von einem »Hunt« oder »Hund«, jenes hölzernen Lauf- oder Förderwagens, der im Bergbau unter Tage eingesetzt wurde. Jahrhunderte später gelangte dieser Hunt aus den Bergbaugruben als »Grubenhund« zu wundersamem Ruhm.

In der Ausgabe vom 18. November 1911 bauschte die bürgerliche österreichische Zeitung *Neue Freie Presse* ein kleines Erdbeben zu einer großen Katastrophe auf: »Es ist nunmehr festgestellt, daß das gestrige Erdbeben in Wien nur ein Ausläufer des großen Bebens war, dessen Zentrum etwa 500 Kilometer westlich von Wien in den Voralpen lag und sich besonders im Westen Deutschlands und in der Schweiz fühlbar gemacht hat, wo zum Teil nennenswerter Sachschaden verursacht wurde und die Bevölkerung in große Aufregung geriet.«[165]

Das Blatt zitierte Augenzeugen, so auch »die Mitteilungen aus dem Publikum« des »Herrn Dr. Ing. Erich R. v. Winkler, Assistenten der Zentralversuchsanstalt der Ostrau-Karwiner Kohlebergwerke«. Er schildert eindrucksvoll technische Beobachtungen vom Beben aus dem »Kompressorraum« über »seismische Störungen« und »eine auffällige Varietät der Spannungen« und »einer Verschiebung des Hochdruckzylinders an der Dynamomaschine [...]

wodurch zwei Schaufeln der Parson-Turbine starke Deformationen aufwiesen und sofort durch Stellringe ausgewechselt werden mußten.«

Doch damit nicht genug. Die *Neue Freie Presse* lässt den Herrn Assistenten der Zentralversuchsanstalt weiter wie folgt zu Wort: »Völlig unerklärlich ist jedoch die Erscheinung, daß mein im Laboratorium schlafender Grubenhund schon eine halbe Stunde vor dem Beginn des Bebens auffallende Zeichen größter Unruhe gab.«

Es war die Geburtsstunde des »Grubenhundes«. Das Dumme für die österreichische Tageszeitung: Jener »Erich Ritter von Winkler« war in Wirklichkeit der Ingenieur Arthur Schütz aus Wien, der den ganzen wissenschaftlichen Unsinn über seismische Störungen am Hochdruckzylinder mit seiner Parson-Turbine sich aus den Fingern gesogen hatte, um die halbstündige Vorahnung des Grubenhundes umso glaubwürdiger klingen zu lassen. Sein Ziel mit dieser bewusst lancierten Irreführung war die Bloßstellung der reißerischen Berichterstattung des bürgerlichen Blattes.

Ein besonderer Freund des Grubenhundes bei seiner Kritik an der »Journaille« wurde der Wiener Schriftsteller und Satiriker Karl Kraus. Immer wieder kämpfte er gegen die »Tintenstrolche«, die »Pressköter« und die »Fanghunde der öffentlichen Meinung«.

Bereits am 23. November 1911, fünf Tage nach Veröffentlichung in der *Neuen Freien Presse*, schrieb er in seiner Zeitschrift *Die Fackel* die Satire »Der Grubenhund«[166] und verhalf diesem Hund zu gebührender kulturpolitischer Anerkennung.

Nicht zu verwechseln ist der Grubenhund mit der Zeitungsente, einer klassischen Falschmeldung in den Medien, die nicht auf mangelnder Recherche beruht. Dichter am Grubenhund liegt da schon der reißerische Begriff »vor Ort«. Dieser scheinbare Authentizitäts-Begriff für eine besonders aktuelle Berichterstattung kommt auch aus der Welt der Bergleute: »Vor Ort« bedeutet das Ende des Stollen unter Tage.

93. GRUND

Weil 60 Millionen Klicks auf YouTube für einen XXL-Pitbull einfach 60 Millionen Klicks zu viel sind

Sein Name ist Hulk, und nomen est omen. Er ist 80 Kilo schwer, fast zwei Meter groß und ein Star auf YouTube. In nicht einmal zwei Jahren hat er es weltweit auf 57.986.656 Aufrufe gebracht (Stand Januar 2017).[167] Hinzu kommen noch 2.750.790 Klicks auf das Galileo/ProSieben-Video über Hulk für dumme Deutsche, die kein Englisch können, sich aber dennoch einen Hulk reinziehen möchten (ebenfalls Stand Januar 2017).[168]

Hulk ist laut Eigenwerbung der größte Pitbull der Welt. Er ist der ganze Stolz des amerikanischen Pitbullzüchters Marlon Grennan. Der Mann mit dem Traumberuf kennt sich aus: »Wenn er arbeiten muss, geht er gern zur Arbeit. Das sind Gladiatorenhunde. Auf Kommando greift der Hund an. Um ihnen ein erfülltes Leben zu geben, muss man das mit ihnen machen. Ihm macht es richtig Spaß.«

Aber Hulk hat auch einen Riesenspaß mit der ganzen Familie: Mit Mama Lisa, Papa Marlon und dem dreijährigen Brüderchen Jordan sitzt er friedlich schlabbernd auf dem Wohnzimmersofa. Oder er zieht das Familienoberhaupt auf einem Schlitten durch den Schnee, knutscht in eindeutiger Haltung mit der Dame des Hauses im Flur und nimmt mit dem kleinen Jordan ein Schaumbad in der Familienwanne. Und draußen im Garten werden harmlose, aber kraftvolle Angriffe und Beißattacken durchgespielt.

Hulk ist dreimal so groß wie ein normaler Pitbull. Aber von Überzüchtung will sein Boss nichts wissen, denn so große Pitbulls sind in den USA gar keine Pitbulls, sondern werden »American Bully XXL« genannt.

Und überhaupt: Hulk ist gar nicht der größte Pitbull der Welt. Vernichtende Kritik kommt aus Deutschland. In der Nähe von Bochum hat ein Leonardo Russo einen größeren, wenn nicht sogar den größten, wie er stolz der Welt am 4.3.2015 berichtete:[169] Seiner richtet sich bei voller Nennung des mächtigen Namens »Prince Hektor the Giant« auf ganze 70 Zentimeter auf. Und sein »Dicker«, wie Russo ihn liebevoll nennt, bringt auch 85 Kilogramm auf die Waage, fünf mehr als Hulk. Doch damit nicht genug: Da sich »Prince Hektor the Giant«, anders als Hulk, noch im Wachstum befindet, wird er ein Gewicht von 92 Kilogramm erreichen.

Legt man jetzt beim Gewicht einen schlichten Dreisatz in Relation zu den bisherigen Hulk-Aufrufen an, so wird es der Deutsche auf sagenhafte 66.684.654 Klicks bei YouTube bringen.

Von Hunden versteht der Deutsche eben mehr als jeder andere auf der Welt.

94. GRUND

Weil Hundebesitzer keine Bücher lesen

Sie nennen sich Hundebücher und haben so verspielte, saublöde oder pseudo-sachliche Titel wie:

Fred und Otto – Stadtführer für Hunde; Die Hundegrenze; Langenscheidt: Hund–Deutsch, Deutsch–Hund; Unsere lieben Dackel; Lesen statt Bellen; Sitz! Platz! Plätzchen – Backen für den Hund; Hunde-Training; Eine Macht auf vier Beinen; Im Hundehimmel; Herrchenglück; Zum wilden Eck – Ein Mops-Krimi; Is' was, Dog?; Der kleine Mops; Hunde, die besten Freunde; Dog-Management; Liebe auf krummen Beinen.

Seitenlang ließe sich dieser Hundetitel-Scheiß fortsetzen, aber wer will das schon lesen.

Bei Google gibt es unter dem vorgeschlagenen Suchbegriff »gute Hundeliteratur« 21.700 Ergebnisse. Das sind 21.700 Ergebnisse zu viel. Denn »gute Hundeliteratur« ist ein doppelter Widerspruch in sich: Gute Hundebücher kann es gar nicht geben, und den Hundeschund Literatur zu nennen grenzt an Blasphemie. Und getreu der guten alten journalistischen Maxime, immer eine zweite Seite zu hören, immer einen Gegencheck zu machen, wird »Schundliteratur« eingegeben. 27.300 Treffer. Das heißt: Neben dem 21.700-fachen Hundeschund muss es noch eine kleine Ecke, genau 5.600 Mal, anderen Mist zwischen zwei Buchdeckeln geben.

Dass Hund und Literatur nun einmal nicht zusammengehören, ist nicht zuletzt durch den großen Literaturkritiker Marcel Reich-Ranicki (»Das ist keine Literatur, das ist Schund«[170]) belegt. Und daher ist es überhaupt keine steile These, zu behaupten, dass der Hundebesitz den Besitz eines Buches, wohlgemerkt eines Buches und keines Schundheftes, ausschließt. Herrchen und Frauchen sind keine literarischen Leser und Leserinnen. Wie sollten sie auch gesittet ein Buch halten können, wenn sie ständig mit Stöckchen- oder Frisbeescheiben-Werfen beschäftigt sind, ihren Vierbeinern Leckerlis ins Maul stopfen und das Hundefell auf der Suche nach Hundeflöhen durchkraulen.

Als einziges Druckerzeugnis kaufen sie sich, neben einschlägigen Hundejournalen, das einzeilige Standardwerk *Hier wache ich,* um es angeberisch an die Pforten ihres Domizils oder Jägerzäune ihres Kleingartens zu pappen. Manchmal geht auch der Trend zum Zweitwerk: *Achtung! Freilaufende Hunde – Ich wohne auch hier! – Mein Haus! Meine Familie! Mein Garten! – Achtung! Selbstmord ist doch auch keine Lösung! – Hier wohnt eine Familie und ich bin ihr Bodyguard* oder ganz schlicht *Vorsicht Hund.*

Preislich liegen die Ausgaben für die Hunde-Schundliteratur zwischen 15,90 und 16,90 Euro. Sie werden auf dubiosen Web-Seiten gehandelt oder in einschlägigen Ramschläden zwischen Maulkorb (sic!) und Flexi-Leine verkauft.

Wie oben schon erwähnt, gilt das journalistische 2-Quellen-Prinzip bei jeder Recherche. Also auch hier: Ran an den zweiten Beleg dafür, dass Hundehalter keine Bücher lesen.

Zwei literarische Großveranstaltungen finden jährlich in Deutschland statt, die Frankfurter und die Leipziger Buchmesse. Allein in Frankfurt kamen 2016 rund 278.000 Besucher in den fünf Tagen zu der weltgrößten Bücherschau. Unter ihnen kein einziger Hundehalter. Das wussten auch die Veranstalter schon im Vorweg. Wie auch in den vergangenen Jahren verzichteten sie, ebenso wie ihre Kollegen in Leipzig, auf nicht notwendige Hundeverbotsschilder. Nirgendwo in den weiten Hallen des Messegeländes waren Piktogramme mit durchgestrichenen Hunden zu sehen, an keiner Stelle störte die laienhafte Zeichnung eines Pudels mit den dazugehörigen Worten »Wir müssen draußen bleiben«.

Denn sie kamen einfach nicht und ihre Herrchen auch nicht, weil diese einen Scheißhaufen von Hundekot auf die Welt des Buches geben. Quod erat demonstrandum.

95. GRUND

Weil Hundemagazine die wahre Lügenpresse sind (Teil I)

Vorweg erst einmal drei bis sieben Thesen, Fakten und sonstiges Gedöns zum Thema Hundepresse, der wahren Lügenpresse:

- Hundegeschichten werden durch das Welthundetum zentral gesteuert
- Hundemagazine haben nur einen gemeinsamen Feind, die heimtückischen Hundefänger
- Hundeblätter bescheißen konsequent, wenn es um die tatsächliche Menge des Hundekots auf den Straßen geht
- Hundehefte leugnen die bissigen Attacken auf deutsche Bürger, besonders wenn Kinder, Frauen und Alte die Leidtragenden sind
- Hundepresse halt die Fresse. Oder aber auch: Hundepresse – auf die Fresse!

Journalist und Aufklärer Udo Ulfkotte[171] hat es schon immer vermeldet, und Eva Herman[172] hat sowieso ins gleiche Horn posaunt.

Grundlegend lässt sich sagen, dass die Lügenpresse Tatsachen verdreht und unterschlägt, einseitig und tendenziös berichtet, nur das im Sinne der Herrschenden veröffentlicht, was jeder krumme Hund gerne lesen möchte. Sie leugnen gefährliche Hundeattacken, ärgerliche Tretminen und lästiges Hundegebell. Sie hübschen ihre verzogenen Lieblinge für endlose Fotostrecken auf, geben Verhaltensregeln zur dekadenten Hundezucht, heißen die neuesten Hundebefehle selbstbellend gut und fordern ein generelles Verbot von Leinenzwang und Hundesteuer. Sie polemisieren gegen Maulkörbe für Kampfhunde leugnen Beißstatistiken von Listenhunden, und wenn sie nicht mehr weiterwissen, brüllen sie nur aus tiefsten Herzen: »Fass!«

Die Macht ihres Medienimperiums verschleiern die Hunde-Verlage und ihre kynologischen Verleger permanent. Ihnen geht es nur um den Profit in der Branche. Mafiös verschleiern sie die Auflagen und die genauen Anzeigenerlöse, verstecken sich hinter dubiosen IVW-Zahlen[173]. Es nimmt nicht wunder, dass die letzte Untersuchung zur Hunde-Lügenpresse, über Hundebücher und Hundemagazine aus dem Jahr 2006 stammt[174].

Schon damals kam es ganz dicke: »Nimmt man die sieben wichtigsten deutschen Hundezeitschriften, so ergibt sich aus deren Verkauf ein jährlicher Umsatz von knapp 17,6 Millionen Euro. Berücksichtigt man noch weniger bekannte und weniger auflagenstarke Hefte, so kann man von einem Umsatz von ca. 20 Millionen Euro pro Jahr für Hundezeitschriften ausgehen.«

Das war die zusammengefasste Situation im Januar 2006. Im Oktober desselben Jahres startete dann der Verlag Gruner+Jahr seine Großoffensive mit Dogs und schüttete zweimonatlich etwa 44.000 Exemplare auf den Köter-Boulevard. Rechnet man die damals schon bestehenden sieben wichtigsten Hundezeitschriften dazu (*Wild und Hund* – Auflage: 3.000.000 pro Jahr; *Partner Hund* –

57.000, monatlich; *Hundewelt* – 79.600, monatlich; *Hunde-Revue* – 30.000, monatlich; *Der Hund* – 40.000, monatlich; *Mein Hund* – 9.000, 6-mal im Jahr; *Das deutsche Hundemagazin* – 60.000, monatlich), kommt eine Medienmacht zusammen, der gegenüber dem Springer-Konzern nur ein kleiner, moppeliger Franz-Josef Wagner ist.

Wohlgemerkt, diese Zahlen sind über zehn Jahre alt. Neuere Untersuchungen sind wohlweislich nicht erhoben und also auch nicht veröffentlicht worden, denn es erschien dem Bundesamt für Statistik zu gewagt, in Zeiten von AfD und Pegida den Lügenpresse-Kritikern noch mehr Material zu liefern. Ganz im Sinne des internationalen Welthundetums, der alles mit wachen Augen und gespitzten Ohren registriert und steuert.

96. GRUND

Weil ein Hund im Schafspelz immer noch ein Hund ist

Sonntage sind die lahmen Tage in einer Zeitungsredaktion. Politisch ist außer Sonntagsreden von Hinterbänklern nichts los. Nur im Kultur- und Sportressort hinterlässt das Wochenende einige erwähnenswerte Highlights. Lokalredakteure und die Kollegen aus dem »Vermischten« stehen dumm da und wissen nicht, womit sie ihre Seiten füllen sollen. Der frenetische Jubel in den weiten Redaktionshallen ist daher verständlich, wenn zumindest eine Hundemeldung über den Ticker kommt. dpa: »Mann gab Hund als Schaf aus – Steuern gespart«.

Die Geschichte: Mann geht in Rostock mit Hund spazieren – wird kontrolliert – der Hund hat keine Hundemarke – der Mann behauptet, der Hund sei ein Schaf – eine Amtstierärztin wird hinzugezogen – das Schaf ist ein Hund, ein zotteliger Perro de Agua Español – die Polizei ist sich sicher: der Mann wollte keine Hundesteuer zahlen – Anzeige.

Alles wird ein wenig ausgeschmückt, zwei, drei Fotos dazu, und schon steht eine ganze Seite im »Vermischten«. Oder eine halbe zumindest.

Und weil, wie gesagt, die Sonntage die lahmen Tage in einer Zeitungsredaktion sind, sind auch aufwendige Recherchen nicht angesagt. Investigativer Journalismus an einem Sonntag schon gar nicht. Nur so ist es zu erklären, dass am folgenden Montag keine deutschsprachige Tageszeitung den Scoop landete und mit einer Titelgeschichte zur Thematik »Wolf reißt Schaf« aufmachte.

Denn was Grüne und andere Tierschützer schon immer behaupteten, dass Wölfe zahm und vegan seien und niemals über Schafe herfallen, war durch den Rostocker Perro de Agua Español nun bewiesen. Die immer wieder durch die Medien jämmerlich blökenden, »vom Wolf angegriffenen Schafe« waren keine Schafe, sondern spanische Wasserhunde im Schafspelz, für die die sogenannten Schäfer keine Hundesteuer zahlen wollten. Und der medial immer wieder aufgebauschte »Kampf Wolf gegen Schaf« war und ist nichts weiter als ein schnöder Revierkampf Wolf gegen Hund. So wie er seit Jahrtausenden in der Natur vorkommt.

97. GRUND

**Weil der große RAF-Experte Stefan Aust auch nix
über Baader und Bello weiß**

Stefan Aust – wer kennt ihn nicht – ist der deutsche Journalist, der den Sprung vom *Spiegel* zur *Welt* locker geschafft hat. Und der kleine Mann von der Unterelbe ist auch der große Experte in Sachen Terrorismus. Egal ob NSU oder RAF, Aust ist immer dabei, wühlt sich durch Geheimdienst- und BKA-Akten, entdeckt innovativ und extrovertiert die Wahrheit hinter den Geheimnissen. Aust weiß, wovon er schreibt und spricht, hat er doch schon in frühen Jahren von seinem V-Mann Buback den Siegfried-Spruch gelernt: »Esse nie ein braunes Ei, denn die weißen sind besser zu durchleuchten.«

Also um endlich auf den Punkt zu kommen: Aust äußert und austert stets Neues zur RAF. Genauer: zum Verhältnis der Roten Armee Fraktion zu den Bunten Hunde Rassen. Investigativ untersucht er akribisch das Verhältnis von Baader zu Blindenhunden, von Ensslin zu Englischen Bulldoggen und Meins und Meinhof zu Mops und Molosser. Aust: »Einige der handelnden Personen habe ich aus früheren Zeiten persönlich gekannt.«

Daher die entscheidende Frage hinter allem: Wie hielt es die RAF mit den Hunden? Welche Aktionen waren geplant, und noch viel wichtiger: warum? Wollten sie Hunde erbeuten? Sie sich zulegen? Als bürgerliche Tarnung vielleicht? Oder wollten sie die Tiere befreien? Einfach so? Oder als Test? Oder um weitsichtig der zweiten und dritten RAF-Generation zu zeigen, wie »der Hase läuft«, so Baader laut Aust in einem der zahllosen Protokolle. Fakt ist, dass der harte Kern der RAF eine Tierbefreiung oder aber einen Tierraub plante (hier sind sich Aust und seine Quellen nicht ganz sicher).

Eines aber steht dennoch fest. Aust: »Andreas Baader hatte vor Beginn der Aktion noch ein Ablenkungsmanöver vorgeschlagen. Das Tierheim in Ruhleben sollte mit Hundekuchen beschossen werden. Doch weder RAF noch ›2. Juni‹ waren im Besitz von solchen Geschossen.« Die Aktion schlug fehl. Baader flippte aus und schrie Stefan Aust an, der gar nicht anwesend war, sich aber noch gut erinnern kann: »›Nun haben Sie den Krieg, den Sie gewollt haben!‹ brüllte Baader und schleuderte eine gefüllte Kaffeetasse durch den Raum.«

Da Aust eben nicht anwesend war, konnte er die Kaffeetasse weder fangen, noch aus dem Kaffeesatz lesen. Doch die BKA-Akten verrieten ihm das Entscheidende: Da war nichts, aber da hätte viel sein können.

Des Stefans Fazit also: Da war nichts, aber da hätte viel sein können. Und es wird weiter ein großes journalistisches Geheimnis bleiben, wie es die RAF mit den Hunden hielt. Eine Insider-Information aber hat der innovative Journalist von Welt noch parat: Jan-Carl Raspe wollte für eine kurze Zeit einen Rauhaardackel. Doch Baader, der Gruppen-Despot, hat es verboten – mit Unterstützung der Ensslin (glühend) und der Meinhof (zerknirscht). Aust: »Das war dann das endgültige Aus der ersten RAF-Generation.«[175]

98. GRUND

Weil eine gute Idee einen auch zum Handeln zwingt

1992 – Fünf Journalisten saßen in einer Kneipe. Jeder vor einem Glas Guinness. Vier Hamburger Journalisten fachsimpelten vor sich hin. Dann musste eine höchst brisante Frage geklärt werden: Was ist die beste Boulevard-Schlagzeile? Eine, in der alles, aber auch wirklich alles drinsteckt. Eine Zeile, die schamlos jeden Dreck abdeckt. Die kein niederträchtiges Bedürfnis auslässt und kein gängiges Klischee vernachlässigt.

Vier Guinness später war sich der Kneipen-Presserat einig: Nichts ging über die alte, irgendwann Mitte der 1970er-Jahre von der Illustrierten *Quick* ermittelte Zeile: »Deutscher Schäferhund beißt Inge Meysel Brustkrebs weg!« Da war wirklich alles drin. Da gab es nichts dran zu meckern. Das war auch heute nicht zu toppen.

Noch einmal ein Guinness für jeden, und schon wieder tauchte eine medienrelevante Grundsatzfrage auf und musste diskutiert werden: Welche ebenso überfällige wie auch überflüssige Zeitschrift fehlt auf dem deutschen Medienmarkt. Und noch eine Runde Guinness später schlug die Geburtsstunde von *Kot&Köter – Die Zeitschrift für den Deutschen Hundefeind*. Eine Redaktionssitzung hatte es dann auch gleich gegeben und das redaktionelle Konzept war festgeklopft worden. 44 Seiten, Hochglanz. 44 Seiten, die es in sich haben sollten.

Die Anti-Hundezeitschrift entwickelte ihre Eigendynamik. Eine Titelschutzanzeige wurde platziert, und prompt nahm sich der mediale Boulevard begierig des Themas an. Erst die privaten Radiosender, dann die Zeitungen. Schon nach einer knappen Woche zogen die nachmittäglichen Krawall-Talkshows genüsslich nach.

Sechs Jahre lang (1992–1998) tingelte der Autor, tingelte ich als der angebliche Chefredakteur von *Kot&Köter*, als »Hundehasser der Nation« auf Sat1, RTL, Pro 7 etc. durch die Programme – ohne je eine Zeitschrift, ohne je eine einzige Ausgabe produziert zu haben. Nur eine Titelseite – aufgeklebt auf einer echten Hundezeitschrift – gab es, die ich bei meinen Auftritten bereitwillig in jede Studiokamera hielt. Sechs Jahre mit 16 Auftritten bei Schreinemakers, Arabella, Sonja und Co.

Es weckte meine journalistische Neugier: Was steckt hinter diesen Talkshows? Wie funktionieren sie? Welches redaktionelle Konzept hält sie am Laufen?

Die Krawall-Talkshows der 1990er – und in abgemilderter Form auch die »seriösen« von heute – arbeiten nach einem simplen Strickmuster: Ein reißerisches Thema muss mit Kontrahenten besetzt werden, die sich dann ordentlich fetzen sollen. In meinem Fall war es das Thema »Haustier/Hund«. Die Kontrahenten waren die Hundeliebhaber und der Hundehasser – Good Guy gegen Bad Guy. Meine Rolle war klar.

Und klar wurde mir auch sehr schnell, dass die Talkshow-Redaktionen keine Redaktionen im journalistischen Sinne waren, sondern schlichte Rollenbesetzungsbüros. Ein Künstlerdienst für Kleindarsteller großer und kleiner Themen. Anders wäre es nicht möglich gewesen, dass ich allein dreimal bei Arabella Kiesbauer eingeladen wurde und es die Zeitschrift immer noch nicht auf dem Markt gab.

1998 outete ich mich: Alles nur ein Fake, alles nur eine journalistische Recherche.

2013 veranstaltete die dju, die Deutsche Journalisten Union in ver.di, ihren jährlichen Journalistentag unter dem Motto »Genug gejammert«. Neue Wege für einen unabhängigen Journalismus sollten gezeigt werden. Ich schlug das Thema »Crowdfunding« vor, und wie immer bei Gewerkschaftern hieß es sofort: »Gutes Thema, mach mal.« Also startete ich einen Selbstversuch zum Crowdfunding.[176]

Und es hat geklappt. Innerhalb eines Monats wurden im Netz 7000 Euro für eine Nullnummer von *Kot&Köter* gespendet. Da stand ich nun vor der Aufgabe, das Heft auch tatsächlich auf den Markt zu bringen.

Ein Scheißspiel, denn jetzt wurde die Kür zur Pflicht: Sieben Ausgaben musste und durfte ich produzieren. Sieben Ausgaben für ein nun existierendes Heft *Kot&Köter* als Chefredakteur. Bis dann das Geld ausging und das kleine, feine Start-up pleite war. Und wir beim düsteren Begräbnis dann wieder ein schwarz-dunkles Bier trinken konnten.

99. GRUND

Weil bei den Hundstagen noch so viele Fragen offen sind

Wenningstedt, dieses abgehalfterte Nobelkaff auf der vom Blanken Hans angenagten Insel Sylt, hat es bitter nötig und wirbt mit verqueren Bildern für Touristen zur Nachsaison: »Wenningstedt-Braderup hob eine Veranstaltungsreihe aus der Taufe, bei der alle Bellos und ihre Besitzer 100-prozentig auf ihre Kosten kommen: Die ›Hundstage‹ bieten jeweils eine Woche lang Vorträge, Unterhaltung, Spaziergänge, Wettbewerbe und Tipps rund um das Fellwesen und seine artgerechte Haltung. Ein Projekt, das gleich bei der Premiere ein Riesenerfolg war und neben Menschen aus der ganzen Republik auch viele Einheimische begeisterte.«[177] Einer der Höhepunkte für das »Fellwesen« ist sicherlich die gemeinsame Wattwanderung. Da können die Hunde bei Ebbe aus Herzenslust und vollen Därmen beim »Kacken gegen den Wind« ins Watt scheißen, denn die Flut spült ja wieder alles weg. Reine Hundstage eben.

Klimatisch sind die Hundstage in Europa die heißen Tage im Sommer in der Zeit vom 23. Juli bis zum 23. August. Astrologisch gehen sie auf das Sternbild Großer Hund mit dem Aufgang des hellen Sterns Sirius zurück. Die ollen Griechen erklärten sich die sommerliche Hitze mit der Verschmelzung des Sonnenlichtes mit dem Feuer des Sirius. Die Araber gingen noch einen Schritt weiter und »bezeichneten die in flirrender Sommerhitze besonders häufig erscheinenden Fata Morganen gar als den ›vom Himmel tropfenden Speichel des Hundsterns‹.«[178]

Kulturhistorisch tauchen die Hundstage immer einmal wieder auf. Götz von Berlichingen gingen sie nicht am Arsch vorbei, als er befand, »es war sehr heisz und eben in den hundstagen«. Auch Heinrich Heine nahm im *Buch Le Grand* 1826 auf besagte Zeitspanne Bezug: »In der Hölle ist es ganz höllisch heiß, und als ich mal in den Hundstagen dort war, fand ich es nicht zum Aushalten.« Walter Kempowski schrieb gar 1988 einen ganzen Roman über die besagten Tage, und auch ein Dortmunder *Tatort* mit dem genial durchgeknallten Kommissar Faber (Jörg Hartmann) führte 2016 die Hundstage im Titel.

Doch die letzte, die endgültige Frage aller Fragen zu den Tagen der Hunde wurde nie beantwortet: Was macht der Rüde am Vatertag und die Hündin am Muttertag?

100. GRUND

Weil auch Hundebücher zur Lügenpresse zählen (Teil II)

Dass Hundemagazine eindeutig die Merkmale der Lügenpresse aufweisen, haben wir schon hinlänglich belegt. Doch zu diesem publizistischen Gestammel kommen auch noch die Druckerzeugnisse, die sich hochtrabend »Hundebücher« nennen. Auch sie sind natürlich als Untergruppe unter dem Oberbegriff Lügenpresse einzuordnen. Wie schon für die periodische Lügenpresse (Hundemagazine) liegen auch für diesen Hundezweig keine neueren Daten vor. Auch hier muss auf die schon erwähnte Göttinger Studie zurückgegriffen werden.[179]

Die veralteten Zahlen hatten es schon damals 2006 in sich: »Bei den Hundebüchern ist die exakte Ermittlung der Umsätze nicht einfach. Vorausschickend kann jedoch gesagt werden, dass laut Auskunft der Verlage der Handel mit Hundebüchern seit einiger Zeit boomt. [...] Laut ›Buchladen Online‹ sind derzeit 1.100 Sachbücher über Hunde im Handel erhältlich.« Die Göttinger Wissenschaftler kamen daher zu dem alarmierenden Schluss: »Damit kommt man auf einen geschätzten Umsatzwert bei Hundebüchern von 55 Millionen Euro.«

Hier ein kurzer, völlig repräsentativer Überblick über alles, was den Markt überschwemmt, verstopft und verseucht. Getreu dem Rezensenten-Motto: Kennst du einen, kennst du alle:

Zum wilden Eck, Ein Mops-Krimi – Alfred Brehm mochte keine Möpse, verabscheute diesen »Altejungferhund«. Dem widerspricht die offizielle Mops-Seite www.mops-rennen.de natürlich vehement: »Brehms Mopsverachtung? Absurd, das finden hier natürlich alle, denn sie wissen: Der Mops kann lachen wie ein Kind.« Diese glupschäugige Sicht der Dinge findet auch Fritzi Sommer und geht noch einen Schritt weiter: »Sie sind unglaublich komisch. Ich habe dann beobachtet, wie sie miteinander und untereinander sind. Und irgendwann kam mir die Idee, einfach einen Krimi aus der Sicht von Hunden zu schreiben, die einen Fall lösen.«

Urkomisch auch die Person, die hinter der Autorin Fritzi Sommer steht: Sie ist NDR-Moderatorin und heiß Tina Wolf. Aber Namenswitze sind ja leider nicht erlaubt. Fritzi Sommer, *Zum wilden Eck*, Heyne, € 8,99

Herrchenglück – Mann muss nicht unbedingt ein Werbetexter wie Michael Frey Dodillet sein, um rührige Geschichten rund um den Hund so richtig menscheln zu lassen, doch hilfreich auf dem Weg zum »Bestseller« ist es allemal. Und hier stimmt einmal der abgedroschene Satz »Der Weg ist das Ziel«. Auf diesem Weg verkaufen sich die Hundeseller von *Herrchenjahre – Vom Glück, einen ungezogenen Hund zu haben* über *Herrchen will nur spielen – Aufzeichnungen einer aufmüpfigen Hündin* bis zum *Herrchenglück – Vom Chaos auf acht Pfoten* allesamt prächtig. Freuen wir uns also schon auf die Fortsetzung *Herrchengrab – So viele Knochen zum Knabbern und Sabbern*. Michael Frey Dodillet, *Herrchenglück*, Heyne, €14,99

Dog Management – Hundeschule war gestern, heute muss es hochtrabend Dog-Management heißen. Und aus einem Hundetrainer früherer Tage wird nunmehr der arrivierte Hunde-Coach. Und ihm, also dem Autor und Management-Coach Ulv Philipper, geht es um »Hundeausbildung und humane Führung«. Philipper: »Sie werden jedoch überrascht sein, da bin ich mir sicher, wie nah sich diese beiden Welten in Wirklichkeit sind. In der Hundeausbildung kann man alle Mechanismen wiederfinden, die auch in unserem zwischenmenschlichen Umgang sachliche Kommunikation fast gänzlich unmöglich machen.« Seine These daher: Diese Hund-Mensch-Beziehung zeigt sich auch im beruflichen Umgang mit anderen Menschen. Sicher hingegen ist lediglich nur: Da will jemand, der sich in den Talks unserer jugendlichen TV-Welt als alternder Hipster generiert, auf dem Büchermarkt als (Dog-) Manager ordentliche Boni absahnen. *Dog Management*, Ulv Philipper, Murmann, € 25,00

Der kleine Mops – Schon wieder ein Mops-Buch. Artdirektoren und Verlegerinnen scheinen diese kurzatmigen Wesen mit den basodowschen Augen einfach nur zu lieben. Wissen sie doch, dass keine Werbeagentur, kein Fotostudio, kaum ein Theaterintendant, geschweige denn der Maskenbildner oder Coiffeur von nebenan ohne diese geknechtete und missgebildete Kreatur jemals in der Welt der englischen Bulldoggen ihrer Auftraggeber überleben könnte. Hätten sie doch den alten Brehm ordentlich gelesen: »Die Welt wird also nichts verlieren, wenn dieses abscheuliche Tier samt seiner Nachkommenschaft den Weg allen Fleisches geht.« *Der kleine Mops*, Enver Hirsch, Knesebeck, € 14,95

Liebe auf krummen Beinen – so lautet nicht nur der Titel, sondern auch die Hauptfigur. Blasius von Rohmarken ist »ein krummer Hund«. Doch keine Sorge: Was hier wie eine Homage an den »film noir« anmutet, zeigt keinen schnodderigen Belmondo oder kettenrauchenden Ventura, sondern nur den »jungen Kriminalkommissar Daniel« und seinen Kollegen Langhaardackel, der es neben der Aufklärung des Falles auch noch schafft, »seinem Herrchen die Bekanntschaft mit einer charmanten jungen Dame zu vermitteln«. Einfach nur süß und schwarzes »merde de chien«. *Liebe auf krummen Beinen*, Hans Gruhl, Rowohlt, € 7,99

Und dann ist da noch der Meister himself, der deutsche Hundeprofi Martin Rütter mit seinem *Hund-Deutsch/Deutsch-Hund* – Hier profiliert und blamiert sich der personifizierte Hundeflüsterer selbst bei dem Versuch, im renommierten Langenscheidt Verlag ein Wörterbuch zur Hundesprache zu veröffentlichen. Aber nix mit Wörterbuch zur Hundesprache, nada für eine bessere sprachliche Verständigung, niente beim Vokabellernen, sondern der öffentliche Hundeclown pupst nur die üblichen Allgemeinheiten und gesammelten Plattitüden zum Thema »bester Freund des Menschen« hin- und heraus. Er will witzig sein, soo witzisch, sehr urkomisch wirken, doch Rütter furzt nur platte Kalauer seiner gut trainierten Fangemeinde vor Kopf und Latz. Die jedoch applaudiert. Martin Rütter, *Hund-Deutsch/Deutsch-Hund*, Langenscheidt, € 9,99

101. GRUND

Weil süße Welpen und schmieriger Boulevard-Journalismus zueinander passen wie Arsch auf Eimer

Vorbemerkung: Der Autor kommt aus Hamburg und ist ständiger Leser der *Hamburger Morgenpost*. Besonders die Tiergeschichten haben es ihm angetan. Es darf hier auch nicht verschwiegen werden, dass der Autor in den 80er-Jahren des vergangenen Jahrhunderts vier Jahre lang als Journalist bei der *Mopo* gearbeitet hat.

Welpen gehen immer, und geklaute Welpen sind auf dem Boulevard des Journalismus etwas ganz Besonderes. Und wenn bei dem geklauten Welpen auch noch eine große Überraschung für den Dieb ansteht, ist die Geschichte rund. Taucht der Welpe dann Tage oder Wochen später wieder auf, lässt sich die Story noch einmal richtig schön hochkochen.

Die Geschichte: Im feinen Hamburger Stadtteil Eppendorf gibt es den Fahrradhändler Mustafa Sener, stolzer Besitzer von Mucaco, einem dreimonatigem Kaukasischen Owtscharka. »Es ist der 13. Dezember, 17 Uhr. Mucaco liegt in dem Hauseingang zu Seners Laden, nichtsahnend, dass er gleich geklaut wird.«[180] Doch dann die Überraschung: Eben war er noch da, jetzt ist er weg. Ein Glücksfall für *Mopo*-Redakteurin Janina Heinemann, denn die Diebin weiß nicht, was für ein puscheliges Wollknäuel sie mitgehen ließ. Die *Mopo* voller Häme für die ahnungslose Diebin: »Denn ausgewachsen wird Mucaco mal 50 bis 100 Kilogramm wiegen und es mit Wölfen oder sogar einem Bären aufnehmen. Sie sind treu, geben für ihren Besitzer ihr Leben, andererseits sehr schwer erziehbar und nur für erfahrene Herrchen geeignet. In Hamburg sind Owtscharkas Listenhunde, die nur nach einem Wesenstest ohne Maulkorb und Leine laufen dürfen.« Und nach dem Spott für die Diebin noch rührseliges Mitleid mit dem beklauten Herrchen, dem es richtig dreckig geht: »Ich bin traurig, habe jede Nacht Albträume, schrecke aus dem Schlaf hoch.«

Der Aufguss, fast einen Monat später in der *Mopo* vom 19.1.2017, diesmal sogar mit einer halbseidigen Duftnote aus dem Rotlichtmilieu und der krachenden Zeile als Aufmacher im Lokalteil: »So befreite ich meinen Hund aus dem Puff«. Mucaco war in einem Bordell im Norden Hamburgs gesichtet worden. Gegen einen »Finderlohn« von 200 Euro wurde die Adresse mitgeteilt. Und weiter im Text: »Offenbar hatte eine Prostituierte den wuscheligen Hund geklaut. Und nahm ihn sogar mit ins Bordell.[181] Seine Befreiung ist Stoff für einen schlechten Vorabendkrimi.«

Oder aber eben Grundlage für ein rührseliges Boulevardstück am schönen Hamburger Morgen.

102. GRUND

Weil der Autor manchmal nicht umhinkommt, selbst eine so gruselige Tierschutzorganisation wie PETA loben zu müssen

»Make Hollywood great again« ist nach dem Amtsantritt von Donald Trump auch die abgewandelte Devise in der amerikanischen Filmmetropole. Und nach dem alten MAM-Motto (»Men and Animals make Money«) wird fleißig in den Studios Tierisches produziert – vor allem Hündisches, denn Hunde laufen nun einmal besser als Katzen an den Kinokassen.

Jüngstes Produkt ist der Film *Bailey – Ein Freund fürs Leben* (Originaltitel: *A Dog's Purpose*). Um keine Zweifel aufkommen zu lassen: Hier geht es nicht um den irischen Cream Likör aus Whiskey und Milchrahm, der fürwahr ein »Freund fürs Leben« sein kann, sondern um einen schnöden Hund gleichen Namens. Oder besser um verschiedene Hunde gleichen Namens, die alle unterschiedlich, aber auch identisch sind, die ständig sterben und wiederauferstehen. Geht's noch? Also lieber den Pressetext des Filmverleihs aus der Fachpresse zitieren: »In Lasse Hallströms Tragikomödie *Bailey – Ein Freund fürs Leben* sucht ein Hund über die Zeitspanne mehrerer Reinkarnationen nach dem Sinn seiner Existenz.«[182]

Also noch einmal: Der Protagonist ist ein Hund, der immer wieder neu geboren wird, weil er nach dem Sinn des Lebens sucht. Und Potz-Blitz, er findet ihn sogar: »Wenn ich es schaffe, dass wir uns lieben und abschlecken, das ist der Sinn des Lebens.«

So weit, so schlecht. Doch dann taucht plötzlich im Netz ein Video von den Dreharbeiten in Kanada auf, das einen ungehorsamen Schäferhund, der, offensichtlich schlecht ausgebildet und mies dressiert, sich weigert, in ein Wasserbassin zu springen, um einen Menschen vor dem nassen Tod zu retten.

Auf den Kulturseiten der Leitmedien liest es sich dann so: »Auf dem Clip, der von ›TMZ.com‹ ins Netz gestellt wurde, wird ein Schäferhund von seinem Trainer angehalten, in ein Becken mit tosendem Wasser zu springen. Der verängstigte Hund versucht mehrmals aus dem Becken herauszuklettern. Im Wasser kämpft das Tier gegen künstliche Stromschnellen an.«[183]

Sofort waren die Tierschützer von PETA auf dem Plan, sprachen von »Tierquälerei« und twitterten: »Show everyone why they should #BoycottADogsPurpose! Tag @peta in a post of your dog & their special purpose ♥ …«.

Mit Erfolg, denn sie erreichten, dass der Kinostart dieser verlogenen Tierschmonzette abgeblasen wurde.[184]

Hier also einmal ein herzliches »Danke, PETA«!

103. GRUND

Weil ein Hund nie eine positive Sensation sein kann, auch wenn es ein »neuer« Rembrandt ist

Das Feuilleton frohlockte und jubilierte, nannte es eine sensationelle Entdeckung. Und auch das Kunstfachblatt *Bild* war begeistert: »Thomas Döring, Leiter des Kupferstichkabinetts am Braunschweiger Herzog Anton Ulrich Museum, ist auf den Hund gekommen – und freut sich auch noch darüber.« Denn, so die frohe Kunde: »In Braunschweig können Rembrandt-Fans nun ein kleines Bild des großen Meisters bewundern.«[185]

Entdeckt und neu zugeordnet wurde die Kreidezeichnung eines sitzenden Hundes, eines Terriers, der eindeutig kein Schoßhund, sondern vielmehr ein Arbeitshund ist. Alt, verlaust und erschöpft. Eine Dornenkette um seinen Hals, die der Abwehr von Rattenbissen diente, deutet darauf hin, dass er einst zur Rattenjagd eingesetzt wurde. Jahrhundertelang war das Werk dem deutschen Tiermaler

Johann Melchior Roos (1663–1731) zugeschrieben worden. Doch mikroskopische Analysen und Vergleiche mit anderen Rembrandts waren eindeutig. Die Töle ist nicht deutsch, sondern holländisch.

Hunde spielen in den Werken Rembrandts nur eine Nebenrolle, die höchstens verschämt eine unzüchtige menschliche Schwäche versinnbildlichen soll. So ist auf der Radierung *Joseph, seine Träume erzählend* ein Hund zu sehen, der sich sein Geschlechtsteil leckt. Und beim *Barmherzigen Samariter* ist es auch ein Hund, der dem Gütigen die Meinung geigt: Er kackt – mitten im Bild – auf die Straße.

Der Fund hat europäische Rembrandt-Experten alarmiert. Es gilt die bange Frage zu klären, ob jetzt die Geschichte der holländischen Malerei teilweise um- oder gar neugeschrieben werden muss. Denn längst wird Gerüchten zu einem anderen Bild des Meisters nachgegangen. *Der geschlachtete Ochse* (1655) wird im Pariser Louvre vermessen, analysiert und seziert. Das Bildnis zeigt einen aufgeschlitzten Tiertorso, der an den teils abgehackten Hinterbeinen an einem Holzgestell aufgehängt ist. Das Kunstmagazin *art* hat herausgefunden, dass das »fleischige Inkarnat« als »besonders realistisch galt, verweilten [doch] Hartgesottene in eigentümlicher Faszination« davor.[186]

Eine Faszination, die mitnichten ein alter Ochse, hingegen schon eher ein stattlicher, gut abgehangener Hund hervorrufen kann. Auch erregte das Werk seinerzeit eine »skandalöse Aufmerksamkeit«. Hundesachverständige der Fédération Cynologique International (FCI) sollen demnächst für eine wissenschaftliche Expertise herangezogen werden, um herauszufinden, ob es sich bei dem abgebildeten Kadaver um einen Hüte-, Treib- oder Vorstehhund handeln könnte.

104. GRUND

Weil Henryk M. Broder nicht nur eine selbstgerechte Rampensau, sondern auch ein armer »Pressköter« (Karl Kraus) ist

Henryk M. Broder ist der Dieter Bohlen der deutschen Journaille. Auch er hat Abitur, auch er ist recht geschickt in seinem Metier, auch er tummelte sich eine Zeit lang auf dem Parkett links der SPD. Und wie sich der Musiker aus Tötensen mit der Suche nach dem deutschen Superstar bei RTL zum Trottel macht, versucht sich der Wahl-Berliner Broder heute als Kolumnist bei Springers *Welt* am besten Freund des Menschen – dem Hund.

Broder beißt nicht, er will nur spielen. Das durfte er auch schon früher: In der manchmal, aber wirklich nur manchmal komischen TV-Serie *Entweder Broder – Die Deutschland-Safari* hatte er nicht nur als kumpelhaften Gegenpart einen Ägypter dabei, sondern auch einen struppigen Stinker namens Wilma, der oder die so richtig menschlich-süß jede Folge einleitend ansagen durfte.

Mittlerweile ist Henryk M. Broder beim Springer-Konzern zum Hunde-Kolumnisten aufgestiegen. Seine einzige Qualifikation: Er hat immer noch einen Hund. Den der Schelm bekloppt als seinen »Schwiegerhund Chico« tituliert.

Egal ob es sich um ein Badeverbot am Berliner Schlachtensee dreht, oder der Hundealltag im Allgemeinen beschrieben wird, die »spitze Feder Broder« (stand bestimmt schon irgendwo so) ist immer dabei – und was noch schlimmer ist, sein alter Kumpel Stefan Aust räumt ihm auch den redaktionellen Platz dafür ein. Eine kleine Auswahl von Originalzitaten der journalistischen Plaudertasche:

- »Berlin richtet No-go-Areas ein.«
- »Die ›Schlacht um den Schlachtensee‹ wurde sozusagen stellvertretend für alle Berliner Bezirke geführt.«

- »Haben Hunde nicht auch einen Anspruch auf Schutz ihrer Intimsphäre?«
- »Und wenn sie wüssten, wie eine Fernbedienung funktioniert, würden sie beim Zappen nicht im Dschungelcamp oder in Heidi Klums Mädchen-Gulag hängen bleiben. Könnte es sein, dass es diese Art von intuitiver Intelligenz ist, um die wir die Tiere beneiden?«
- »Ich möchte nicht missverstanden werden. Ich vergleiche nicht das Schicksal der Bedürftigen und Obdachlosen mit dem herrenloser Hunde. Ich setze es auch nicht gleich. Ich meine nur: Den Hunden geht es viel schlechter. Weder die Bahnhofsmission noch die Heilsarmee kümmern sich um sie, ich kann mich auch an keine Benefizgala zugunsten unbehauster Hunde erinnern, moderiert von Carmen Nebel unter der Schirmherrschaft des Bundespräsidenten. Herrenlose Hunde sind wirklich arme Schweine.«

Und Henryk M. Broder ist wirklich ein armer Hund, obgleich er so gerne ein wackerer Teckel in der Welt der geschliffenen Kolumne wäre.[187]

105. GRUND

Weil Hundegeschichten die Zeitungen vollmüllen

Jeder Volontär lernt es ganz früh während seiner publizistischen Ausbildung: »Hund beißt Mann« ist keine Meldung, »Mann beißt Hund« hingegen schon ein journalistischer Hammer. Die gängige Praxis im deutschen und internationalen Pressewesen hingegen sieht ganz anders aus, und berichtet wird nach der simplen Faustformel: Hund geht immer. Sowohl gefährlich und bissig als auch lieb und nett. Hundegeschichten schaffen es in die Meldungsspalte,

auf die Lokalseite und oftmals auch nach ganz vorne auf den Titel. Geschichten auf und von vier Pfoten müllen täglich die Medien voll. Hier eine wahllose Zusammenstellung von bissigen Zeitungsüberschriften:
- *Süddeutsche Zeitung*, 26.6.12: »Kampfhund greift an – Bullterrier beißt Dackel ein Ohr ab«
- *Süddeutsche Zeitung*, 16,8.12: »Kampfhund fällt drei Menschen an«
- *Süddeutsche Zeitung*, 15.11.12: »Kampfhund beißt Kind in den Kopf«
- *Süddeutsche Zeitung*, 23.3.13: »Von Hunden attackiert – Familie trauert um totes Mädchen«
- *Focus*, 11.4.13: »Attacke auf dem Spielplatz – Entlaufener Kampfhund beißt Jungen in den Kopf«
- *dpa*, 6.5.13: »Kampfhund beißt Frau die Nase ab«
- *Welt*, 24.4.14: »Frau beißt Kampfhund im Blutrausch Ohr ab«
- *Hamburger Morgenpost*, 30.10.14: »Hund beißt Frau – Herrchen flüchtet«
- *Hamburger Morgenpost*, 21.11.14: »Vor den Augen von zwei Achtjährigen: Goliath zerfleischt den kleinen Maxi – Steffordshire-Mix hatte schon einmal einen Hund totgebissen«
- *Hamburger Morgenpost*, 22.11.14: »Danke: Unser Hund ist wieder da – Marla war nach Beißattacke schwer verletzt geflüchtet«
- *Münchner Merkur*, 13.1.15: »Polizeihund beißt Buben«
- *Münchner Merkur,* 4.2.15: »Nach Rottweiler Angriff: Haftstrafe auf Bewährung«
- *Hamburger Morgenpost*, 1.3.16: »Kampfhund-Attacke auf Wild-Pinkler«
- *news.de*, 24.4.16: »Keine Überlebenschance – Kampfhund beißt drei Tage altes Baby tot«
- *Hamburger Morgenpost*, 10.10.16: »Krawall beim Fußball – Handfeste Keilerei auf dem Platz, weil ein Rottweiler ein Kind anfiel«

- *Hamburger Morgenpost*, 22.11.16: »Welpe Sammy von Bulldogge zerfleischt! – Tödlicher Angriff beim Gassigehen«
- *Süddeutsche Zeitung*, 23.11.16: »Bullterrier beißt Tierarzt ins Gesicht«
- *Hamburger Morgenpost*, 9.2.17: »Hundehalter hetzt Pittbull auf Beamtin«

So willkürlich die Überschriftenauswahl aus dem Zettelkasten des Autors auch ist, zeigt sie doch deutlich, dass Hundethemen kein Privileg der Boulevardpresse sind, sondern auch in den Redaktionen der sogenannten Qualitätspresse gerne genommen werden. Denn: Hund geht immer.

Schöner noch als die reinen Beißattacken sind die Mischungen aus Horror und Absurdität:

- *Hamburger Morgenpost*, 26.1.15: »Pfütze tötet Rottweiler – Bizarrer Unfall auf St. Pauli: Hund sofort tot, auch sein Besitzer wird verletzt«
- *Elbe Wochenblatt*, 6.5.15: »Dackelhalterin muss Kampfhundesteuer zahlen«
- *Hamburger Morgenpost*, 4.4.16: »Gruselmord auf Mallorca – Ehefrau (46) tötete 67-Jährigen, um ihn an den Hund zu verfüttern«
- *Hamburger Morgenpost*, 4.12.16: Mit der Faust aufs Auge – Besitzer rettet seinen Hund vor aggressivem Känguru«

Auch hier gilt die redaktionelle Grundweisheit: Je bekloppter der Vorfall, desto besser die Geschichte. Und je weniger der Wahrheitsgehalt hinter der Story zu überprüfen ist, desto größer kann sie aufgemacht werden. In dieser (bekloppten) Hundekategorie haben die Boulevardmedien die Nase klar vorne.

Eindeutige Sieger aber sind die Zeitungen mit den großen Bildern und knalligen Überschriften in der Rubrik »süß und rührselig«:

- *Hamburger Morgenpost*, 25.10.14: »Charlottes kleiner Kampf-Chihuahua – Der neue Hund der Moderatorin lässt niemand an sich ran«
- *Bild*, 29.11.14: »Hund wartet seit einem Jahr auf verstorbenes Herrchen«
- *Hamburger Morgenpost*, 26.2.16: »Frauchen tötet Hund mit Hammer und Beil – es war ein Akt der Liebe«
- *Hamburger Morgenpost*, 19.4.16: »Von Überwachungskamera überführt – Mann hatte regelmäßig Sex mit Hund seiner Freundin«
- *Hamburger Morgenpost*, 24.10.16: »Hundeverkleiden: Schick zu ›Belloween‹«
- *Hamburger Morgenpost*, 31.10.16: »Hundeliebe völlig gaga – Vom Streuner zum Star«
- *Hamburger Morgenpost*, 22.2.17: »Beim Gassi gehen in Schnelsen – Teenie-Erpresser klauen Oma (68) den Hund«

Jede Hundegeschichte aus diesen drei Sparten zielt beim Leser auf die Befriedigung niederer Instinkte oder hämischer Schadenfreude und ist in dem einen wie anderen Fall nur Dreck und Müll, der die Zeitungen vollstopft.

Lediglich der Grubenhund hat im Pressewesen seine angemessene Bedeutung und Berechtigung.

10. GEBOT FÜR HUND UND HALTER

SEI UNTERTAN

106. GRUND

Weil Gott den Wolf und nicht den Hund erschaffen hat

Es war der sechste Tag: »Und Gott sprach: Die Erde bringe hervor lebendige Tiere, ein jegliches nach seiner Art: Vieh, Gewürm und Tiere auf Erden, ein jegliches nach seiner Art. Und es geschah also. Und Gott machte die Tiere auf Erden, ein jegliches nach seiner Art, und das Vieh nach seiner Art, und allerlei Gewürm auf Erden nach seiner Art. Und Gott sah, daß es gut war.«[188]

Doch was machte der Mensch, das Ebenbild Gottes, Jahre später aus der vollendeten Schöpfung? Er dokterte am Wolf Gottes herum, krittelte hier, mäkelte dort und war's nicht zufrieden. Er beging den zweiten Sündenfall. Doch dieses Mal war alles viel schlimmer: Er aß keine Äpfel vom Baum der Erkenntnis, sondern schöpfte aus dem Kübel seiner eigenen Dummheit. Er maßte sich die Erschaffung neuer Tiere an. Züchtung nannte er es.

Die ersten Experimente fanden nicht, wie bisher immer angenommen, vor 16.000 Jahren satt. Nach jüngsten Erkenntnissen von Wissenschaftlern der Universität Stockholm könnten Jäger und Sammler dem alten Zausel da Oben schon vor 27.000 bis 40.000 Jahren ins Handwerk gepfuscht haben.[189]

Den damaligen Zeitgenossen wurde vorgegaukelt, dieses eigenwillige Unterfangen diene der Verbesserung der Ergebnisse bei der Jagd und würde neue Fleischstücke und -sorten an das heimische Feuer bringen. Ebenso würde der domestizierte Wolf den Höhleneingang hervorragend bewachen können. Wandmalereien zeugen noch heute von einem germanischen »Hier-wache-ich«. Zwar waren sie, da im Inneren der Höhle an die Wände gekritzelt, von außen nicht sichtbar, doch der potenzielle Abschreckungscharakter überzeugte die damaligen Höhlenbewohner. Und überzeugt auch heute noch Villenbesitzer und Laubenpieper.

Die Deregulierung des Wolfes über die Jahrtausende hat zu einem Verlust an Grips, zum sprichwörtlichen »dummen Hund«, geführt. 2015 testeten Forscher der Oregon State University, wie gut Hunde und Wölfe komplizierte Aufgaben lösen können. Die Tiere sollten mithilfe eines Seils eine Box aufziehen, in der eine Wurst lag. Kein Problem für die meisten Wölfe, wohingegen die Hunde kläglich versagten.[190]

Diese signifikante Dämlichkeit und ausgesprochene Dummheit belegen nicht nur einschlägige Erfahrung im täglichen Leben und bezeugen zahlreiche Beispiele aus Literatur, Malerei und Wissenschaft, sondern werden noch getoppt mit der Flut von gar nicht witzigen Filmchen auf YouTube und hundsgemeinen Fotos bei Google.

Man muss nicht unbedingt religiös oder verblendet sein, um zu begreifen, dass die heutigen Hunderassen nicht aus dem Garten Eden stammen. Da keucht der Mops kurzatmig, leidet der Schäferhund unter seinem Fließheck, kupiert sich der Dackelbull den eigenen Schwanz, sabbern Mastino und Boxer um die Wette und pinkelt sich der Chihuahua aus Angst in die vorsorglich angebrachte Windel.

Die Liste ließe sich beliebig fortsetzen. Die Geschichte ist unumkehrbar. Das wussten schon die arischen Germanen des 20. Jahrhunderts in ihrer Rassenlehre, die sie aber leider nicht auf sich selbst anwendeten:

Aus einem krummen Hund lässt sich nimmermehr ein edler Wolf züchten.

107. GRUND

Weil ein Hundsfott immer ein Hundsfott ist und bleibt

Wolf Schneider, der große deutsche Sprachbewahrer, hat es in seiner Biografie *Hottentottenstottertrottel* bedauert und eindringlich gewarnt: »Es geht bergab mit der Sprache, machen wir uns nichts vor: Die Fernsehschwätzer beherrschen die Szene, die Bücherleser sind eine bedrohte Gattung, die Grammatik ist unter jungen Leuten unpopulär, ihr Wortschatz schrumpft, und viele Siebzehnjährige betreiben das Sprechen so, als ob es ein Nebenprodukt des Gummikauens wäre.«[191]

Einen Schritt weiter geht der Berliner Literaturwissenschaftler und Autor Bodo Mrozek in seinem *Lexikon der bedrohten Worte*[192]: Etwa liege das wunderschöne Schimpfwort »Hundsfott«, wenn es denn nicht schon gänzlich ausgestorben sei, seit Jahrzehnten in einem tiefen Koma. Wikipedia fasst den »Hundsfott« wie folgt zusammen: »Der Begriff Hundsfott (Plural Hundsfötter) ist ein altes Schimpfwort, das heute vor allem zur Bezeichnung von Feigheit, Gemeinheit oder Niedertracht verwendet wird. Dabei wird dem Adressaten dieses Begriffes die wohl höchste Verachtung durch den Verwendenden zuteil, die ihn noch verächtlicher in der Bezeichnung macht, als es mit Begriffen wie Schuft oder Drecksskerl geschehen könnte.«[193]

»Hundsfott« kommt vom mittelhochdeutschen »fud«, dem Geschlechtsteil einer Hündin. Zwei mögliche Deutungen werden zwischen Sprachwissenschaftlern hin und her geschoben:

Hund und fud (Fott) weisen auf »Kynophilie« hin, also auf sexuelle Handlungen zwischen Mensch und Hund.

Es bezieht sich auf die Schamlosigkeit einer läufigen Hündin. Auch wird auf eine mögliche linguistische Verwandtschaft fud, fott und Fotze hingewiesen. Als Schimpfwort wurde »Hundsfott« auf jeden Fall immer gebraucht und angewendet. Drei Beispiele aus der Literatur:

Aufgeschrieben findet sich der »Hundsfott« das erste Mal im 14. Jahrhundert in der herrlichen Schimpfkanonade des walisischen Barden Dafydd ap Gwilym (1320–1350), eines Meisters der Kollegenschelte: »Du Troubadour für Trampeln und für Trutschen, futtneidiger Frotzler froschaugiger Fretter, Hundsfott von einem Lottersack und Falotten, du verhatschter Hennengreifer und Hurenigel.«[194]

Der Dichter Friedrich von Logau (1605–1655) ging den »Hundsfott« in seinem Gedicht *Schmähliche Feigheit* kräftig an: »Den, der sich nicht wehren will, heißt man, wie man heißt das Theil, daß des Hundes Weib so frey pflegt zu brauchen und so geil. Wieso dies? Weil jeder Hund dran sich macht, dran reibt, dran reucht, und also den feigen Mann jeder braucht, wie ihn nur deucht, oder weil die deutsche Welt weiland einen Hund band auf dem, der aus der Schlacht entging, nicht durch Gegenwehr, durch Lauf.«

Auch Friedrich von Schiller wollte auf den »Hundsfott« nicht verzichten. In den *Räubern* lässt er Schweizer, nachdem jener den Räuber Spiegelberg erstochen hatte, zu seinen Kumpanen sagen: »Ist uns darum der helle Schweiß über die Backen gelaufen, daß wir uns aus der Welt schleichen wie Hundsfötter, […] daß wir zuletzt wie Ratten verrecken?«[195]

Zurück aber zum Berliner Literaturwissenschaftler Mrozek, der den »Hundsfott« auf dem Schafott der heutigen Sprache vermutet. Zu Unrecht, wie ein Spaziergang an norddeutschen Stränden, Molen und Kaimauern zeigt. Überall, wo nautisches Wissen gefragt ist und zusammenkommt, kennen sie ihn nur zu gut, den Hundsfott: »Blöcke werden verwendet, um die Zugrichtung von Tauwerk zu ändern, oder Leinen umzulenken, um die Bedienung zu vereinfachen. Mehrere Blöcke können zu einer Talje (Flaschenzug) kombiniert werden, um größere Zugkräfte ausüben zu können. […] Eine zusätzliche Öse zum Anknoten (Anstecken) einer Leine trägt die Bezeichnung Hundsfott.«[196]

108. GRUND

Weil hundsgemein nicht gleich hundsgemein ist

Als es den Jungs um Annette Humpe 1980 bei »Ideal« einmal so richtig dreckig ging, weil niemand mit ihnen spielen, saufen und fressen wollte, sangen sie sich mit *Hundsgemein* den Frust von der Leber. »Das ist gemein / So gemein / Hundsgemein! / Das ist gemein / So gemein / Hundsgemein!«[197]

Prompt bildete sich 36 Jahre später in Mönchengladbach ein Verein gleichen Namens. Auch die Macher von »Hundsgemein e.V.« wollen spielen, allerdings nur mit und für den Hund: »Als engagierte Hundehalter, die sich für ein harmonisches Miteinander von Mensch und Tier einsetzen, lehnen wir jegliche Form von Rassismus ab. [...] Wir finden es HUNDSGEMEIN, dass unsere geliebten Hunde und Familienmitglieder auch nach weit über einem Jahrzehnt, wider besseres Wissen, diskriminiert werden.«[198] Welches Jahrzehnt zwischen 1980 und 2016 die Macher von Hundsgemein e.V. genau meinen, ist nicht klar und auch total egal, denn verschwurbelt und interpunktionsresistent geht es weiter: »Wo Unrecht, Recht wird, wird Widerstand zur Pflicht«. Denn, so steht es auf der Web-Seite der hundsgemeinen Hundeliebhaber, »wir kämpfen gegen Willkür, Vorurteile, Rassenhass«.

Das sind starke Worte, mit denen sich ein jeder sofort solidarisieren kann, eine jede auf der Stelle mitmachen möchte: Vereint im Kampf gegen Willkür, Vorurteile und vor allem Rassenhass. Doch was sich wie ein großer humanistischer Appell anhört, ist lediglich das kleinkarierte Gepupse von Kampfhund-Haltern gegen die Rasselisten, in denen ihre gefährlichen Lieblinge – je nach Bundesland unterschiedlich – aufgezählt und gelistet werden. Zusammen sind sie überzeugt, was der selbst ernannte »Kaniden-Gucker« Günther Bloch von der Hunde-Farm Eifel auf hundsgemein.de von sich gibt: »Kampfhunde gibt es nicht. So gut wie jeder weiß das. Der ›Kampfhund‹ ist eine dümmliche Erfindung der Regenbogenpresse.«

Und auf Facebook wird ohne Punkt und Komma hinterhergehechelt: »Wer Hunde Rassen diskriminiert diskriminiert auch deren Halter und das verstößt gegen die Menschenrechte«.

109. GRUND

Weil Hundebesitzer Bettlern nie ein Almosen geben

Ob vor Bankfilialen oder Supermärkten, in Einkaufsstraßen, auf Fußgängerbrücken oder Rathausmärkten, es sind immer dieselben Bilder, der gleiche Film, die Standardsituationen, die sich abspielen:

Ein Bettler sitzt auf der Straße auf einer gebrauchten Aldi-Einkaufstüte oder einer rumänischen *Bild*-Zeitung. Auf einem abgewetzten Stück Pappe sagt er mit schlichten Worten in gebrochenem Deutsch, worum es geht: »Habe Hunger«. Soll auf Hochdeutsch heißen: Brauche noch ein paar Euro für einen Schnaps oder eine Bemme[199]. Leute gehen vorbei, bleiben stehen, grüßen freundlich, greifen in ihre Hosentaschen, zücken eine Geldbörse, fingern ein paar Cents zusammen, werfen diese in eine Blechbüchse vor den Füßen des Bettlers und murmeln ein »Vergelt's Gott« oder »Bitte schön«, »Mach's gut, Alter« oder »Hau drauf, Digger«.

Die gütigen Geber kommen aus allen Schichten der Bevölkerung – polnische Bauarbeiter, russische Maurer, italienische Zimmerleute. Pensionierte Lehrer sind unter ihnen; ebenso resolute Hausfrauen, zaghafte Dienstmädchen vergangener Zeiten; Fernsehmoderatoren und andere Geschichtenerzähler; Studenten mit Bachelor und Hipster mit Master; kleine Kinder beim Entdecken der großen Welt und schnöselige Schüler, die auf dicke Hose machen. – Sie alle geben eine Kleinigkeit.

Niemals, aber auch wirklich niemals ist ein Hundebesitzer oder eine Hundehalterin unter den Spendern. Hunde-Hooligans lassen ihre Kampfmaschinen an der Blechdose schnüffeln und anschließend das Bein heben. Gutsituierte Arztwitwen stopfen ihre kleinen Wollknäuel nicht tiefer in die Louis-Vuitton-Tragetasche und flüstern beruhigend: »Cloé, keine Angst. Der will nur sitzen.« Lodenmantelträger reißen den Schäferhund mit der Leine an ihre Seite und bellen »Fuß«, um sich dann angewidert dem Bettler zuzuwenden: »Beim nächsten Mal sag ich ›Fass!‹ Damit das klar ist.« Die studentische Aushilfskraft der »Gassi-Service-Gruppe« einer Hunde-Tagesstätte bemerkt den Bettler gar nicht, da sie zu sehr mit dem berühmten »Nasen-Arsch-Duett« ihrer Meute (Dalmatiner, Bobtail, Setter, Boxer und zwei Zwergschnauzer) beschäftigt ist. Und auch der Werbetexter merkt rein gar nichts, weil er zu sehr mit Wischen und Tippen auf seinem iPhone beschäftigt ist, während sein Mops kurzatmig hechelt und glupschäugig glotzt.

Hat aber der rumänische Zigeuner, der staatenlose Punker oder der deutsche Rentner selbst einen Hund dabei (klar, die Bitte auf dem Pappschild lautet dann: »Wir haben Hunger«), setzt bei den flanierenden Hundedamen und -herren nicht der zu erwartende Solidaritätseffekt ein, sondern blanker Hass und pure Verachtung werden spürbar:

- Die Hunde-Hooligans mit ihren Kampfmaschinen: »Pass bloß auf, du Penner. Verpiss dich!«
- Die Arztwitwe mit ihrem behüteten Wollknäuel: »Keine Angst Cloé. Sooo wird es uns nie, nie gehen.«
- Der Lodenmantel mit seinem Schäferhund: »Was ist nur aus Deutschland geworden!«
- Die studentische Aushilfskraft, sichtlich genervt: »Nun schnüffelt doch nicht den auch noch an.«
- Nur der Werbetexter hat noch keine Infos auf seinem Touchscreen und merkt nicht, wie sein Mops, scharf wie immer auf Nachbars Lumpi, den Bettler-Hund anzugehen versucht.

110. GRUND

Weil Hundehalter selbst bei Vogelgrippe so störrisch, blöde, rechthaberisch und uneinsichtig sind, wie sie eben sind

H5N8-Virus, Vogelgrippe, Sperrbezirke, Beobachtungsgebiete, Anleinpflicht. Wenig wahrscheinlich, dass sich Säugetiere mit der Vogelgrippe infizieren können. Verbreiten können freilaufende Tiere den Virus dennoch. Besonders Hunde, die ihre Nase in alles hineinstecken und jeden Dreck ins Maul nehmen.

Jeder weiß es, aber weil Hundebesitzer dennoch recht blöd und vernunftresistent sind, sagt es ihnen Kirsten Schalkowski, Sprecherin des Friedrich-Loeffler-Instituts für Tiergesundheit (FLI), noch einmal ganz deutlich in einfachen Worten, die in jedes Hunde-Halter-Hirn (HHH) gehen müssten: »Hunde und Katzen bergen ein großes Verschleppungsrisiko, indem sie mit infizierten Kadavern oder Kot in Berührung kommen, den Erreger an vielen Stellen in der Umwelt verbreiten, Gegenstände kontaminieren.«[200]

Doch was machen Hundehalter? Sie schalten ihr HHH aus, sollte es jemals eingeschaltet gewesen sein.

Eine kleine Hamburger Presseschau aus dem November 2016, als die Vogelgrippe in Deutschland vermehrt auftrat und in der Hansestadt die Leinenpflicht verordnet wurde:

- Larissa Zolotar hat zwei Möpse (hihi, der Autor); »Wenn alle anderen Hunde frei herumlaufen, ist die Versuchung groß, meine Hunde auch von der Leine zu lassen.«[201]
- Sven Fraaß, Sprecher des Hamburger Tierschutzvereins: »Diese Maßnahmen sind Augenwischerei, und wir bezweifeln deren Erfolg.«
- Mathias Ili (49), kaufmännischer Angestellter aus Altona mit Shira und Emma: »Meine Hunde kennen keine Leine. Deshalb würden sie auch kein Geschäft machen, wenn sie angeleint sind.«[202]

- Alfons Berke (71), Rentner aus Billstedt mit Lady: »Die Leine habe ich dabei und wollte erst mal gucken, was die anderen Hundebesitzer so machen. Weil die Hunde hier alle frei herumlaufen, lass ich meine Lady auch unangeleint.«
- Luciano di Gregorio (40), Schauspieler und Sänger aus St. Georg mit Cleo: »Leinenpflicht? Davon habe ich noch gar nichts gewusst.«
- Eine elegante Dame aus Harvestehude, einem Nobel-Stadtteil an der Alster: »Mein Samir kann sich gar nicht anstecken. Wir konsumieren beide täglich Ingwer. Er püriert, ich als Tee. Das wirkt antiviral!«

Bleibt nur zu sagen: HHH = hahaha, zeigt es doch, wie störrisch, blöde, rechthaberisch und uneinsichtig Hundehalter sind.

111. GRUND

Weil er eben nicht des Menschen bester Freund ist

Unter Postkartensammlern war und ist es immer wieder ein beliebtes Motiv: Der Boxer als misstrauischer Mensch.[203] Hut, Mantel, Schal und Krawatte sitzen perfekt. Die Mundwinkel sind nach unten gezogen. Hängende Backen verstärken den argwöhnischen Blick der heimtückischen Augenpartie. Gleich wird Al Capone, der Boxer, den Befehl zum Öffnen der mannshohen Sahnetorte geben, damit das MG-Massaker an den Verrätern beginnen kann.

Es sind Bilder wie diese, die unserer christlich-abendländischen Kultur fundamental entgegenstehen. In der Lutherbibel heißt in 2. Mose 20,4: »Du sollst Dir kein Bildnis noch irgendein Gleichnis machen.« Doch was macht der gemeine Hundehalter? Er passt sich seiner Töle total an und kennt auch umgekehrt keine Skrupel. Der Hundehalter ist ein mit allen Weihwassern gewaschener Halunke. Wie könnte er auch anders?

Alles begann aus rein egoistischen Motiven. Wie bei Jack London nachzulesen wurde irgendwann irgendwo ein »Wolfsblut« gefunden, eingesackt und verprügelt. Es war der Anfang eines langen Weges der Knechtschaft, mit dem sich nicht einmal ein Karl Marx beschäftigen konnte und wollte, denn zu abgefeimt war dieser endlose Weg in die canide Sklaverei. Der Hund wurde eingesperrt (Hundehütte), der Freiheit beraubt (Hundekette) und in seinem Verhalten immer stärker degeneriert (Hundezucht). Über die Jahrtausende wurde er zum Wach-, Jagd- und Schoßhund ausgebildet. Erst mit brutaler Gewalt, später wurde das Prinzip »Zuckerbrot und Peitsche« angewandt. Der Mensch hatte die Leckerlis entdeckt.

Was Führer und Vaterland mit der Generation unserer Väter und Großväter geschafft haben, gibt der moderne Hundebesitzer an den heutigen Hund weiter. Der Hund muss gehorchen, auf Schritt und Tritt. Der Hund muss treu sein, bis in den Tod. Der Hund muss zupacken können, mit Ober- und Unterkiefer. Der Hund muss ein Kuscheltier sein, mit treudoofen Hundeaugen. Vor allem aber: Der Hund muss abhängig sein von seinem Herrchen und Herrscher, von seinem Frauchen und Schnuckiputzi. Diese Geschlechterzuweisung gilt auch ausdrücklich in umgekehrter Reihenfolge. Denn Zar und Zarin im Hundestaat stehen sich in nichts nach. Sie haben sich ein Abbild ihrer selbst geschaffen – untergeordnet, wohlerzogen und gehorsam. Ein Ebenbild, das gefährlich, ärgerlich, lästig und schlicht blöde ist.

ANMERKUNGEN

1. https://de.statista.com/themen/174/haustiere/
2. Jacob und Wilhelm Grimm, Deutsches Wörterbuch, Band 10, Leipzig 1877
3. Kurt Tucholsky, Gesammelte Werke, 1927, »Traktat über den Hund, sowie über Lerm und Geräusch«
4. Lou Reed, »Walk on the Wild Side«, Solo-Album »Transformer«, 1972
5. Volksmund: »Was ist das: Hat vier Beine und einen Arm?« – »Ein Pitbull auf dem Spielplatz!«
6. Schieter, norddeutsch liebevoll für »kleiner Scheißer« oder »Scheißerle«
7. www.welt.de/vermischtes/video151162642/Hier-machen-270-Hunde-zusammen-Yoga.html
8. www.tiertherapie-berlin.de/events/25-02-16.pdf
9. www.paracelsus-magazin.de/alle-ausgaben/81-heft-012015/1306-yoga-mit-hund.html
10. http://hunde-zucht.de/papiere-und-zuechterethik/
11. www.gesetze-im-internet.de/tierschhuv/__3.html#Seitenanfang
12. https://de.wikipedia.org/wiki/Hybridhund
13. Fédération Cynologique Internationale; größter kynologischer Dachverband
14. Hamburger Morgenpost, 24.1.2017
15. https://centerforcaninebehaviorstudies.org/
16. www.welt.de/kultur/medien/article136946540/Ich-habe-meinen-Hund-Dog-TV-sehen-lassen.html
17. Hamburger Morgenpost, 20.1.2017
18. http://kotundkoeter.de/home.php
19. http://bv-bürohund.de/
20. Interpunktion so im Originaltext
21. http://tiere.gofeminin.de/forum/hund-stort-beim-sex-fd704382
22. Niederdeutsch für: Kamerad, Mitarbeiter
23. Pat Benatar, Love is a Battlefield
24. www.dogshaming.com/
25. www.google.de/search?q=dog+shaming&sa=X&tbm=isch&tbo=u&source=univ&ved=0ahUKEwj8j7zox-DSAhVFOpoKHYgOAZEQsAQINw&biw=865&bih=820
26. www.zeit.de/2009/52/Eggebrecht-Kriegsverbrechen/komplettansicht
27. https://de.wikipedia.org/wiki/Feldj%C3%A4ger
28. www.garten-der-poesie.de/t19221f1612-Ein-Dorfhund-und-ein-Stadthund.html
29. Dissertation: Andrea Steinfeldt, »Kampfhunde« – Geschichte, Einsatz, Haltungsprobleme von »Bull-Rassen«, Hannover 2002
30. www.aerzteblatt.de/treffer?mode=s&wo=16&typ=16&aid=171000&s=Hundebisse
31. http://link.springer.com/article/10.1007%2Fs10096-015-2360-7
32. www.n-tv.de/panorama/Killer-Robbe-frisst-Seehunde-article13883886.html
33. www.spiegel.de/wissenschaft/natur/helgoland-kegelrobbe-frisst-seehund-a-1017165.html
34. www.prosieben.de/tv/schlag-den-raab/video/121-spitz-pass-auf-clip
35. www.youtube.com/watch?v=ckDVpihCPq8
36. www.youtube.com/watch?v=O_reSnBTL0E

37 www.luxurydogs.de/xoshop/store-products.php?pName=schwanzwedler-hundebier-p-5421
38 Lübecker Nachrichten, 27.4.2016
39 www.kreiszeitung.de/lokales/verden/langwedel-ort120521/weil-tiere-liebt-6510193.html
40 www.strassenhunde-kreta.de/
41 http://tierfreunde-ukraine.de/
42 www.rumaenische-findelhunde.de/ueber-uns
43 http://dogs-magazin.de/wissen/tierschutz/tierschutz-hunde-ohne-heimat-strassenhunde-in-europa/
44 www.sicherheitstechnik-blog.net/einbruchsicherung/der-elektronische-wachhund-kreativer-und-simpler-einbruchschutz/
45 Quelle: WDR, Vor 40 Jahren, 3.8.06
46 https://de.wikipedia.org/wiki/Kategorie:Listenhund
47 Alle fünf Zitate: www.hundsgemein.de/
48 Kynologie – Lehre von Zucht, Dressur und den Krankheiten der Hunde
49 Frankfurter Allgemeine Zeitung, 31.3. 2004
50 »Doppelpack. Mein Hund und ich«, Christoph Schwabe, Christin Vogt, Herbig Verlag, 2014
51 Die Welt, 25.3.2014
52 taz v. 29.10,16, Helmut Höge, Freesenbluod is keene Bottermelk
53 Knut Diers, Ostfriesland – Tiefsee, Torf und Tee, Gmeiner-Verlag, Meßkirch, 2014
54 C. F. Buchholz, Sylt – Die Königin der Nordsee, Pro Business, Berlin 2014
55 https://de.wikipedia.org/wiki/Bordhund
56 www.dreamlines.de/kreuzfahrten-mit-hund?gclid=CJy47tiD9NACFU-UcGwodjwMNEg
57 www.cruisetricks.de/hunde-auf-kreuzfahrt/
58 www.hamburg.de/freizeit/4600020/hundesport-hamburg/
59 www.zdf.de/nachrichten/hallo-deutschland/hundebadetag-im-freibad-102.html
60 www.hamburg.de/freizeit/4600020/hundesport-hamburg/
61 www.aktion-clean-berlin.de/impressum.html
62 www.youtube.com/watch?v=t66h8GWm7MU
63 Joseph Beuys, Kunst heute Nr. 1, Kiepenheuer & Witsch, Köln 1989
64 Teile dieses Textes erschienen so oder so ähnlich, auf jeden Fall aber aus dem Zusammenhang gerissen, bereits in: Wulf Beleites, Kot&Köter, ullstein-Verlag, Berlin 2015
65 Alle Christo-Zitate stammen aus: SpiegelOnline, 13.3.2013
66 Dieser Text erschien bereits so oder so ähnlich in: »Kot&Köter – Die Zeitschrift für den Deutschen Hundefeind«, Heft 3, Dezember 2014
67 Zeit-online, 28.07.2015
68 www.spiegel.de/lebenundlernen/uni/student-mit-tueten-gegen-hundekot-auf-strassen-a-1035228.html
69 www.poopmap.de/
70 www.piccobello-hundewindel.de/shop/hundewindeln/?gclid=CLfzs5acpNMCFVYz0wodztsBDA
71 Der Puff Herbertstraße ist Sperrbezirk für Frauen, es sei denn sie gehen hier ihrem Beruf nach. Zutritt haben nur Männer, Jungmänner und andere Freier.

72 Nach dem Erdaufprall wird den Hunden das kontaminierte Fell geschoren und in atomaren Endlagern verklappt.
73 Federation Cynologique International, Brüssel
74 »Kot&Köter – Die Zeitschrift für den Deutschen Hundefeind«, Heft 1, Hamburg 2014
75 Hochdeutsch: Eichhörnchen
76 Daily Mail v. 17.10.2006
77 Daily Mirror v. 24.6.2015
78 www.youtube.com/watch?v=Ysvn2JDzVw8
79 lat.: Recht der ersten Nacht
80 Hermann Bote, Till Eulenspiegel, Insel Verlag, Frankfurt am Main 1981
81 https://de.wikipedia.org/wiki/Internationales_Hot-Dog-Wettessen
82 www.nathansfamous.com/hot-dog-eating-contest/hall-of-fame
83 https://de.wikipedia.org/wiki/Hotdog
84 Can the DOG'S DINNER that is the economic crisis also be seen as a crisis of business and financial journalism? Are we insufficiently informed – despite, or even because of the overload of information that comes with the 24/7 news cycle?
85 It's pure speculation, but maybe dog's breakfast (or dog's dinner) referred to a cooking mishap with results fit only for a dog's consumption. Or maybe it's simply the mess a dog makes when eating
86 Traditionell Chinesisch für Hundezüchter
87 Alt-Kantonesisches Sprichwort; siehe auch: Grund 005
88 https://de.wikipedia.org/wiki/Shar-Pei
89 https://de.wikipedia.org/wiki/Pekingente_%28Gericht%29
90 www.barfers-wellfood.de/barf-barfen
91 https://upload.wikimedia.org/wikipedia/commons/e/e3/1887_circa_Deutsche_Hundekuchen-Fabrik_Johannes_K%C3%BChl%2C_Hannover%2C_Eduard_Stille%2C_S._2.JPG
92 Quelle: Eduard Hahn, Dr. J. Holfert, Spezialitäten und Geheimmittel, Springer-Verlag Berlin Heidelberg 1919
93 »Kot&Köter – Die Zeitschrift für den Deutschen Hundefeind«, Heft 1, Hamburg 2014
94 http://wolf.ok.ac.kr/~annyg/english/e1.htm
95 The Great Teacher of Journalists, DPRK's Foreign Languages Publishing House, Pyongyang 1983
96 Bertolt Brecht, Die Dreigroschenoper
97 www.kirchenweb.at/kochrezepte/hunderezepte/hundefutter/selber-gemacht.htm
98 www.stadthunde.com/magazin/ernaehrung/artgerechtfuettern/barfen-aberrichtig/barfen-aberrichtig-teil2.html
99 Test, April 2017
100 Chief-Executive-Officer; Geschäftsführeroder Vorstand eines Unternehmens oder Vorsitzender der Geschäftsführung oder des Vorstands
101 www.youtube.com/watch?v=MEXd4pKtQQw und www.youtube.com/watch?v=az5ycoRKIP4

102 www.youtube.com/watch?v=kmnpAZJLars
103 www.volksliederarchiv.de/lexikon/deutsche-volkslieder-lewalter/
104 www.youtube.com/watch?v=DZQUEoQaPzg
105 www.youtube.com/watch?v=-6iGkwRsY-o
106 www.youtube.com/watch?v= FtdiGTOdOQA
107 www.youtube.com/watch?v= IKey-ANCT1fg
108 Karl Friedrich Wilhelm Wander, Deutsches Sprichwörter-Lexikon. 5 Bände, Brockhaus, Leipzig 1867–1880
109 https://de.wikipedia.org/wiki/Rudolph_Moshammer
110 Alfred Brehm, Brehm's Tierleben, e-artnow, 2014
111 www.youtube.com/watch?v=XDRQT4zWJJY
112 www.youtube.com/watch?v=oMtCa-_ygto
113 www.luxurydogs.de/xoshop/index.php?cName=hundezubehoer-harald-gloeoeckler-dog-couture-c-296_211
114 www.kokovonknebel.com/
115 Osmose: Eindringen durch die äußere Haut; siehe auch: https://de.wikipedia.org/wiki/Osmose
116 SZ, 26.11.16
117 http://en.sooam.com/dogcn/sub01.html
118 www.japantrendshop.com/DE/bowlingual-hundestimmen%C3%BCbersetzer-p-720.html
119 Alle Angaben: wikipedia, https://de.wikipedia.org/wiki/Haushund#Geruchssinn
120 Alfred Brehm, Brehm's Tierleben, e-artnow, 2014
121 www.daserste.de/information/wissen-kultur/wissen-vor-acht-natur/sendung-natur/warum-stinkt-ein-nasser-hund-100.html
122 www.ansawolle.de/hundewolle/
123 http://tatzenhof-gerwisch.de/
124 es gibt ihn tatsächlich: www.bundesverband-der-groomer.de/
125 https://de.wikipedia.org/wiki/Pelzarten
126 Siehe NDR – 45 Min., Die Wahrheit über Pelz, 2.11.2015: www.ndr.de/fernsehen/sendungen/45_min/Die-Wahrheit-ueber-Pelz,sendung302420.html
127 www.bild.de/unterhaltung/leute/jacob-sisters/rosis-pudel-von-fan-ueberfahren-37771986.bild.html
128 www.sueddeutsche.de/panorama/kranke-ronja-kein-schadenersatz-fuer-kranken-mops-1.3422050
129 www.youtube.com/user/check24
130 www.check24.de/hundehaftpflicht/
131 http://hund-waschen.darado.de/hundewaschanlage/hundewaschcenter.php
132 www.youtube.com/results?search_query=tichy+beleites
133 https://unser-hafen.com/
134 www.sozialgesetzbuch-sgb.de/sgbxi/45a.html
135 http://aok-bv.de/presse/pressemitteilungen/2017/index_18363.html
136 Vitus F. Porschow, Fachjournalist, Autor, Übersetzer, Maler und Bienenzüchter aus Lübeburg; https://kotundkoeter.de/redaktion.html
137 www.bundestieraerztekammer.de/downloads/btk/GOT-2008.pdf

138 Dr. Edmund Stiasny, Gerbereichemie, Springer-Verlag Berlin Heidelberg, 1931

139 M. Bergmann, W. Grassmann, Handbuch der Gerbereichemie und Lederfabrikation, Band II – Die Wasserwerkstatt, Springer-Verlag Wien, 1938, S. 221

140 »Kot&Köter – Die Zeitschrift für den Deutschen Hundefeind«, Heft 1, Hamburg 2014

141 https://kotundkoeter.de/ausgaben/2014/heft-03/busch/busch.htm

142 Dieter Breuers, Colonia im Mittelalter – Über das Leben in der Stadt, Lübbe Verlag, Köln 2011

143 www.paradisi.de/Freizeit_und_Erholung/Hobbys/Hunde/Artikel/23248.php

144 www.flohcirkus.de/geschichte/53-die-neue-frankfurter-illustrierte-berichtete-1948-ueber-die-kleinsten-zirkuskuenstler-der-welt

145 Dieser Text erschien so oder so ähnlich bereits in Kot&Köter – Die Zeitschrift für den Deutschen Hundefeind, Heft 6, Dezember 2015

146 Brenda + Robert Vale, Time to Eat the Dog, Thames & Hudson, London 2009

147 Wikipedia: 1 GJ ≈ 278 kWh ≈ 0,3 MWh

148 Hamburger Morgenpost, 28. Januar 2017

149 Quelle: https://de.wikipedia.org/wiki/University_of_Glasgow

150 www.scottishspca.org/support/

151 auch bekannt als: »Wes Brot ich ess, des Lied ich sing«

152 https://de.wikipedia.org/wiki/Laika

153 Jacob und Wilhelm Grimm, Deutsches Wörterbuch, Band 15, Leipzig 1899

154 www.fes.de/fulltext/historiker/00781a20.htm#LOCE9E19

155 https://de.wikipedia.org/wiki/Innerer_Schweinehund

156 www.welt.de/gesundheit/psychologie/article141532434/Neun-gute-Tricks-gegen-den-inneren-Schweinehund.html

157 lat., procrastinare = verschieben

158 https://de.wikipedia.org/wiki/Prokrastination

159 www.youtube.com/watch?v=OP2txTgvkjo

160 Dieser Text erschien schon einmal so oder so ähnlich in: Kot&Köter, Heft 7, Mai 2016

161 Alfred Brehm, Brehm's Tierleben, e-artnow, 2014

162 Diese Geschichte ist so oder so ähnlich bereits erschienen in: »Kot&Köter, Die Zeitschrift für den Deutschen Hundefeind«, Heft 5, August 2015

163 Berliner Zeitung (BZ) v. 3.4.2003

164 Plattdeutsch für Anekdote aus dem Alltag

165 www.diepresse.com/layout/diepresse/files/image_frame.jsp?seite=19111118010&id=nfp&zoom=2&size=38

166 Die Fackel, Jahrgang XIII, Heft 336-337, S. 5 ff.

167 www.youtube.com/watch?v=mwm0OwqWvF4

168 www.youtube.com/watch?v=hU16YfKbV7I

169 www.welt.de/vermischtes/article138071310/Mein-Hector-ist-noch-groesser-als-Hulk.html

170 Marcel Reich-Ranicki in mindestens jeder zweiten Sendung Literarisches Quartett (ZDF), 1988 und 2001

171 www.ulfkotte.de/
172 www.eva-herman.net/
173 IVW = Informationsgemeinschaft zur Feststellung der Verbreitung von Werbeträgern
174 Renate Ohr, Götz Zeddies, Ökonomische Gesamtbetrachtung der Hundehaltung in Deutschland, Göttingen, 2006
175 Dieser Text erschien so oder so ähnlich bereits in Kot&Köter – Die Zeitschrift für den Deutschen Hundefeind, Heft 7, Mai 2016
176 www.vimeo.com/77422320
177 www.wenningstedt.de/index.php?seite=hundstage-in-wenningstedt
178 https://de.wikipedia.org/wiki/Hundstage
179 Renate Ohr, Götz Zeddies, Ökonomische Gesamtbetrachtung der Hundehaltung in Deutschland, Göttingen, 2006
180 Hamburger Morgenpost v. 23.12.2016
181 Vergleiche hierzu: Grund 043 – Bürohund
182 www.moviepilot.de/movies/bailey-ein-freund-furs-leben
183 www.berliner-zeitung.de/kultur/medien/vorwurf-der-tierquaelerei-film-premiere-nach-protesten-abgesagt-25588424
184 Stand: Januar 2017
185 www.bild.de/lifestyle/2017/lifestyle/rembrandt-entdeckt-50432416.bild.html
186 www.art-magazin.de/kunst/kunstgeschichte/16655-bstr-werke-von-rembrandt/120470-img-ochse
187 Dieser Beitrag erschien bereits so oder so ähnlich in Kot&Köter – Die Zeitschrift für den Deutschen Hundefeind, Heft 6, Dezember 2015
188 Altes Testament, 1. Buch Mose
189 stern.de, 21.5.2015
190 stern, Nr. 40, 24.9.2015
191 Wolf Schneider, Hottentottenstottertrottel. Mein langes, wunderliches Leben, Rowohlt, Reinbek bei Hamburg 2015
192 Bodo Mrozek, Lexikon der bedrohten Worte, Rowohlt, Reinbek bei Hamburg 2005
193 https://de.wikipedia.org/wiki/Hundsfott_%28Schimpfwort%29
194 Dafydd ap Gwilym, Satire on Rys Meigen; siehe auch: www.youtube.com/watch?v= cqvnU_Ow5wA
195 Schiller, Die Räuber, 4. Akt, 5. Szene
196 https://de.wikipedia.org/wiki/Block_%28Schifffahrt%29
197 www.youtube.com/watch?v=Fctkq6qxm_0
198 www.hundsgemein.de
199 Bemme: Bezeichnung in Sachsen, Thüringen und im Süden Sachsen-Anhalts für Butterbrot
200 www.zeit.de/hamburg/stadtleben/2016-11/elbvertiefung-23-11-16
201 Hamburger Abendblatt, 22.11.16
202 Hamburger Morgenpost, 23.11.16
203 www.google.de/search?q=Boxer+Hund+Mensch&source=lnms&tbm=isch&sa=X&ved=0ahUKEwjU3IGMz8_TAhXFOSwKHd28DpsQ_AUIBigB&biw=865&bih=820#tbm=isch&q=Boxer+Mensch+misstrauisch&imgrc=th96nHgT5XNQ4M

WULF BELEITES, geboren 1947, durchlief eine harte Journalisten-Dressur, u. a. Nachrichtenredakteur beim *stern*, Lokalredakteur und Gerichtsreporter bei der *Hamburger Morgenpost*, Film-Autor bei der NDR-Satiresendung *extra 3*. Doch dann hatte er die pfiffige Idee: Hundehassen »at its best«. Er gründete das Satireblatt *Kot&Köter* und schöpft seitdem erfolgreich aus dem kynologischen Schmuddelbecken.

Wulf Beleites
IMMER DIESE KÖTER!
111 Gründe, Hunde zu hassen
Mit Illustrationen von Jana Moskito

ISBN 978-3-86265-670-7
© Schwarzkopf & Schwarzkopf Verlag GmbH, Berlin 2017
Vermittelt durch die Literaturagentur Brinkmann, München | Alle Rechte vorbehalten. Dieses Werk ist urheberrechtlich geschützt. Jede Verwendung, die über den Rahmen des Zitatrechtes bei korrekter und vollständiger Quellenangabe hinausgeht, ist honorarpflichtig und bedarf der schriftlichen Genehmigung des Verlages. | Autorenfoto: © aw/k&k
Coverfoto: © www.isselee.com/fotolia.com
Illustrationen: © Jana Moskito/Verlag

DER VERLAG
Schwarzkopf & Schwarzkopf Verlag GmbH
Kastanienallee 32, 10435 Berlin
Telefon: 030 – 44 33 63 00
Fax: 030 – 44 33 63 044

INTERNET | E-MAIL
www.schwarzkopf-schwarzkopf.de
www.facebook.com/schwarzkopfverlag
info@schwarzkopf-schwarzkopf.de